成年後見人の
医療代諾権と法定代理権

障害者権利条約下の成年後見制度

早稲田大学名誉教授
田山輝明【編著】
Tayama Teruaki

三省堂

はしがき

　2012年に、私たちは、『成年後見制度と障害者権利条約』（三省堂）を出版した。その当時は、わが国では、まだ障害者権利条約（以下、権利条約という）は批准されていなかったが、その批准を期待しつつ、後見に関連する内容を強く意識した共同研究を行った。

　同書では、権利条約が提起していた成年後見関連の、全ての問題を扱うことはできなかったので、第1に、成年被後見人の選挙権剥奪問題を中心的に取り上げた。2013年に出された東京地方裁判所の判決にも少なからず、影響を与えることができたように思われる。さらに、引き続いてなされた公職選挙法第11条の改正に際しては、政府与党のプロジェクトチームにおいて、私たちの研究成果を述べる機会を与えていただいた。

　同書では、第2に、成年後見人の医療代諾権も取り上げたが、十分ではなかった。そこで、今後は、成年後見人の法定代理権と医療代諾権を中心的に研究したいと考えて、ドイツおよびオーストリアの専門家を招請して、成年後見人の医療代諾権について、それぞれの国の経験を話してもらった。その成果が、本書の中心的な内容となっている。

　各講演者の原稿を採録したが、その際の雰囲気の一端を紹介したいと考えて、質疑の録音を起こして、その一部を紹介してみた。

　本書の構成が、各編とも内容的に関連・重複しているにもかかわらず、別構成になっているのは、講演会で発表されたものをまとめて収録しておきたいと考えたためである。また、医療代諾権のあり方や成年後見人の権限についても、各論者の見解を尊重しており、編者としてあえて意見の統一ははかっていない。

　私たちの研究グループの目的は、後見制度の比較法的検討であるが、同時にこの分野における若手研究者の養成も含まれている。その意味で、本書にも、

海外の一流の専門家の論稿と並んで、日本の新進気鋭の研究者の論稿も採録している。成年後見法の分野で、本格的な研究者が育ちつつあることは、何よりの喜びである。今後は比較法研究の対象国を徐々に広げていきたいと考えて、スペインの後見関連規定の紹介も行っている。さらに、今後、カナダも検討対象に考えている。

　本書に収録した「講演」記録等の研究成果は、主として文部科学省科学研究費「一般研究Ｃ」「基盤研究（Ｃ）課題番号：25380120、課題名：成年後見制度に関する具体的改正提言（代表者・田山輝明）」によっている。なお、講演会の開催と本書の出版に際しては、早稲田大学プロジェクト研究所「比較成年後見法制研究所」のお世話になった。

　本書とともに、私たちは、『成年後見──その現状と課題』（日本加除出版）を発行した。本書とは、執筆者は部分的に異なるが、テーマは若干重なっているので、本書とともにご参照いただければ、幸甚である。

　なお、編者の成年後見に関する基本的考え方は、『成年後見読本　第２版』（三省堂、2015年刊行予定）において述べているので、参照していただければ幸いである。

　　　　　　　　　　　早稲田大学名誉教授・一般社団法人比較後見法制研究所理事長
　　　　　　　　　　　　　　　　　　田山　輝明

目　次

はしがき ……………………………………………………………………… 1

序　日本の成年後見制度の現状と課題

　はじめに ……………………………………………………………………… 8
第1章　成年後見制度全体の利用状況（平成25年）の確認 …………… 9
第2章　成年後見制度利用の実際とその課題 …………………………… 12
　　第1節　成年後見人の権利・義務・責任 ……………………… 12
　　第2節　成年後見人の確保と信頼関係の構築 ………………… 13
　　第3節　後見制度利用のための地域支援システムの整備 …… 20
　　第4節　権利条約の批准と成年後見制度の課題 ……………… 24
　　第5節　成年後見制度の周辺問題 ……………………………… 28
　　補論　　精神保健福祉法について ……………………………… 36

第1編　成年後見人の法定代理権と医療代諾権

第1章　本編の課題と日本の成年後見制度——障害者権利条約との関連で ……… 41
　　第1節　権利条約が求めているもの …………………………… 42
　　第2節　医療代諾権 ……………………………………………… 45
　　第3節　法律行為と代理・同意（特に、医療同意） ………… 46
　　第4節　現行制度の具体的検討 ………………………………… 48
　　第5節　条文の改正（私案） …………………………………… 51

第2章　ドイツにおける成年者保護と健康関連事務の（法定）代理 …… 54
　　第1節　比較法的観点から見た成年者保護と医療行為 ……… 54
　　第2節　権利条約の意義 ………………………………………… 55
　　第3節　ドイツ法における成年者保護と
　　　　　　健康関連事務における法定代理 ……………………… 56
　　第4節　日本（日弁連委員会）の法律草案について ………… 65

第3章　生命維持措置の導入および無益である場合における その中止を決定する法的基礎──ドイツの場合 ……68
- 第1節　医師による治療の法的基礎 …………………………… 69
- 第2節　患者代理人の意義 ……………………………………… 71
- 第3節　終末期の医師による治療 ……………………………… 74
- 第4節　治療制限と「臨死介助」 ……………………………… 75
- 第5節　終末期における治療制限の基礎 ……………………… 78
- 第6節　「無益である」場合の生命維持措置の断念について … 83

第4章　オーストリアにおける医的治療に関する代弁人の同意権 ──ドイツ世話法を特別に考慮しつつ ……86
- 第1節　認識能力および判断能力ならびに同意能力 ………… 86
- 第2節　医的治療 ………………………………………………… 88
- 第3節　医的治療による自由の制限 …………………………… 94
- 第4節　特別ケース ……………………………………………… 95
- おわりに ………………………………………………………… 98

第5章　権利条約の影響における代弁人の代理権 成年後見人の法定代理権──オーストリアの場合 ……100
- 第1節　権利条約に関する一般的内容 ………………………… 100
- 第2節　オーストリアの代弁人法の一般的内容 ……………… 104
- 第3節　問題領域 ………………………………………………… 109
- 第4節　モデルプロジェクト　援助の仲間 …………………… 111
- まとめ …………………………………………………………… 113
- 補論　ガナー教授に対する質問──ワークショップ ……… 114

第6章　日本における医療側から見た成年被後見人の医療同意 ……119
- 第1節　わが国の現状と問題の認識 …………………………… 119
- 第2節　意思能力に障害がある人の医療同意に関するわが国の現状 … 125
- 第3節　医療行為に関する意思決定代行をめぐるわが国の現実 …… 128
- 第4節　認知症終末期の医療──医療方針決定の難しさ …… 132
- 第5節　成年後見人による医療同意 …………………………… 135
- 第6節　意思能力を欠く人の医療同意について──まとめに代えて …… 137

第2編　イギリスとオーストリア・スイスにおける医療代諾権制度

第2編について ……………………………………………………… 142
第1章　イギリス法における精神能力を欠く成年者の医療の決定 …… 143
第1節　医療同意能力 …………………………………… 144
第2節　決定者 …………………………………………… 149
第3節　決定基準 ………………………………………… 158
第4節　むすびにかえて ………………………………… 165
第2章　オーストリアおよびスイスにおける
　　　　成年者のための医療代諾権 ……………………………… 168
第1節　オーストリアにおける医療代諾権 …………… 169
第2節　スイスにおける医療代諾権 …………………… 181
おわりに …………………………………………………… 191

第3編　日本の成年後見制度と医療代諾権

第1章　成年後見人の医療代諾権をめぐる問題点
　　　　――その考え方と立法上の課題 ……………………… 197
第1節　日本における現行制度の運用上の限界 ……… 197
第2節　本人以外の者による医療同意（代諾）を認めるべきか …… 198
第3節　立法論上の課題 ………………………………… 202
第4節　本人の意思をいかにして手続きに組み込むか ……… 205
第2章　医療における代諾の観点からみた成年後見制度 ………… 208
第1節　本章の趣旨とその背景 ………………………… 208
第2節　医療における代諾の必要性 …………………… 209
第3節　承諾能力のない成人に対する医療行為と
　　　　代諾権者となり得る者の範囲 …… 211
おわりに …………………………………………………… 225

第4編　障害者による選挙権行使の保障

補章　オーストリアにおける被代弁人の選挙権 ………………………… 229
　　第1節　選挙権の原則 …………………………………………… 229
　　第2節　個人的な選挙権の原則 ………………………………… 229
　　第3節　自由選挙権の原則 ……………………………………… 230
　　第4節　選挙権および被選挙権 ………………………………… 230
　　第5節　選挙権の排除 …………………………………………… 231
　　第6節　補助（国民議会選挙令66条）に関する規定 ………… 232
　　第7節　選挙カードによる選挙 ………………………………… 233
　　第8節　選挙カードによる郵便投票 …………………………… 234
　　第9節　「移動する」選挙管理委員 ……………………………… 235
　　第10節　障害者の選挙禁止と障害者権利条約 ………………… 236
　　おわりに …………………………………………………………… 238
　　補論　質疑の一部 ………………………………………………… 239

第5編〈資料〉　ドイツ・オーストリアおよびスペインの後見関係法令

ドイツとオーストリアにおける医療同意権に関する条文 ……………… 243
スペイン民法における後見規定 …………………………………………… 250

あとがき ……………………………………………………………………… 270
索引 …………………………………………………………………………… 272

序

日本の成年後見制度の現状と課題

はじめに

　成年後見制度が、「知る人ぞ知る」存在であった時代には、民法にそのような制度に関する規定があるということで済まされていた時期もあったが、少子高齢社会にあっては、そのニーズの高まりに応じて多くの市民によって実際に利用される制度として位置付けられなければならない。その結果、後見を支える家族のみならず、福祉行政と、その周辺組織の役割の重さが注目されるようになっている。課題の検討に当たっては、そこまで視野を広げなければならないと考えている。

　障害者自立支援法の改正により、障害者分野の成年後見制度利用支援事業が市町村の必須事業になった。この事業が法律によって各地域の事業として位置付けられたことは注目すべきことである。なお、同法は、2013(平成25)年から「障害者総合支援法」と称されている。

　2013年には、成年後見制度にも重要な影響を与える障害者権利条約（以下、権利条約という）が批准された。条約は批准によって国内法的効力を有するので、批准に先立って、若干の国内法が改正されたが、民法を含む関連国内法の本格的な改正はこれからである。この作業は、自動的に行われるわけではないので、関連諸団体の改正へ向けての努力が期待されている。

第1章

成年後見制度全体の利用状況（平成25年）の確認

　後見制度に関する課題を検討するには、制度利用の現状の認識が必要である。外国の関連諸制度の紹介を理解するために不可欠だからである。しかし、ここから、実務上の課題をも引き出すわけではないので、以下においては、最高裁の統計（最高裁判所のホームページ参照）を最小限度において紹介することにとどめておきたい。

第1　申立件数

　当該年度の申立件数（後見、保佐、補助、任意後見監督人の選任）は、34,548件であり、平成18年度の例外を除き、平成12年の実施以来、毎年着実に増加している。よく比較されるドイツの利用状況によると、同国では、1992年から2009年までで約129万件である（総人口は日本の約3分の2）。単純な比較は難しい（日本については、地域福祉権利擁護事業における生活支援員や特別法上の「保護者」の一部も含める方が正確な比較になるかもしれない）が、少子高齢化という類似した社会状況の下にあることを考えれば、日本の成年後見制度は、まだ十分に利用されているとは言えない。

第2　終局区分

　申立ての約94.6％が認容であり、申立てが実際のニーズに基づいていることを示していると考えてよいだろう。

第3　審理期間

　2か月以内が約77.8％で、審理期間は短縮傾向にある。緊急の事案が多い

ことを考えれば、この傾向は望ましいと思われるが、関係者は、期間の短縮化が本人の権利侵害にならないように心がけなければならない。この点で、やや気になるのは、鑑定を実施しない事例がかなりあるという点である（本章第 7 参照）。

第 4　申立人と本人との関係

後見等審判の申立人は、子：34.7％、市町村長：14.7％、兄弟：13.7％、次いで、その他親族、本人、配偶者、親となっている。高齢者のための利用が多いことを物語る数字である。

さらに、市町村長申立てが、絶対的にも相対的にも増加傾向にあることに注目すべきである。この点は、制度の公的・行政的側面とも関連するので、重要である（地域行政との関連については、第 2 章第 3 節も参照）。

第 5　本人の男女別・年齢別割合

本人の男女比は、約 4 対 6 である。高齢者における男女比に相応するものであろうか。

本人が 65 歳以上の者が、男 67.4％、女 86.9％である。これは、高齢者の利用率の高さを意味している。

第 6　申立ての動機

預金などの財産管理・処分、介護保険契約（施設入所契約等）、身上監護、遺産分割等相続の手続きの順になっている。実際のニーズに基づくのであろうが、身上監護が少ないのは、成年後見人の身上監護面の権限の小ささ（例えば、医療代諾権がないこと）にも関連するのではないだろうか。

第 7　鑑定

鑑定を実施したケースは全終局事件のうち 11.6％であり、所要期間は 1 か月以内が半分を超えている。期間の短縮化自体は基本的に望ましいことであるが、鑑定を実施しないこと（費用の節減にもなる）が、本人の権利侵害とならないように配慮すべきである。

なお、鑑定費用は 5 万円以下が 67.0％である。

第8　成年後見人等と本人との関係

　親族後見は減少傾向にあり、2013年度には、ついに42.2％にまで減少した。すなわち、第三者後見人が増加している。

　法人後見も増えているが、いわゆる市民後見人も増加傾向にある。親族後見がこのまま減少し続けるとは、到底思えないが、微減の傾向はしばらく続くと考えて、後見制度のあり方を考えなければならない。

　法人後見人は、社会福祉協議会560件、弁護士・司法書士・行政書士の各法人の合計が457件となっている。

第9　成年後見制度の利用者数

　平成25年度末時点における成年後見3類型の利用者数の合計は、17万6,564人である（現に支援を受けている者）。任意後見の利用者は、1,999人である（現に契約が効力を生じている者）。

第10　後見制度支援信託の利用状況

　後見制度支援信託を利用するために、後見人が代理して信託契約を締結した成年被後見人及び未成年被後見人の数は、533人であり、信託した金銭の平均額は、約3,700万円である（平成25年1月から12月まで）。

第2章

成年後見制度利用の実際とその課題

第1節　成年後見人の権利・義務・責任

1　成年後見人の権利・義務

　成年後見人は、一般的には財産管理と身上監護に関する権利と義務を有している。介護との関連については、成年後見人は自ら成年被後見人を介護する義務は負っていないが、本人が一定の介護を必要とする場合には、その介護サービスの提供が実現されるように、サービス提供業者との契約を締結し、その利用料金を支払う等の事務処理が成年後見人の任務である。この点は、比較法的に見ても、同様であるが、身上監護の内容が希薄であるという点が日本法の特徴であると言えようか。

2　善良なる管理者の注意義務と責任

　成年後見人は、他人の事務処理を受任するのであるから善管注意義務を負う（民法644条）のは当然である。しかし、具体的に何が注意義務違反となるかの判断は難しい。例えば、成年被後見人の財産の処分については、その処分価格（例えば、低くなりすぎないように）を含めて注意が必要である。違反の効果は、損害賠償義務などである。裁判例等における判断事例を蓄積しつつ、違反基準の類型化を行う以外にないだろう。

3　身上監護との関連

　身上監護については、本人のための「介護・後見計画」が大切であるが、実

際には、施設入所者の場合は、施設に任されてしまっており、在宅の場合には、同居者等に任されてしまう場合が少なくないようである。身上監護については、地域行政がアレンジして、ケアマネージャー等を中心にして、本人のためにチームで行う支援システムを確立することが望ましいであろう。

　本人意思の尊重（民法858条）との関係では、知的障害者の場合には、高齢者の場合と異なり、リビングウイルのような方法を用いることは難しい場合があるので、本人の生活をよく知っている者であって、さまざまな方法で本人の意思を理解できる者（キーパーソン）の支援が重要である。

　この身上監護義務の延長線上に医療代諾権の問題がある（第1〜3編参照）。医療上のケアについては、成年後見人は、本人にとって必要な診療契約は締結すべきであるが、危険を伴う手術等の同意はできない。しかし、医師から同意を求められたら、後見人としては手術等に関する同意権限を有しない旨を述べたうえで、その治療が必要であると考えるときは、それを希望すると答えることはできる、と解すべきである（第1編第3章第1節も参照）。

　第三者は、親族のように、寝食を共にすることがないので、本人自身の性格や生活について十分に認識し、理解することが通常は難しいのではないだろうか。この点で、本人はもとより、その親族とのコミュニケーションが大切である。

　また、認知症高齢者の場合と精神障害者の場合との身上監護上の相違点等を理解した成年後見人を養成することが求められている。市民後見人の養成講座等のカリキュラムにおいても留意してほしい点である。

第2節　成年後見人の確保と信頼関係の構築

　さらに使いやすい成年後見制度にするための制度改革等が必要であるとされており、各職能団体からも、一般的な改正の提言がなされているが（日本弁護士連合会、成年後見センター・リーガルサポート、日本社会福祉士会等）、ここでは、高齢者のみならず、知的障害者等の場合を含めて、私の考えを述べてみたい。

1　知的障害者の場合

（イ）成年後見人の確保――親子等が後見人になる場合

　親なき後をも託せるような後見人を、比較的若い知的障害者等のために、いかにして探すかが課題になっている。

成年被後見人の状態（例えば20歳代の者）にもよるが、成年後見人の確保という一般的な問題でもある。後見人には成年被後見人よりもかなり若い人（第三者を含む）を探して、まず親との複数後見を行うか、またはどちらかが後見監督人になる方法を検討すべきであろう。

(ロ) 長期にわたる後見の受任

　成年被後見人が20歳代の知的障害者であり、周辺に成年後見人に適した親族がいない場合も考えられる。経験豊かな後見人は50歳前後であるかもしれないので、成年後見人の高齢を理由とする辞任を想定して、あらかじめ関係者や関係機関と相談をしておく必要がある。「老々介護」ならぬ「老々後見」も考えられるが、この点は、選任に際して裁判所によって配慮される場合が多いだろう。最終的には、法人後見の活用が制度改革上の課題となろう。

(ハ) 第三者後見人の場合

　上記(イ)のような場合には、第三者後見人と成年被後見人との信頼関係の構築が重要である。第三者後見人の場合には、この点が常に問題になる。具体的な信頼関係を築ける場合と難しい場合とがあるが、後者の場合に、後見人の交代（辞任と選任）が認められるか、という点も問題になる。後見人を含む当事者の努力が限界であれば、家庭裁判所と関係者が話合う以外に良い解決は得られないように思う。

　第三者後見人の場合には、親が成年後見人と協力して、本人を理解してもらうべきであろう。その意味においても、親との複数後見の類型化やリレー方式（後述3⑴）の定型化などが必要となろう。この課題は運用上の改善である程度までは達成できる。

　近い親族がいるのに、第三者後見人が選任される場合には、親族間で利害（または意見）の対立が生じている場合が多い。そのようなことに対する配慮とは無関係であるのに、後見人が親族と十分なコミュニケーションをとらない場合には、そのような態度は改められなければならない。家庭裁判所は後見人に対する監督機関であるから、問題解決のためには、後見人や親族は同裁判所に相談すべきであろう。後見人が、本人のためを思って、一時的に親との距離を大きくすることはありうると思うが、親族との交流が絶たれるような事態は、虐待等の場合を除いて、避けるべきである。

　後見人と本人や親族とが協調できない場合には、最終的には、辞任・解任と選任で対応することになろうが、これらが緩やかな要件のもとで行えるように、運用ないし制度の改革を行うべきであろう。さらに、成年後見人の「簡易な変

更」手続きを構築する必要があるだろうか。

2 認知症高齢者の場合

核家族化を前提とすると、「老々」後見になってしまう場合も考えられるが、後見開始審判に際して、裁判所が考慮すべき点である。

最大の問題は、独居の高齢者の見守りであろう。それに認知症がプラスされると、日常生活自体が単独では困難になる（なお、成年被後見人が徘徊癖を有する場合の問題については、後述第5節2参照）。

3 親族成年後見人への支援

(1) 親族後見人への支援のあり方――親族的愛情と職務

親族後見人は、前述のように減少傾向にあるとはいえ、後見制度を支えている中核的存在である。しかし、親族の中には、昔ながらの感覚で成年後見制度の趣旨を十分に理解していない者もいるようである。後見は被後見人のためになされるのであり（他益後見）、後見人は決して自己の利益をはかってはならないのである（自益後見の禁止）。親族間の甘えも許されないことがある（後述(2)参照）。

とはいえ、親族後見の減少は、あまりにも急激である。これは一般的に、少子高齢社会であることを前提としても、それだけで説明できることではない。後見人を引き受けようとする意思を有する親族に対する社会的・公的支援が不十分であるとは言えないだろうか。市町村等が後見センター等を設置して相談、支援活動をさらに強化すべきであろう（後述4も参照）。

後見人については、家庭裁判所が監督することになっているが、親族後見人の不安をなくするまでには機能していない。親族後見人にとっても、後見業務の開始時に生じる問題（財産目録の作成等）がさしあたっては最も重要であろう。この点で、東京都が推奨しているように、後見開始時には専門職後見人に依頼して、1ないし2年後に市民後見人にリレーする方法が注目に値する。同様の方法で、親族後見人にバトンタッチする方法なども考えられる。

私は、利用開始時の支援策の例として、ドイツの「タンデム」方式がよいと考えている。すなわち、最初は専門家と親族が2人で「後見業務」という2人乗り自転車を走らせるが、走り出して見通しがついたら、専門職後見人は降りるのである。この方式は、はじめは複数後見になるので、費用面も含めて、家庭裁判所の一定の配慮が前提となる。

成年後見センターのような法人による支援も必要であり、ケースによってはまさに適切である場合もある。法人は、通常、法律家、医師、社会福祉士などの専門家を内部に抱えているからである。つまり、困難ケースに適している。

(2) 親族後見人による財産管理——本人のための財産管理

成年後見人になった以上、善良な管理者の注意義務を負う（民法869条、644条）。つまり、親族後見人も他人の財産を管理する者と同じ立場に法的には立つのである。親族同士ということで甘えが生じやすいが、この点はしっかり認識しておくべきである。そのためにも後見に関する研修が必要である。刑事事件についても、親族扱いされないので、注意が必要である。

上記の問題を考察するために参考になる判例を引用しておこう。未成年者の事例であり、かつ刑事事件であったが、後見人の財産処分が横領罪に当たるとされた事件がある。この事件の後見人が本人の祖母であったため、親族相盗例（刑が免除される、刑法255条、244条）に該当するかが問題になった。最高裁判所は、被害者本人との関係で直系親族であっても、裁判所から未成年後見人に任命された以上、公的任務を帯びるから、親族相盗例の適用はないとした（最判平成20・2・18刑集62・2・37）。この観点は、成年後見人についても妥当する（最決平成21・10・9刑集66・10・981）。

(3) 親族後見人への研修等の働きかけ

専門職後見人の場合には、それぞれの職能団体による研修や自主規制が期待できる。しかし、親族の場合には、後見実務に経験のない者が圧倒的に多いにもかかわらず、事実上放置されているとも言える（家庭裁判所による十分な監督は個々のケースにおいて期待することは多くの場合に困難である）。

このような観点に立つと、親族後見人の支援システムの構築が課題となる。すでに杉並区などでの努力の例も見られる（成年後見関連の講演会などの際に親族後見人の連絡先調査を行っている）。また、東京都社協の実施した親族後見人に対するアンケート調査に際しては、家庭裁判所の一定の協力が得られたと聞いている。

親族後見人のサポートを十分にしないでおいて後見人の不正行為の防止に力を入れると、成年後見制度がますます利用しにくくなるおそれがある。

4　後見制度のあり方をめぐる問題点

(1) 市民後見人の養成と支援

第三者後見人としては、弁護士、司法書士、社会福祉士以外にも行政書士等

の専門職後見人が求められていると同時に、市民後見人の養成が急務とされている。後者については、東京都の社会貢献型後見人の養成事業はよく知られている。厚生労働省も同様の努力をしている（2012年県・指定都市宛事務連絡、厚生労働省「市民後見人の育成活用に向けた取り組みについて」参照）。

(2) 専門職後見人と研修・自主規制

　専門職後見人に対する社会的信用を確立し、維持するためには、後見に関する研修と職能団体による自主規制と最小限度の統制が不可欠である。前者については、法律系専門職には福祉の研修、社会福祉系専門職には法律の研修が重要である。

(3) 審判手続き中の本人の保護

　次に、裁判所の審判手続きが開始された場合に、申請者本人の利益はどのように守られるのであろうか。裁判所が本人の権利侵害を行うことはないと、一応は考えられるが、問題は、本人の意思や希望がどのようにして手続きに反映されるか（成年後見3類型のいずれを利用するかを含めて）という点である。わが国には手続中の保護者の制度がないので、この場面において本人をサポートすべき者が必要とされている。手続き開始につき、職権主義を採用している国では、この面での本人保護は職権行使者（裁判所）の任務であるため、通常は手続補佐人を選任する（なお、権利条約との関係については、後述本章第4節参照）。

(4) 後見制度の利用と費用

　旧法の時代（2000年3月まで）は、宣告申立てには、鑑定費用を含めて数十万円を必要としたが、現在は、司法統計が示すように大部分が5万円から10万円である（鑑定費用を含む）。しかし、生活保護受給者のなかにも成年後見制度を利用した方がよいと思われる者もいるので、このような場合の課題は、国の利用支援事業の予算化（一定の要件を満たせば、市町村長申立て以外の場合でも、だれでも補助申請できるようにするために）であろう。

(5) 成年後見支援信託

　最高裁判所も、親族後見人の財産管理をめぐる不祥事を防止するために、財産信託を含めて検討し、成年後見支援信託を創設した。高額財産を親族の直接的管理のもとにおかないで、信託財産とし、そこから必要に応じて後見人に費用を支給する方法である。

(6) 財産の消費をめぐって

　成年被後見人が毎年楽しみにしていた旅行費用を成年後見人に請求したとこ

ろ贅沢だという理由で拒否されたというような話を聞いたことがある。

　そもそも何をもって「贅沢」と考えるか、が問題である。基本的には成年後見人は本人の希望に従って、財産からの支出を認めるべきである。財産管理とは、決して「財産を減らさないこと」ではない。病気入院の場合の費用などを留保して、本人の財産は、本人の幸せ（福祉）のために消費すべきである。

　また、施設と入所契約をしたが、費用負担が適切に理解されず、多額の利用料の未払いが生じているというような話を聞いたことがある。これも親族後見人一般に言えることであるが、後見人の任務についてぜひ研修等を受けていただきたい（もちろん親族後見に限ったことではない）。後見人の権利・義務については、家庭裁判所等の協力の下で、地域自治体が後見人向けの研修などを積極的に行うべきであり、そのための公的財政支援が検討されるべきである。

5　制度の利用が進まない理由

　成年後見制度の利用は、決して減少しているわけではないが、一般に推測されているニーズに比べると、その利用は十分ではない。その理由は一体何であろうか。

(1)　申立費用と後見報酬に対する公的扶助

　近代社会では、自分の事務は自分の費用負担で処理するのが原則であるが、経済的理由により、それを実施できない者もいる。この場合には、セーフティーネットの確保という観点が大切である。この点でも、前述のように、一定の助成や補助が介護保険制度の枠内や地方自治体においてなされてはいるが、一般的な助成制度にはなっていない。

　家庭裁判所では、後見報酬等に関する一定の基準を持っていると思われる。そこにおいても、基本的な考え方は、自分の事務は自分の負担で処理するということであろう。しかし、それを前提としたうえで、例えば、月額2ないし3万程度の費用負担が重すぎて、この制度を利用できない人には、後見報酬を含めて、公的扶助を行うべきである。

　なお、後見報酬の制度についてもさらなる比較法的研究が必要である。

(2)　財産管理のサポート

　浪費しやすい人や判断能力の不十分さのゆえに騙されやすい人などについては、財産管理面でのサポートが重要である。この場合に気を付けなければならないのは、本人の財産管理であるということである。推定相続人である家族から見ると、特に高齢者の財産は「遺産」のように見えるが、その様に考えては

ならない。例えば、本人のためであれば、旅行の費用を節約するようなことはすべきではない。親族を含む周辺の者が、本人の財産を本人のために管理して消費するという観点を持つべきである。

また、施設入所契約など重要な契約の締結の際にも、本人の生活に及ぼす影響が大きいだけに、行政などによるサポート（財産管理と身上監護）は不可欠である。相談から始まって契約の締結支援に至るまでの支援が必要である。しかし、支援システムがあっても、そもそも、「調査」システムの未整備のために、行政サイドでも把握されていない高齢者等が、事実上放置されている場合もあるのではないだろうか。

(3) 事実上の後見

親族などが事実上の後見を行うことによって、後見制度の利用に至らない場合も少なくないと思われる。介護費用を捻出するために本人所有の不動産を処分する必要などが生じてはじめて成年後見審判開始の申立てを決意する場合もあろう。このような場合は、個々の事情によるので、早期の申立てが望ましいとは限らないだろう。

(4) 相談機関の設置

後見制度の利用を考えている一般市民にとって、いきなり裁判所へ行くのは気が重いのではないだろうか。地域に、もっと気軽に相談できる機関があって、そこで制度に関する理解を深めることができれば、後見制度の利用者もさらに増えるのではないだろうか（後述本章第3節参照）。

6　任意後見制度、特に移行型における問題

ここまでは、法定後見を中心に述べてきたが、任意後見についても、以下の点だけは触れないわけにはいかない。

任意後見契約は、任意後見受任者と本人との間で、極秘に行うべきではない。特に実際上の3類型（将来型、移行型、即効型）のうち、移行型（任意後見監督人が選任されて任意後見契約が発効する前に、民法上の委任契約によって財産管理等を委託する方法）を利用する場合には、注意が必要である。家庭裁判所が任意後見監督人を選任した後においては、任意後見人の権限濫用は生じにくいが、その前段階において、つまり任意後見受任者については、監督者がいないにもかかわらず、別途に締結された民法上の委任契約に基づいて本人（委任者）の財産を処分するようなことが行われうるのである。つまり、本人が受任者を監督できないような判断能力の状態（監督人選任の申立をすべき状態）

である場合には、権限濫用の問題が生じる危険性が高いのである。

なお、比較法的に見ると、日本のように特別法によって任意後見制度を創設せず、民法上の準委任契約に一定の規制をしている国もある。その場合には、民法上の高齢配慮代理権（後見を目的とする）について法的規制を行っているので、日本の「移行型」の場合におけるような問題は生じにくい。

第3節　後見制度利用のための地域支援システムの整備

1　支援システムの在り方に関する問題点

成年後見制度の利用を推進するためには、さまざまな支援システムが必要である。この課題に取り組む際には、基本的に、成年後見の司法的要素と行政的要素とを念頭に置くべきである。

以下では、法定後見制度を前提として検討する。成年後見制度自体は、本質的には司法的制度であるが、それは法制度として見た場合に言えることである。しかし、それは、実態的には、地域行政に支えられて初めて機能し得る制度なのである。

成年後見制度は、本人意思を尊重した制度であるから（私的自治）、それに対する干渉が許されるためには、裁判所（国家）の関与が前提であるが、一種の「干渉」を意味する成年後見を、本人の福祉のために実現するには、広義の地域行政（福祉）の活動が、重要かつ不可欠である。

上記の関係者には、裁判官のように直接、成年後見に関係する者だけではなく、実際に当事者本人を介護したり、福祉面でサポートしたりしている者も当然に含まれる。つまり、成年後見制度のような場合には、社会の中に根ざしている福祉系の組織を含むマンパワーがその改正・改善の方向に向かって動かない以上、改正・改善の内容を適切に実現することはできないのである。したがって、行政等の担当者の組織上の交替ということを考えれば、システムの確立後も関係者の研修などは常に必要である。

成年後見制度は民法に根拠を有しており、まさに私法的制度であり、司法的制度でもあるが、その具体的手続きの準備段階から始まって、手続継続中、さらに手続き終了（開始審判）後においても、広義の福祉行政によるサポートなしには、成年後見制度の適切な運用は考えられない。とりわけ、成年後見制度

を補完するものとして開始された地域福祉権利擁護事業は重要である。

2 　地域福祉権利擁護事業（日常生活自立支援事業）等

　成年後見制度は、成年後見人の契約取消権や代理権を法定する制度である以上、その司法的要素（裁判所の関与）は本質的なものである。しかし、それが本人のために運用されなければ、単なる画餅にすぎない。この点は、日本においても意識されていなかった訳ではない。

　2000年4月から、成年後見制度と介護保険制度が同時施行されるのに先立って、半年早く地域福祉権利擁護事業が各地域の社会福祉協議会によって実施されたが、その際に、その主管官庁であった厚生省（当時）は、この事業は成年後見制度を補完するものでもあるという位置付けをしていた。介護保険契約の締結に際しての被保険者のサポートをも考えていたのである。

　たしかに、制度として立派な成年後見制度を立ち上げることは法務省の仕事であり、裁判所によるその運用は最高裁判所の任務であるが、制度の利用者との関連で、利用と制度を結びつけ、その利用を現実のものとし、制度利用の恩恵を利用者のものにするためには、利用者の周辺にあって利用者を支える組織ないし個人が絶対的に必要なのである。その重要度は、成年後見制度自体の重要度と比べて、決して勝るとも劣らないものである。

　現に、厚生労働省所管の組織や都道府県・市町村の社会福祉組織によって、この任務が担われているが、国家的・公的任務としての成年後見の意義付けがいまだ不十分であるため、組織的・体系的サポートが確立していないのが現状である。これは国民や地方自治体の意識の問題でもある。この点で、市町村長による成年後見制度の利用状況（この点については、データはやや古いが、拙稿「市町村長申立て」実践成年後見 No.35 参照）の各市町村での大きな温度差は問題である。一般的には、この制度の利用は増加しつつある。

3 　既存のサポート体制の再検討

　成年後見人の任命と監督は、家庭裁判所の権限であり、任務であるが、裁判所の人的・物的キャパシティーとの関係もあり、監督については、必ずしも十分とは言えない状況にある。代理権や取消権の授与の問題は裁判所の固有の権限とした上で、後見等開始審判の前後における制度の運用面においては、さらに他の公的機関の参加を求めるべきではないだろうか。つまり、成年後見制度は全体として、本質的に司法上の制度であるという考えを改めて、司法と福祉

行政という二つの重要な要素によって成り立っている制度であると考えるべきである。その上で、サポートすべき要素を司法と（福祉）行政とに振り分けるべきである。そのような発想の転換が、今こそ必要である。

4　後見制度利用に向けての地域行政のサポート

　現に、市民が成年後見開始審判を求めて裁判所を訪問したとしても、裁判所は、パンフレット等を交付して簡単な説明をしてくれるであろうが、具体的に立ち入ったサポートはしないであろうと思われる。つまり、市民のニーズを受け止めて、裁判所での手続の準備を行うことをサポートする機関が必要である。ここでは、まず相談機能が重要である。

　また、手続きの開始につき職権主義をとらない我が国においては、前述の市区町村長による成年後見等審判の申立制度は極めて重要である。申請主義に立っている国でも、ちなみに、台湾の新法や韓国の新法では、行政機関が民法の規定に基づいて成年後見の申立てを行うことができる（『成年後見制度と障害者権利条約』第1編第4章、第5章参照）。

5　後見業務開始に際しての地域行政のサポート

　さらに、審判により後見人等が付された場合にも、家庭裁判所による後見人の監督・助言だけで十分であるか、という問題がある。まず、後見人としては、財産目録の作成という重い仕事から始めなければならない。弁護士などの専門家にとっては必ずしも重い仕事ではないかもしれないが、親族や市民後見人にとっては、気軽に相談できる機関が必要であろう。しかも、初期の段階では、問題は財産管理面のみならず、身上監護面においても発生し得る。したがって、相談・サポート機関には、福祉や医学の専門家も配置されていることが望ましいのである。

6　新しいサポート体制の必要性

　ここで、上記のような3段階（準備・手続中・手続後）において機能し得るものとして、どのような公的サポート機関が適切であるかを考えてみたい。法定代理権や取消権の授与は裁判所の専権事項であることが前提であるから、成年後見におけるそれ以外の要素を考慮して考察しなければならない。

(1) 法務省地方法務局

　現に成年後見制度に関与している公的機関としては、成年後見登記を所管し

ている法務省地方法務局がある。ここには人権擁護委員会もあるので、制度改正により成年後見における権利擁護の機能を追加することも考えられなくはない。その任務を成年被後見人の人権侵害問題や財産管理問題に限定すれば、現実性が見えてくるであろうが、せっかく成年後見センターとして公的機関を設置するのであれば、社会福祉上の問題についても、精神医学上の問題についても、総合的に相談できる機関が望ましいであろう。

(2) 市町村の第三セクター

　成年後見は、各市民にとって地域生活におけるセーフティネットの問題であることを考えると、地域行政によって支えられた総合的な成年後見センターが望ましいのではないだろうか。つまり、成年後見センターはそれぞれの地域において、地域包括支援センターや社会福祉事務所、民生委員等とも連携がとりやすい組織であるべきである。

　その意味では、各市区町村と当該地域社協との協力のもとで組織化が図られるべきではないだろうか。いくつかの組織形態を想定できる。①各市区町村の支援のもとで各地域社協が単独で成年後見センターを立ち上げる方法（いくつかの区等で実施されている）、②各市区町村が第三セクターとして成年後見センターを立ち上げて地域社協の協力を得て運用する方法（多摩南部成年後見センター方式）、③各市区町村と当該地域社協が共同して成年後見センターを立ち上げる方法（杉並区成年後見センター方式）、等が考えられる。これらの方法のメリットは、地域行政の支援によって成年後見センターの中に、法律、福祉、医療などの専門家を確保することが可能であるという点である。これらの成年後見センターは、自ら法人後見を引き受けることもできるが、市民後見人養成講座を開催する等して、ヴォランティアの市民後見人の養成をも行うこともできる。この点は、今後ますます重要な課題となる。

(3) ＮＰＯ法人

　もちろん、ＮＰＯ法人として成年後見センターを立ち上げることも可能であり、すでにその例もいくつかみられる。民間レベルでのこの種の努力は多としなければならない。しかし、財産管理などに限定されたニーズを有する市民にとっては適切であろうが、上述のような組織の総合性ないし多面的機能の点については、それを期待すること自体が通常は困難であろう。むしろ、この種の成年後見センターは、法人後見人としての任務を遂行するのに適しているのではないだろうか。

まとめ

　成年後見制度、特にその運用は、今後は、国家ないし都道府県行政の財政的配慮のもとで、具体的には市区町村行政の支援のもとで、総合的な機能を有する成年後見センターのような組織によって担われるべきである。広範な相談機能を含む総合的な組織は、少子高齢社会にあっては、本来地域行政が担うべきサービス機能を代行しているという側面も忘れてはならないことである。
　親族による成年後見人の受任が、42.2％にまで減少したという現状を考えると、親族へのサポート、地域行政等による代替を真剣に考えなければならない時期になっている。
　本人の判断能力の状態にもよるが、日常的事務の処理や、福祉サービスの利用援助等の範囲であれば、オーストリアの近親者の法定代理権制度も、一考に値する。これは、本人が病気などにより判断能力を失いまたは表示能力を失った場合に、夫婦、親子などの近親者に、民法上、自動的に一定の範囲内の法定代理権（日本民法の日常家事代理権制度に近い制度。日民761条参照）が発生するシステムである（若干の手続きは必要）。なお、ドイツでも、2005年に、この制度について議論されたが、権限濫用等が心配であるとして、認められなかった。

第4節　権利条約の批准と成年後見制度の課題

　権利条約には、多くの領域の事項が含まれているが、ここでは成年後見制度に関する事項についてのみ検討する。

1　成年後見人等の法定代理権

　権利条約第12条は、（外務省訳による）別掲の通りである（第1編第1章参照）。
(1) 法的能力
　権利条約のいう「法的能力」とは、日本法の概念としては、権利能力と行為能力であると解してよい（ドイツでもそのように訳されている）。日本法においては、現にすべての者が平等に権利能力を有しているので、この点で、障害者が差別されていることはない。
　問題は行為能力との関連である。成年後見制度はまさに行為能力に関係する制度であるから、権利条約との抵触関係が問題になりうる。

(2) 障害者団体等からの批判

　日本の既存立法の問題点として「現行の成年後見制度は自己決定への支援としては、きわめて抑圧的であり、不十分」とされ、権利条約の批准後速やかになすべき措置として成年後見制度を「本人の自己決定支援の仕組みとして、組み替えるための改正」が必要であると主張されている。特に、条約への署名後、批准までの間においても、国内でもこのような批判が広くなされていた。

(3)「批判」の意義

　権利条約は、知的障害者を含む障害者の権利の保護を内容としていることを、まず確認する必要がある。被補助人や被保佐人はもちろん、成年被後見人の中にも、法律行為との関連では判断能力が不十分であるにしても、自己の意思を決定し表明できる人がいることは確かである。そのような場合に、補助人、保佐人又は成年後見人（援助者）に法定代理権を与えてしまうと、本人の意思尊重義務が法定（民法858条）されているとはいえ、代理権が「抑圧的」に行使される場合があることは否定できない。つまり、本人の自己決定を支援するのではなく、代理決定してしまう制度が「抑圧的」であるというのである。その限りでは、日本においても一定の法改正が必要である。

　しかし、そのことは、決して法定代理権制度一般の否定につながるものではない。成年被後見人の中には、自己の意思を表明できない者が含まれていることも確かなことだからである。つまり、法定代理権制度一般を否定することは、権利条約の趣旨とは逆に、これらの方々から保護手段を奪ってしまうことになりかねないからである。

　権利条約は、本人意思の尊重を大原則としているから、本質的に法定代理権制度とは調和しない。障害者一般については、これは全く正しい。しかし、具体的に意思の形成が困難であったり、その表明ができなかったりする場合もある。そのような場合に限って法定代理が認められるべきである（第3編第1章参照）。

　そこで、問題になるのは、法定代理権の付与が許される被後見人をいかにして限定するか、である。ドイツの世話制度における「すべての事務を処理できない者」を参考にしつつ、その範囲を限定すべきである。

2　定期的審査

　権利条約12条4項は行為能力などの制限については、その必要性について定期的に審査すべきであるとしている。日本の制度においては、いったん後見

開始等の審判がなされると、少なくとも定期的な再審査は予定されていない。この点は、権利条約の「可能な限り短い期間に適用すること」との関連でも、問題となり得る。

　外国の制度に見られるように、審判後5年に1度程度の審査を実施するのも1つの方法である。

3　成年後見制度と欠格条項、特に選挙権

　これに関しては、権利条約第29条が定めている（『成年後見制度と障害者権利条約』三省堂、2012年及び同条約の外務省訳参照）。

(1) 日本の選挙法

　日本国憲法は、公務員の選挙については、成年者による普通選挙を保障する（憲法15条2項）と定めているから、これを制限するには、法律による合理的な制限が必要である。しかし、つい先頃まで、公職選挙法は、全く単純かつ画一的に、「次に掲げる者は、選挙権及び被選挙権を有しない（公職選挙法11条1項1号〔改正前〕）」として、「一　成年被後見人」と定めていたのであった。

　この公職選挙法の規定は、権利条約の批准前から、部分的に憲法に違反した状態にあった。民法上「事理弁識能力」を欠くため成年被後見人とされた者（民法7条）を画一的に（自動的に）選挙権を有しない者としていたからである。当該選挙法の規定は、憲法15条に違反していたが、直ちに過去の選挙全体が違憲・無効となるわけではなかったと思われる。しかし、選挙権の行使に必要な判断能力を有する者からも選挙権行使の機会を差別的に奪っている点は、違憲状態にあると言わざるを得なかった。過去に行われた選挙の効力に影響を及ぼすか否かは別として、このような違憲状態は可及的速やかに除去されなければならなかったのである。その方法としては、以下のような方法があり得た。

(2) 諸外国の選挙法

(イ) 選挙権の制限規定の廃止（オーストリア、イギリス方式）

　1987年10月7日の憲法裁判所判決で、選挙権に関する成年被後見人の欠格条項は憲法違反とされた。同程度の判断能力の者であっても、審判を受けている者と受けていない者との間で、差別が生じている、ということ等がその理由であった。選挙管理委員会が援助とともに不正行為等に対する監視を行っている。イギリスにおいても、2006年の選挙管理法において制限を撤廃した。

(ロ) フランス方式

　成年後見審判に際して権利行使の可否について配慮する方式もあった。後見

審判の際に、本人が選挙権を維持できるか否かを裁判官が判断するのである。
(ハ) ドイツ方式

あらゆる法律行為のための判断能力を有しない者として、世話人に全事務の代理権が与えられた場合に限定する方式もある。必要性の原則の下で、世話人（成年後見人）の代理権限が被世話人のすべての事務に及ぶ場合には、当該被世話人は選挙権を有しないのである。

(ニ) その他（ハンガリー憲法等）

同国の憲法 70 条 5 項では、「行為能力が制限されまたは後見に服している者には選挙権は与えられない」と規定されていた。このように、成年被後見人となることによって、自動的に選挙権が剥奪されるような規定は、ヨーロッパ人権裁判所によれば、ヨーロッパ人権条約に違反するとされた（2010 年 5 月 20 日）。

以上諸外国における成年被後見人の選挙権については、田山前掲書第 3 編参照。日本においても、2012 年の東京地裁の判決（東京地判平成 25・3・14 判時 2178・2）を経て、2013 年に上記制限規定は廃止された（問題点についての詳細については、田山編著『成年後見その現状と課題』日本加除出版、2014 年第 10 章を参照）。

なお、日本の地方公務員法の欠格条項（同法 16 条）も、被保佐人を含めて問題である。

(3) 障害者のための選挙方法の改善

この点については、今後の課題であるが、本書ガナー論文（本書第 4 編）により、オーストリアの経験を学ぶことができる。

4　成年後見人の医療代諾権

権利条約 25 条は、障害者の健康に関する権利について規定している。これは本書の主要なテーマの 1 つである。重度の認知症の高齢者が医療行為、特に生命のリスクを伴う手術を必要とするような場合において、判断能力が不十分なために本人がそれに同意することができないときは、どうしたらよいであろうか。医療に対する同意権は本人のみが有しているという原則に立って、その同意が困難な場合について検討しなければならない。成年後見人がいる場合には、治療担当の医師は成年後見人に同意を求めてくるであろうからである。

医療行為に対する同意が必要になるのは、成年被後見人に限られないから、一般的な制度の創設を検討するのも、1 つの方法である。しかし、高齢者の場

合にはその必要性が高いことを考慮して、本書では、成年後見人の権限の問題として考察している（第1〜3編参照）。

なお、権利条約ではないが、このテーマに関して、本書では、欧州生命倫理条約にも言及している。きわめて重要な内容を含んでいるからである（第3編第1章参照）。

第5節　成年後見制度の周辺問題

1　親族と事実上の後見・その1——ミニ後見制度の検討

　民法は広義の成年後見制度について3類型を用意しているので、判断能力が不十分である者は、そのいずれかに該当すると思われるが、実際にはそのいずれも利用していない場合がある。申請主義の下では、制度の利用は当事者の任意であるから、そのこと自体は私的自治の領域の問題であると考えてよいが、場合によっては、本人の状況と権利擁護等の法的観点から見て問題であると思われる場合もある。

　例えば、狭義の後見類型に該当すると思われるが、後見人の選任申立てを行っておらず、しかも親族等が必要な法律行為を代行しているような場合である。親族や周辺の誰かが本人の名前で事務処理を行っているのである。本人の判断能力の状態から考えて、委任代理は成立しない場合が多いから、その場合には、無権代理人または無権利者による事務処理になる。これは法律的には決して望ましいことではないし、本人の利益が十分に保護されていない場合もあり得る。

　家族内の問題であるから、本人にとって実害がなければよいという意見もあるかもしれないが、多くの場合には、本人に実害があるか否かさえ、不明なのである。

　このような場合には、日常的な財産管理の範囲内において、一定の範囲の親族に小さな代理権を付与するという方法もある。前述のように、現に、オーストリアではこれが実施されている。私たちは、単なるアイデアの問題としてではなく、日本社会とのさまざまな違いを前提として、これが日本社会において利用可能な制度であるかについて調査検討を継続して行きたい。

　この制度に対する批判は、「濫用」の可能性があるということであろう。ドイツにおいて議論の末に立法されなかった主な理由はそれであった。しかしながら、法的に説明できない「事実上の後見」のままでよいとは思われないので、

「申請手続」を要しない（場合によっては届け出）「法定後見」制度として、その権限範囲を「ミニ」なものにする方法（濫用による実害の防止）を近い将来の課題として、検討してみたい。

2 親族と事実上の後見・その2——認知症の高齢者をめぐる私法上の問題

　高齢者が狭義の後見開始審判のための要件を充足しているが、申請をせず、親族等が「事実上の後見」をしていたが、その間に、例えば、当該高齢者が第三者に損害を与えてしまったというような場合も生じうる。

(1) 名古屋地裁判決をめぐって

（イ）事実上の後見

　高齢者をめぐる最も困難な事例は、認知症が重度であり、かつ徘徊癖を有するような場合であろう。これは、特別養護老人ホームのように、多くの人にとって経済的に負担可能な費用で利用できる施設が十分に存在するか、という問題とも密接に関連している。

　この点で、2013年8月に名古屋地裁であった損害賠償請求事件判決（平成25・8・9判時2202・68）は、後見開始審判はなされていないが、重度の認知症の高齢者につき、重大な問題を提供しており、2014年4月には、その名古屋高裁判決（後述）が新たな問題を提起している。

　これは、成年「後見」の問題は、常にその法的枠組みの中でのみ生じるわけではないということを考えさせられる問題である。日常用語としての「後見人」は、本人の相談相手であり、支援者であるが、必ずしも裁判所の関与はない。私たちは、前述のように日常生活の中で、高齢者等のために事実上の「後見」を行っている場合が少なくない。すなわち、親族中の高齢者の認知症が重度になってしまった場合において、法律行為の代理や取消を必要とするときには、親族などが成年後見人の選任を申立てるべきであるが、それがなされていない場合も少なからずあるのである。

　そこで上記の判決を素材として、最広義の「後見」領域（事実上の後見を含む）における国家ないし社会、さらには家族の責任について考えてみたい。

（ロ）上記判決の事実の概要

　徘徊癖を有する重度の認知症高齢者（後見開始審判を受けていなかった）Yが、JR東海の線路内に立ち入って、通過列車と衝突して死亡した。それによって、列車に遅れが生じるなどの損害を被ったとして、JRは、YおよびYの遺

族（軽度の認知症の妻を含む相続人）に損害賠償を求めた（簡略化してある）。
(ハ) 責任無能力者と不法行為
　判決では、高齢者Yは、重度の認知症のために、責任能力を欠いていた（責任無能力者）として、Yにつき賠償責任を認めず、その親族の責任を問題にした。その際、親族による、厳しい「見守り義務」が前提とされた。冒頭に述べたように、本人は成年後見開始の審判を受けていないが、申立てをすれば後見開始審判がなされたであろう事例であり、親族等の見守り義務という点では、事実上の後見であっても、成年後見人の場合と共通する面を含んでいるとの判断であったと思われる。
(ニ) 法定監督義務者（民法714条）と現実の監督者
　責任無能力者の不法行為については、一定の要件の下でその監督義務者の責任が法定されている（民法714条）。本地裁判決は、同条2項を準用して、さらには709条を適用して、親族の一部に損害賠償責任を認めた。判決では、配偶者や同居の親族を、事実上の監督者としており、それを前提として、714条2項を「準用」している。
　しかし、本来の法定監督義務者がいない状態で、代理監督者の責任を問題にすること自体に理論構成上の無理があったのではないかと思われる。
　714条によれば、法定の監督義務者に注意義務違反があった場合に、その責任が問題になり得る。しかし、本件において賠償義務を認定された被告は、近い親族ではあるが、それだけのことである。裁判所が、本来の監督義務者としてではなく、代理監督者のような立場にある者として「見守り」義務を認定したのもそのためであるかもしれない。しかし、代理監督者とは、幼児の親に代わって監督をしている保育園の保母さんのような立場の者をさすのが通常である。成年後見開始審判の要件を満たしているがそれを申立てていなかったために、成年後見人がいないので、それに代わって、見守りを行っている親族について同様に考えたのであろうが、そのような理解には理論的に無理があるように思われる。
　また、本件のような事例において、同居の親族に損害賠償責任が認められるということになると、成年後見人については（後述）、当然であるということになるから、成年後見人を引き受けることを躊躇する人が多くなってしまうのではないだろうか。
　ここで想起されるのが、精神保健福祉法上の旧規定の「保護者」である。同法の保護者は、成年後見人等がいない場合には、主として家族が該当し、家族

の負担が重過ぎるとの批判を受け入れて、法改正がなされ、保護者という名の下での家族の負担が緩和されたのである。民法の成年後見人制度やその候補者としての家族を、旧「保護者」制度の下で置かれていたような状況に追い込むことは避けなければならないであろう（同法については、後述の（2）（ハ）および補論参照）。

民法714条は、近代法上の個人責任の原則と伝統的な家族団体的責任（例えば、ゲルマン法における団体主義的責任論）との調和を図ったものであると言われている（旧注民255頁、［山本進一］有斐閣）。個人責任に徹すれば、責任無能力者によって被害を受けた者の救済が図れないからである。これが本条ただし書きの趣旨でもある。民法修正案（前三編）の理由書（広中編）によれば、「防止の能不能は実際上極めて判定し難きに因り本案は独乙民法草案瑞士債務法其他二三の立法例に従本条第一項但書の規定に依り本条の責任者は監督の義務を怠らさりしことを証明するときは賠償の責に任せすと為せり」とされている（原文はカタカナ）。

さらに、判決が、親族の一部につき、民法709条の責任をも認めた点も問題である。同居に近い親族や配偶者に事実上の監督者として、きわめて厳しい「見守り義務」違反を認定したうえで同条を適用した点が、特に問題である。

（ホ）賠償義務者がいない場合

なお、加害者本人はもとより、その相続人にも責任が認められない場合についても考えておかなければならない。このようなケースにおいてうまく機能する損害保険が開発できればよいが、さもなければ、一定の要件の下で何らかの公的補償制度の創設を検討すべきである。これも、後見制度の利用の有無を超えて、広い意味での公的後見制度の問題と言えるのではないだろうか。

徘徊癖を有しているが故に加害者となり得る者が責任無能力者であるが、資産は相当に有しているという場合もある。そのようなには、一般的には高齢者ホームへの入居が望ましい。そこでは、徘徊癖があっても、しかるべき対策をとってくれるであろう。もし、対策が不十分であったために、他人に損害を与えた場合には、本人が責任無能力者である以上、監督義務者としての施設（法人）の責任が発生する（民法714条）。

したがって、施設としては、その様な場合にも対応できる「責任保険」に加入するであろうと思われる。施設であれば、そのための保険料なども、費用計算に含めることが可能である。

しかし、実際には、本人の意思を尊重しつつ施設入所させるか否かは、本人

および家族の判断に従う以外にないであろう。

　施設入所が何らかの理由で実現できなかった場合には、土地工作物の設置・保存に瑕疵があった場合の責任に関する民法717条を類推適用して、本人の所有財産を物的有限責任として、無過失責任（無責任能力責任と解するには疑問が残るが）が発生すると解することはできないだろうか。

(2) 名古屋高裁判決とその特徴──地裁判決との理論構成の違い

(イ) 別居の長男の責任を否定

　この点は、結論的には妥当な判断であったと思われる。長男にも独自の生活がある以上、重度の認知症の父の介護のために全生活が犠牲になりかねないような「見守り」を義務化すべきではないからである。同居の有無等の点でも、妻の場合とは区別がなされるべきである。

(ロ) 妻の監督義務

　高裁も、妻の「見守り義務」については地裁判決と同様に厳しい判断を示した。判決が示すような「監督義務」は、夫婦間の愛情に基づくのであれば、その限りで理解できる。しかし、それは全面的に法的な義務として理解すべきではないだろう。法的には妻の独自の生活を前提としたうえで、可能な範囲の注意義務として理解すべきである。極端な例になるが、本件のような夫を施錠等により閉鎖的な部屋に閉じ込めてしまえば、徘徊を阻止することはできるが、多くの場合に夫に対する人権侵害になるだろう。

　重度の認知症の夫に対する妻の監督義務の根拠を民法752条に求める点についても、慎重な検討が必要である。配偶者がいる場合には、714条の監督義務者は752条により配偶者であるというのであれば、長年つき添った人の介護はやぶさかではないが、損害賠償責任までは負いかねるということになり、いったん離婚したうえで事実上介護するというような事態も生じかねない。この点では、若干本質は異なるが民法上、回復不可能な精神病が離婚原因になっている点も考慮すべきである（770条1項4号）。

　夫に対する妻の監督義務と714条を媒介とする第三者に対する責任とは明確に区別すべきである。752条から714条に無媒介的に連結するような発想は妥当とは思われない。

　認知症高齢者の場合には、責任能力の喪失に至ったことについては、本人にも関係者にも責任はない。しかし、民法714条により、一定の者が重度の認知症高齢者に対する監督義務を負うというのであれば、同条の監督義務者はだれか、という点が問題になる。しかも、具体的な行為についての監督義務では

なく、一般的な監督義務が前提とされるということであれば、きわめて厳しい義務となってしまう。「義務者」自身の年齢や体調、生活等を前提として、被介護者の人権の尊重をも前提として、注意義務についての基準が設定されるべきである。そのうえで、714条の適用の可否を検討すべきである。

なお、法的には本件とは別の問題であるが、もし成年後見人が付されている場合については、後述（4）参照。

(ハ) 精神保健福祉法の適用

高裁が本件のような夫に対する妻の監督義務を最新の改正前の精神保健福祉法を適用して認めた点も疑問である。精神保健福祉法に基づく保護すべき義務は、本人に医的治療による回復ないし改善が期待される場合に限定されるべきである。つまり、理論的には、公法的性格を有する法規を媒介にして第三者に対する民事上の損害賠償責任を導くことには問題がある。

統合失調症が原因の認知症はあり得るから、その場合には精神保健福祉法の適用も考えざるを得ない。しかし、この問題を考えるには、前提として、旧法上の保護者と法改正の趣旨についての十分な理解が必要である。主として、本人の保護ないしは本人の福祉の増進を目的とした成年後見制度と、主として本人の治療と社会防衛を目的とする法制度とは理論的に区別されるべきである（この点は、同法の沿革的理由が重要）。

前者は私法領域において発展してきたが、後者は、いわゆる「社会防衛」を考慮して公法領域において発展してきたと考えてよい。714条が本来前提としていなかったような特別法の同条への適用については、慎重な理論的検討が必要である。

精神保健福祉法上の精神病者が「精神障害者」として一種の障害者として位置付けられたのは、後述「補論」で述べるように、障害者施策の適用対象にされることによって福祉の向上が図られるようにするためであったのだから、同法上の「義務者」を単純に監督義務者と解するのは誤りである。いわゆる自傷他害監督義務者の規定が削除された趣旨にも反する。日本の精神障害者福祉法の「精神障害者概念」の変更については、その「拡張」の背景を知っておくべきである。

2014年施行の改正法は、保護者制度の廃止、精神障害者の医療に関する指針、障害者の医療保護入院における手続き等との関連が重要であったのであり、認知症高齢者の問題等について十分な議論がなされていたわけではなかった。なお、同法については、後述の補論を参照。

ドイツにおいても、世話法上の制度と強制的施設入所の制度とは法律上も区別されており、後者は州法として特別法が制定されている。

この問題についても、さらに比較法的研究が必要とされている。

(二) 過失相殺

訴訟技術上の問題を抜きにして考えれば、地裁判決においても過失相殺は検討されるべきであった。高裁がJRとの間の過失相殺を検討したことは、当然である。

(3) 介護や後見の現実を直視することの必要性

認知症高齢者の場合には、介護のみならず、成年後見についても、見守り等に関する事情は基本的に同様である。最高裁の統計によっても、親族後見人の割合が、42.2%になってしまった現実を直視しなければならない。しかし、この事実は、親族が認知症の高齢者等を放置しているということを意味しているわけではない。統計的には分からないが、多くの家庭で現に事実上の後見が行われているものと思われる。このような現実を否定的にのみ見るべきではないが、正式に後見制度の利用に踏み切れない具体的理由を明らかにすべきである。本件においても、成年後見制度や「特養」等の施設を利用しなかったという事実を前提にして、親族などに厳しい「監督義務」を課したのであれば、その判断は短絡的であると言わざるを得ない。

立法論としては、配偶者等に法定代理権を付与することも考えられるが、「老老」介護や「老々」後見を考えると、にわかに賛成できない。2000年の民法改正で、配偶者を当然に法律上成年後見人にする規定を削除したことも思い起こさなければならない。

この点で、前述のように(「1」参照)、オーストリアでは、狭い範囲の親族に小さな法定代理権(日常家事代理権のようなもの)を与えることにしている(『成年後見制度と障害者権利条約』、前掲、および同書・青木論文参照)。ドイツではこの制度の濫用のおそれから、十分審議したうえで、この制度を採用しなかった。我が国ではいかにすべきであろうか。時間をかけて議論したいテーマである。

(4) 認知症高齢者の成年後見人の身上監護義務——見守り義務

名古屋高裁・地裁判決の事案は、本人について成年後見開始審判はなされていなかったが、同審判がなされていた場合には、同様の責任問題が成年後見人について発生する。

この義務は、もちろん成年後見人の成年被後見人に対するものである。法的

には前述の裁判例とは別問題であるが、関連してここでふれておきたい。
(イ) 専門職後見人を含む第三者後見人の場合
　ここでも見守り義務が問題になるが、その判断基準は善管注意義務である。成年後見人は通常本人と同居しないから、徘徊癖を伴う重度の認知症高齢者の場合には、施設または病院への入所を勧めるべきかが問題になる。しかし、費用がかかることでもあり、本人の意向も尊重すべきであるから、成年後見人としてはどの程度強く施設入所を提案できるかは問題である（前述 (3) 参照）。施設利用の場合には社会福祉の領域における支援が重要になる。
　精神病院の場合には、本人の「自由」の問題も考慮しなければならない。
(ロ) 親族後見人の場合──特に同居の親族
　この場合には、前記裁判例における妻が仮に成年後見人であったとしたら、という前提で考えてみればよい。成年後見人としての義務違反は、善管注意義務を基準にして考えればよいが、この場合に注目すべき特徴は、法的義務を超える問題（倫理上もしくは愛情の問題）が生じ得るという点である。
(ハ) 見守り義務の私法上の制度としての限界
　成年後見人の見守り義務は、広範な義務であるが、医療代諾権のような重大な干渉権限を含まない。ここで、その沿革について確認するために、廃止条文（旧民法 858 条）を参照しておこう。
　2000 年に廃止された旧民法 858 条には、「①禁治産者の後見人は、禁治産者の資力に応じて、その療養看護に努めなければならない。②禁治産者を精神病院その他これに準ずる施設に入れるには、家庭裁判所の許可を得なければならない。」（原文はカタカナ）と定めていた。これは、明治民法の同趣旨の 922 条を引き継いだものであった。梅『民法要義』によれば、「療養看護の方法に付いては固より本人の資力に応じて自ら差等あるべきが故に能く其資力を量りて其方法を定べきものとす而して禁治産者を瘋癲病院に入るか又は之を私宅に監置するかは啻に費用の点に於いて相違あるのみならず禁治産者の健康の為にも大いに影響ある所なり」（親族編 467 頁）と述べていた。「見守り」に関する法的義務としての限界を考える際には参考になる。
　成年後見人としては、本人の意思（可能であれば）と費用負担能力を考えて施設入所等を考えなければならないであろう。

3　被後見人の死亡と後見人の権限

　法律的には、被後見人が死亡すれば、後見人の権限は消滅する。本人の死亡

によって、財産関係は相続関係に移行するから、後見人の任務は財産の相続人への引き渡しということになる。その意味では、成年後見法自体の問題ではなく、周辺問題である。しかし、相続人が存在しない場合やその協力が得られない場合を含めてさまざまな問題が成年後見をめぐって生じている。例えば、本人の葬儀を行う者がいない場合もある（これらの問題については、田山編著『成年後見—現状の課題と展望』日本加除出版（2014年）において比較法的研究を発表している）。

補論　精神保健福祉法について

1　精神保健福祉法の沿革

(1)　精神病者の私宅監置から病院収容へ——黎明期

日本において最初の精神病者に関する法律は、明治33（1900）年の精神病者監護法であった。治安面からの要請の強い「私宅監置」が中心的内容であった。大正8（1919）年には、精神病院法により、都道府県が精神病院を設置し、地方長官が精神障害者を入院させる制度が創設された。

第2次大戦後、公衆衛生の向上と増進は憲法上も国の責務となり（憲法25条2項）、これを受けて、昭和25（1950）年には精神衛生法が制定され、都道府県に精神病院の設置義務が課され、精神衛生相談所、精神衛生鑑定医、措置入院、保護者の同意による入院に関する規定が置かれた。同時に、私宅監置が禁止されたが、病院設置の遅れにより、実際上はすぐには無くならなかったと言われている。

(2)　人権擁護・社会復帰へ——共生の社会へ

昭和62（1987）年には、精神保健法が制定され、法の目的・責任に「社会復帰」が明記された。任意入院と応急入院制度が創設され、入院患者の人権擁護が整備され、社会復帰のための制度が創設された。

平成5（1993）年には、障害者基本法において、精神病者が初めて障害者として位置付けられた。

(3)　自立・社会参加へ——自立性と積極性の尊重

平成7（1995）年には、精神保健及び精神障害者福祉に関する法律（精神保健福祉法）が制定され、同法の目的に「自立と社会参加の促進」が明記された。さらに社会適応事業の法制化、精神障害者保健福祉手帳の創設、市町村の

役割の明記、指定医制度の充実、入院告知義務の徹底、公費負担医療の保険優先化等が規定された。

平成11（1999）年には、同法が改正され、精神障害者の人権に配慮した医療上の制度や措置が強化され、「保護者」の義務規定が見直され、その際、自傷他害を防止すべき監督義務規定が削除された。

さらに、精神障害者の保健福祉の充実が図られた。

平成18（2006）年には、障害者自立支援法の施行に伴って、精神保健福祉法も改正された。同法の内容のうち、自立支援法に移行された事項の他には、精神保険医療福祉の改革ビジョン等に基づいていくつかの改正がなされた。精神科病院等に対する指導監督体制が見直され、改善命令に従わない精神科病院に対する病院名等の公表が可能になった。

精神障害者の適切な地域医療の確保の観点から、長期入院患者に同意の再確認を求める仕組みの導入等が図られた。

その他の改正事項としては、「精神分裂病」を「統合失調症」と改称することとされたことを挙げることができる。

なお、障害者自立支援法では、発達障害者が障害者の範囲に含まれることが法律上明確にされた。高次脳機能障害も自立支援法の適用対象になることとされたが、これは通知などで明確にされるべきこととされた。この点は、成年後見開始審判の市町村長申立を行う場合に、精神保健福祉法等の3つの特別法のいずれによるべきかという法解釈問題にも関係するものである。

平成26（2014）年4月1日から、保護者制度が廃止され、医療保護入院の要件を精神保健指定医1名の診断と家族等のいずれかの者の同意に変更し、また、病院の管理者に対して退院後生活環境相談員の設置等の義務が新たに課された。

2　精神保健福祉法の位置付け

以上述べたように、この法律は、沿革から考えて、精神病者の看病を家族や家庭から可能な限り解放して、社会的に受け止めるための制度を作り出すことを目的としている。「保護（義務）者」制度の廃止に至る過程は、これを如実に示している。

社会貢献の観点から、多くの者が精神病者の看護や社会復帰・社会参加に関与できるようにするためにも、この法律の趣旨を正しく理解し、看護への参加・関与者が民事賠償「地獄」にはまってしまうことのないように、民法714条

のような民事法規の解釈に当たっても注意すべきである。

第1編

成年後見人の法定代理権と医療代諾権

第1章
本編の課題と日本の成年後見制度
——障害者権利条約との関連で

　成年後見制度に関する最高裁判所の統計（2013年）（序第1章参照）によれば、広義の成年後見制度（3類型）のうち、狭義の成年後見制度の利用が、80％を超えている。特に、狭義の成年後見人には広範な法定代理権が付与されるから、本人意思の尊重を定めている障害者権利条約（以下、権利条約という）との関連で、以下に述べるように、重大な問題（条約違反問題）が生じている（この点については、本書「はじめに」も参照）。権利条約を批准した以上、この条約は国内法的効力を有するので、関連の他の国内法との抵触が生じないようにしなければならない。法定代理権は、まさに他人による決定を意味するからである。

　また、成年被後見人の医療に関する権利保障との関連で、成年後見人の医療代諾権も改めて注目されている。権利条約（25条）との関連のみならず、内容的には、欧州生命倫理条約との関連も重要である。権利条約は日本に適用され、欧州生命倫理条約はそうではないが、問題の本質を考察するためには、参照せざるを得ない重要な条約である。

　権利条約との関連では、障害者も障害を有しない者と同様に医療を受けられるように法的整備を行うべき義務の問題が生じている。特に精神的障害者も医療に関して自己決定ができる者と同様な法的地位を享受するようにするためには、どうしたらよいかを検討しなければならない。以下では、権利条約上の義務から出発して、欧州生命倫理条約の内容を参考にしつつ、立法的課題について検討する。

第1節　権利条約が求めているもの

　権利条約は、障害者の意思を尊重することを大原則としているから、法定代理制度のような「他人による決定」は、排除されるのが原則である。まず、これに関連する権利条約上の条文（外務省訳による）をみておこう。成年後見人等の法定代理権について定めているのは、第12条であり、医療代諾権ついては第25条である。

1　権利条約第12条

同条は、次のように定めている。
　第12条　法律の前にひとしく認められる権利
　「1　締約国は、障害者が全ての場所において法律の前に人として認められる権利を有することを再確認する。
　2　締約国は、障害者が生活のあらゆる側面において他の者との平等を基礎として法的能力を享有することを認める。
　3　締約国は、障害者がその法的能力の行使に当たって必要とする支援を利用する機会を提供するための適当な措置をとる。
　4　締約国は、法的能力の行使に関連する全ての措置において、濫用を防止するための適当かつ効果的な保障を国際人権法に従って定めることを確保する。当該保障は、法的能力の行使に関連する措置が、障害者の権利、意思及び選好を尊重すること、利益相反を生じさせず、及び不当な影響を及ぼさないこと、障害者の状況に応じ、かつ、適合すること、可能な限り短い期間に適用されること並びに権限のある、独立の、かつ、公平な当局又は司法機関による定期的な審査の対象となることを確保するものとする。当該保障は、当該措置が障害者の権利及び利益に及ぼす影響の程度に応じたものとする。
　5　締約国は、この条の規定に従うことを条件として、障害者が財産を所有し、又は相続し、自己の会計を管理し、及び銀行貸付け、抵当その他の形態の金融上の信用を利用する均等な機会を有することについての平等の権利を確保するための全ての適当かつ効果的な措置をとるものとし、障害者がその財産を恣意的に奪われないことを確保する。」
　第2項以下の「法的能力 legal capacity」という概念は、日本法には存在し

ないが、あえて既存の日本法上の概念で説明するならば、権利能力と行為能力とを含む。後述のように、行為能力と同意能力を区別する見解のもとでは、医療に関する同意能力をも含むと解すべきである。

第4項の「国際人権法」には、人権の普遍的保障を定めている「児童の権利条約」のようなものに限らず、欧州人権条約や欧州生命倫理条約（これは医療代諾権に関しては特に重要である）のような人権を地域的に保障する条約も含まれると解される。

このように、権利条約は、障害者本人の意思の尊重を強調している。その結果、施策の実行等に際しても、障害者の意思を尊重し、意思の決定と表明等をサポートすべきであるとの態度を表明している。障害者一般について言えば、これは全く正しい。

しかし、障害者にとって法律行為が必要になったり、医療同意（厳密には、意思表示ではないが、これに準じて考えてよい）が必要になったりする場合において、その意思を表明できない者も、精神的障害者の中にはいるので、その場合に限って、最小限度、民法の法定代理制度を残さなければならない。法定代理制度を一般的に禁止した規定は権利条約には存在しないし、「障害者の状況に応じた施策」（第4項）が求められていることなどから考えて、必要最小限において法定代理制度を維持することは、同条約との関連でも認められていると考えられる。また、「障害者がその財産を恣意的に奪われないことを確保」するためには、広義の成年後見制度の取消権が必要とされる場合もある。このような観点からは、以下の点が、検討対象として重要になる。

2　権利条約と法定代理制度

権利条約は、前述のように、本人意思の尊重を大原則としているから、他人決定を意味する法定代理制度とは基本的に調和しない。そこで、尊重されるべき「本人の意思」の決定や表明ができない者についてどうすべきか、という点が問題となる。「本人の意思」の確認には一般的に時間がかかるし、その前提としての説明にも時間がかかる場合があるが、本人が理解できる能力を有している以上、もちろん法定代理制度は利用すべきではない。

判断能力の有無については、上記いずれの場合においても、本人意思の尊重をいかにして手続きに組み込むか、が問題となる。具体的には、現行制度の改正案として後述することにする。

3 権利条約 25 条

同条は、健康・医療について、以下のように定めている。

第 25 条　健康

「締約国は、障害者が障害に基づく差別なしに到達可能な最高水準の健康を享受する権利を有することを認める。締約国は、障害者が性別に配慮した保健サービス（保健に関連するリハビリテーションを含む。）を利用する機会を有することを確保するための全ての適当な措置をとる。締約国は、特に、次のことを行う。

(a) 障害者に対して他の者に提供されるものと同一の範囲、質及び水準の無償の又は負担しやすい費用の保健及び保健計画（性及び生殖に係る健康並びに住民のための公衆衛生計画の分野のものを含む。）を提供すること。

(b) 障害者が特にその障害のために必要とする保健サービス（早期発見及び適当な場合には早期関与並びに特に児童及び高齢者の新たな障害を最小限にし、及び防止するためのサービスを含む。）を提供すること。

(c) 〔略―保健サービス提供の場所〕

(d) 保健に従事する者に対し、特に、研修を通じて及び公私の保健に関する倫理基準を広く知らせることによって障害者の人権、尊厳、自律及びニーズに関する意識を高めることにより、他の者と同一の質の医療（例えば、事情を知らされた上での自由な同意を基礎とした医療）を障害者に提供するよう要請すること。

(e) 健康保険及び〔略―場合によって〕生命保険の提供に当たり、〔略〕障害者に対する差別を禁止すること。

(f) 保健若しくは保健サービス又は食糧及び飲料の提供に関し、障害に基づく差別的な拒否を防止すること。」

このように、権利条約は、判断能力の不十分な者にも保健・医療を享受する機会が平等に与えられなければならない旨を定めている。しかし、現行の日本の成年後見制度では、成年後見人等に医療代諾権は与えられていないと解されている。そこで、医療を受けられるように一定の配慮が検討されなければならない。それを実現するために、具体的な法的措置が重要となる。代諾は、代理の要素を含むが、純粋な法律行為ではないので、慎重な検討が必要である。

第2節　医療代諾権

1　障害者と医療代諾権

　権利条約25条が定めている健康に関する権利の中には医療をめぐる障害者の権利も含まれている。

　医療契約は、医療行為の基礎であり、かつ、その枠組を意味している。しかしながら、当該契約は治療の過程で行われる全ての医療的な措置と侵襲とを正当化するものではない。治療は、患者の身体的完全性とその身体に関する自己決定権への侵襲を意味し得るから、その実施のためには独自の正当化事由、すなわち通常に説明（25条（d））を受けた患者による同意を必要とする。

　実務的に見れば、医師と患者は、診察と診断の後に、一定の治療の実施に関する決断を共同して行う。法的には、治療過程の対話的構造は、患者を治療過程に継続的に参加させることを意味し、かつ個々の治療の意義と効果の範囲について情報を与えるべき医師の義務を前提にしている。患者は、診察の場合であれ、治療の場合であれ、医師の処置に同意し、場合によってはそれを拒否することができる。このような諸原則は、身体的疾病の治療であれ、精神的病気の治療であれ、妥当する。また、それは、終末医療、とりわけ延命的措置の実施についても妥当する（本編第3章参照）。

　判断能力に障害を有していても必要な治療について同意ができる者は、サポートを受けながら必要な治療を受けることができるが、同意能力のない者については、権利条約において「他の者と同一の質の医療（例えば、事情を知らされた上での自由な同意を基礎とした医療）を障害者に提供するよう要請すること」が定められている（25条の冒頭部分および（d）も参照）。日本では、これを実現できる制度は存在しない。したがって、このような場合には、必要な医療行為について同意ができない者のために、医療代諾権者制度を含む必要な制度を創設すべきである。また、一般的に、これを創設することも考えられるが、ここでは成年後見制度との関連で検討しておく（第3編第1章参照）。

2　成年被後見人の意思と医学的判断等

（1）考察の基本的視点

　まず、医療に関する同意権ないし代諾権について、その本質の把握からはじ

めたい。この問題を考えるには、人権に関する前提的認識が必要である。その意味でまず、きわめて示唆に富む内容を含む欧州生命倫理条約から学ぶべきである。

この問題に関する限り、権利条約の規定よりも、欧州生命倫理条約（以下、倫理条約という）の規定の方が、具体的であり、かつ分かりやすい（同条約の関連する規定の内容については、後述第3編第1章を参照）。

（2）本人以外の者による医療同意（代諾）を認めるべきか？

日本の現行の成年後見制度では、成年後見人には医療代諾権はないと解されているが、立法的課題としては、それでよいかが問題とされている。

患者の生命身体に対するリスクをほとんど伴わない治療の場合と、生命の危険を伴う手術や重大な後遺症の危険を伴う手術等の場合があるが、特に後者が問題となる。このような場合に、成年後見人の判断のみに任せることは好ましくない、という点では、大方の意見が一致している。しかし、裁判所の許可があればよいかというと、心配な点が残る。裁判官は医学的には専門家ではないということがその1つであるが、その点は医学的な鑑定意見を求めることにより、相当程度カバーできるとしても、その手続きには時間がかかる。その結果、判断に緊急性を要する場合（医師の正当業務行為が問題となる）には、ほとんどが事後手続きになってしまうと思われるからである。

（3）リビングウイルの活用

そこで、客観化された本人の意思（リビングウイル等）の尊重を前提として、裁判所の判断を要する場合を限定し得るか、などが問題になる。その点に関して、本人のリビングウイルが存在する場合には、それと、医師の判断と成年後見人の判断が一致すれば、裁判所の許可は必要としない、とする方法（ドイツの立法例）なども検討されるべきである。

しかし、このような効力を有するリビングウイルの要件を如何に定めるか、が問題となる。わが国のようにそれ自体の制度化が不十分な場合には、大いに議論が必要になろう。

第3節　法律行為と代理・同意（特に、医療同意）

1　本人の意思表示による法律（的）行為

入院して手術が必要になった患者が、それに必要な契約を締結する場合があ

る。本人が医師の説明を受けて、それを理解して承諾する場合には、問題はない。このような契約を民法上、準委任契約と解するか、請負契約等と解するかは別として、本人の意思（効果意思）と医師（病院）側の意思とが合致すれば、入院・治療に関する契約は有効に成立する。このような場合には、手術に関する「同意」が独自に問題となることはない。

しかし、本人がこのような効果意思を有しえないか、もしくは表明できない場合において、成年後見人が任命されているときは、成年後見人等が本人を「代理」することができるであろうか。

成年後見人が上記契約を締結し、手術については本人が同意する、ということが可能であれば、法定代理人による医療契約締結と成年被後見人の同意によって、手術等は合法的に実施されると解してよい。

そこで、本人がこのような同意能力を有しない場合が問題として残るが、現行法上は、成年後見人による代理や代諾は困難であると解されている。

2　医療同意の法的性質と代理

（1）財産権を巡る民法上の同意・承諾

医療同意の特殊性を明確にするために、一般的に、民法上、「承諾」や「同意」が問題となる場合であって、成年後見人が代理できる場合を見ておこう。

第三者のためにする契約（民法537条）の場合は、「承諾」の例である。第三者（C）は契約当事者（A・B）が創設した利益を受けるか否かにつき、承諾という形で、意思決定することができる。これは、受益の意思表示と呼ばれている。負担付きの利益でない限り、たんに利益を受ける行為であると解して、通常の契約締結に必要な意思能力よりも低くてもよいと解される。成年後見人による代理も可能である。しかし、リスクを伴う医療同意の場合には事情が異なる。Cが重度の認知症高齢者である場合を想定してみれば、明らかであろう。

また、賃借中の土地を借地人が第三者に転貸または地上建物を第三者に譲渡する場合は、後者の例である。転貸するためには、賃貸人（地主）の同意を得なければならない（民法612条）。この場合には、賃貸人が有する同意権は、自己の目的物に関する財産的利益を守るためのものである。これも代理が可能である。

このように、上記いずれの場合も、承諾権者ないし同意権者の財産的利益を守る点で共通している。しかも、一身専属的利益（この場合には、本人の意思が特別に重視される）は、問題にならないから、成年後見人等の他人による同

意等の代理行使は可能である。
（2）医療同意の特殊性
　医療同意権は、上記（1）の諸権利とは異なり、財産上の利益ではなく、生命や身体に関する利益・不利益に関する同意である点が重要であり、したがって、同意権者は原則として本人のみである。
（3）代理と代諾
　代理は法律行為に関する制度である。しかし、同意、特に医療同意は、生命や身体の安全に関するものであるから、原則として当該本人によってなされなければならないが、その効果は本人の効果意思に基づくものと解すべきではない。本人が手術をめぐる利益と不利益を理解できればよい。その意味においても、本人の効果意思の内容は問題とならない。しかし、そのような判断能力を有しない者につき、生命や身体の安全を守るために、代諾権者が必要になる場合があることを認めざるをえない。

第4節　現行制度の具体的検討

　権利条約の批准という日本における新たな法的状況を前提とすると、現行の成年後見制度は、特に上記権利条約の2か条との関連で、具体的にいかなる影響を受けるのであろうか。

1　補助制度

　これについては、必要性に関する定期的な再審査（権利条約12条4項）の問題を除いて（被補助人の判断能力は常に低下するとは限らないから、補助の必要性に関する再審査は必要である）制度上の「抵触」問題はほとんどない。もちろん、補助制度の運用に際しては、権利条約の趣旨に反することのないように気を付けなければならない。そのためには、必要性の原則を重視した運用がなされなければならない。その点では、運用にあたって、特に本人意思の尊重義務の規定（民法858条）が重視されるべきである。
　しかし、補助制度も、「司法」の枠内に存在する制度である以上、法定代理権にも同意権（取消権）にも関係がない、たんなるサポートシステムに変更することはできないから、双方またはそのいずれかを利用することになるが、その際には、必要性の原則を前提とすべきである。その意味では、法改正に当たっては、原則として代理権（民法876条の9）を廃止し、同意権と取消権

のみを残すべきであろうか。

　補助人については、被補助人が同意能力を有する以上、医療代諾権は考えられないので、本人による同意のためのサポートをなすべきである。補助人は、それ以外の事務処理についても、本人の判断をサポートすべきである。

2　保佐制度

　これについては、現行法によれば、保佐開始審判がなされると、一括して、自動的に民法13条所定の行為について行為能力が制限されるので、その点の法改正を行うことが必要である。すなわち、所定の行為能力についての一律の自動的制限の制度を廃止し、家庭裁判所は、保佐開始審判にあたって、13条所定の行為から、当該本人に必要な行為を選択する制度（必要性の原則を重視した制度）に改正すべきである。

　それを前提とした上で、さらに13条所定の行為以上に、必要な行為を追加することができる制度（民法13条2項参照）を維持すべきである。必要性の原則を前提として、現行の保佐人への代理権付与の制度も存続させるべきである（民法876条の4）。すなわち、同意権と代理権の双方につき、必要性の原則を基礎とした制度に変更すべきである（必要性の原則の明記）。ただし、権利条約の趣旨を尊重しつつ、代理権の付与については、厳格な要件を設けるべきである。

　保佐人は被保佐人の一定の行為（民法13条）について、同意権を有しているが、これは被保佐人の利益を守るための権限であって、被保佐人に代わって行為を行うものではない。法律行為自体は本人が行うのであるから、サポートの一種であると解することができる（他益保佐）。もちろん、保佐人としては、実質的に他人決定にならないように注意すべきである。「他益保佐」を実現するために保佐人に取消権が付与されているのであるから、保佐人は制度趣旨に沿った権利行使をしなければならない。

3　成年後見制度

　これは、保佐制度を前述のように変更することを前提として、その適用範囲を抜本的に縮小すべきである。すなわち、単独ではおよそ法的な意味を有する行為を行うことはできない者のみが利用できる制度（法定代理権を含む）にすべきである。イメージとしては、ドイツ法の世話人（成年後見人）のうち、「被世話人の全ての法律行為につき権限を有する世話人」を模範として、またはオー

ストリア法の「全ての領域につき権限を有する代弁人（成年後見人）」を（限定的に）模範として、成年後見の適用範囲の縮小につき、具体化を検討すべきである。このような場合に限定するならば、成年後見人への法定代理権の授与も、本人に対する支援制度として機能し得ると考えられるからである。そのためには、まさに必要性の原則を前面に立てて、本人の意思を確認するのが難しいほどに判断能力が低下してしまっている者のみが利用できる制度とすべきである。このように解するならば、成年後見人の医療代諾権についても、検討せざるを得なくなる。

　なお、ドイツの世話人制度は、原則として本人の行為能力を制限しないが、判断能力を有しない者については、必要性に応じて世話人に同意権を付与している。全く判断応力を有しないと思われる場合には、世話人に全ての事務につき法定代理権を付与しているのである。

　現行の日本民法第9条ただし書の存続もこの観点から議論すべきである。上記の改正を前提とすれば、同条ただし書が適用されるような行為をなし得る者の多くは、成年被後見人ではなくなるであろう。同条ただし書は残してよいと思われるが、あまり適用されなくなることが望ましい。

　上記のような立法的解決が実現するまでは、現在のように、狭義の成年後見を偏重した運用（「序」参照）を改めなければならない。審判の申請者側から申し出があっても、家庭裁判所は、本来の制度趣旨に立脚して、特に後見開始審判については、限定的に行うべきである。その上で、立法府は制度の抜本的な改正を早期に実施すべきである。

4　法定代理制度のまとめ

　全体的構想としては、日本の広義の成年後見制度は、保佐制度を中心とした制度に再編成されるべきである。そのためには、3類型の全てについて、必要性の原則を明記する必要がある。特に、保佐人には、必要性の原則を前提として、一定領域について個別・具体的に（民法13条所定の行為の一部および同条を超える行為の）権限が与えられるように改正することによって、保佐制度が成年者保護制度の中核となるようにすべきである。

　なお、法改正までは、後見と保佐のグレーゾーンの事例については、保佐類型を利用すべきである。

5　医療代諾権制度のまとめ

この点については、第3編第1章第3節を参照。

第5節　条文の改正（私案）

はじめに

2000年の成年後見に関する民法改正の際に、ドイツ民法（世話制度）の影響のもとで、私は、職権主義に基づいた制度にすべきであることとともに、「必要性の原則」を重視すべきであると考えていた。改正に当たっては、残念ながら、前者は採用されず（特別法による対応［市町村長申立］は実現されたが）、後者は、極めて不十分にしか実現されなかった。

権利条約との関連では、前者は直接関連しないが、後者は大いに関係するため、法改正が必要になった。また、必要性の原則との関係では、これを徹底するならば、日本の3類型（後見、保佐、補助）を廃止していわゆる一元説（ドイツの立法主義——世話制度のような）に従うべきであるが、日本の民法（成年後見）も15年の経験を積んできているので、これを前提として、以下では、可能な範囲で、かつその枠内で、制度改正を考えてみたい。

そのような意味で、以下の提案は、本来のあるべき姿としての、条文の改正案を提示するのではなく、本書において私が述べてきた内容を具体的に理解していただくために、条文との関連を示したものである。

上記のような内容を日本民法の条文に反映させれば、以下のようになる。

1　7条

「精神上の障害により、事理を弁識する能力をまったく有しない者については、……」と改正し、前述のような改正趣旨を徹底する。

日本語の問題としては、現行法の表現と大きな違いがないように思われるが、上記のような趣旨を明確にするためには、たんなる解釈の問題とするのではなく、条文の改正を要すると思われるのである。

ここで最も意識しているのは、狭義の成年後見制度の現実の運用である。後見が3類型の中で、突出して多く利用されているという現実がある。その理由はいくつかあると思われるが、ここでは立ち入らない。しかし、結果として、未だ相当に判断能力を有している者が成年被後見人とされている現実がある。これは、本人の人権尊重という観点からは決して見過ごすことはできない現実

である。権利条約の批准を前提として、この現実を家庭裁判所の制度運用のみによって是正することには限界があるだろう。本条の改正はこのような意味を有するのである。

2　7条の2（新設）

成年後見人の医療代諾権について、規定を設ける場合には、7条の2として、次のような規定を新設する。

「成年被後見人が、医療について承諾する能力を有しないと認められる場合には、裁判所は、成年後見開始審判に際して、成年後見人に医療に関する代諾権を与えることができる。ただし、医療行為が成年被後見人の生命の危険または重大な後遺症を伴うおそれがある場合には、成年後見人は、裁判所の許可を得なければならない。」

この場合には、通常の行為能力と同意能力とは明確に区別すべきである。すなわち、法律行為を有効になし得るための判断能力と、医的侵襲により自分にいかなる利益および不利益がおよぶのかを判断し得る能力とは明確に区別されなければならない（本章第3節参照）。

民法の成年後見制度は本人の法律行為（主として財産的行為）を想定している。しかし、医療行為については、生命身体の危険や重度の後遺症を伴う場合があるので、時間をかけてでも、本人と意思疎通を行うべきである。認知症高齢者の場合にも、その原因や症状によって異なるが、常に意思疎通が困難であるわけではない。したがって、まずは、キーパーソンまたはこれに準ずる者が、本人の意思の確認に努力すべきである。

さらに、将来、日本においても、医療に関するリビングウイル制度が整備された場合には、それを前提とした規定を設けるべきである。

3　11条

「精神上の障害により、事理を弁識する能力が著しく不十分である者については、……補佐開始の審判をし、その際、第13条所定の行為から、本人が必要とするものを選定する。」

このように、裁判所の関与に際しても、一括一律方式を排し、必要性の原則を明示すべきである。

13条の改正の形をとってもよいが、11条において、必要性の原則を強調することが、権利条約との関連における改正であることを明確にすることになると思うのである。「選定」という行為の中に必要性が明示されている。

4　11条2項（新設）

「前項の場合において、裁判所は、同項以外の行為をする場合であっても、本人の必要性に基づいて、保佐人の同意を要する旨の審判をすることができる。同意権および取消権の付与に当たっては、行為能力に対する制限を最小限にするよう、努力しなければならない。」

　本項も13条の改正とすることは可能である。
　これによって保佐制度を広義の成年後見制度の中核的制度とすべきである。

5　876条の4第4項（新設）

「本条の適用にあたっては、保佐人には必要最小限度の代理権のみを認める。13条所定の行為であっても被保佐人が判断能力を有している事項については、保佐人への代理権の付与はなされてはならない。」

　この規定は、民法の保佐制度が、法定代理権制度を通じて本人に対して「抑圧的」に機能しないようにするためのものである。権利条約の本人意思の尊重の趣旨からすれば、保佐人の法定代理権を廃止することも考えられるが、3類型を前提として、保佐制度を中核的制度に位置付けるためには、このような対応が適切であると考えるのである。

6　876条の9

　本条については、削除するか、「特に必要がある場合に限り」という文言を挿入する。
　この規定は廃止するのがベストであると思うが、保佐制度利用の場合とのグレーゾーンとなる場合をも考えれば、このような規定もありうるという趣旨である。

7　19条の2（新設）

「後見、保佐、補助の審判については、審判が効力を有した後、後見については10年、その他については5年以内にそれを維持すべきか否かについて、再審査すべきものとする。」

　なお、審判開始の事由が消滅した場合には、審判の取消ができること（19条）は前提である。
　技術的に可能であれば、狭義の精神障害者の場合には、再審査期間を常に5年とすることを検討すべきであろうか。
　再審査が極めて重要な意味を有する場合と、比較的簡易な再審査でよいと考えられる場合があるだろう。いずれにしても、これに関する何らかの規定を設けることが権利条約の求めている水準なのである。

第1編　成年後見人の法定代理権と医療代諾権

第2章

ドイツにおける成年者保護と健康関連事務の（法定）代理

第1節　比較法的観点から見た成年者保護と医療行為

　成年者保護法は、伝統的には、とりわけ本人の財産に関心をもってきた。つまり、財産を維持し、かつ本人による浪費から守ることであった。もしそうだとしても、その身上事項および健康事項は、いずれにしても関連事項として理解されてきた。このことは、特に、（世話ではなく）後見 Vormund およびそのさまざまな形式のものについて、妥当する。

　多くの国において、後見は財産に限定されている。したがって、本人への医療行為は、本来、後見人の職務範囲には属していなかった。これは、たんにコモンローの法圏についてのみならず、市民法の法圏に属している国々、例えば、フランス法によって特徴付けられている法秩序（の国々）についても言える。自ら意思決定できない患者への医療行為は、その結果、たんに医師の手に委ねられていた。それは、20世紀の最後の4分の1の時期においてなされた成年者保護の大改革をもって変化しはじめた。今日では、大抵のヨーロッパの法秩序も、しかも、アメリカ合衆国ないしは同国の各州の法秩序も健康関連事務についての患者の法定代理を認めるさまざまな法制度を認識している。治療行為は、もはやたんに医師の手にあるのではなく、むしろ、医師と患者の法定代理人によって共同で決定されなければならないのである。

　二、三の国では、健康関連事務における法定代理をすでにだいぶ前から認識している。すでに 1900 年のドイツ民法典によれば、後見人は、たんに財産のみならず、本人の身上監護にも配慮しなければならなかった。したがって、後見人は、医師の治療の枠組みにおいて、本人の法定代理人であったのである。

1900年の民法典は、しかしながら、身上監護を十分には規制せず、それを広範囲において後見人の裁量に任せていた。したがって、結果的には、少数の後見人が実際には健康上の配慮権を行使していたにすぎなかった。

　したがって、1990年におけるドイツの成年者保護の改革の大きな関心事は、身上監護およびそれによる健康配慮を詳細に規制し、実際に、より効果的に形成することであった。古い行為能力剥奪宣告と後見制度は廃止され、法的世話という新しい法制度によって、とって代わられた。それは自己決定の優位と必要性の原則に基づいている（1896条、1901条参照）。それに続く改革は、健康関連事務における配慮代理権を強化し（1999年の第1次世話法改革法）、そして配慮代理人と世話人による健康配慮を新たに規制した（2009年の第3次世話法改革法）。今日、ドイツの成年者保護法は、配慮代理と世話という2つの「支柱」によって世界的にも最も現代的でかつ最も広範に形成された法の1つを意味している。それは、広範囲において実際的なものとされ、まさに健康関連事務においてもそうである。100万件を超える世話と150万件以上の登録された配慮代理権がこれを証明している。

第2節　権利条約の意義

　国連は、2006年に国連障害者権利条約を決議した。ドイツについては、それは2009年3月26日に発効した。日本は、権利条約に署名したが、批准していない（講演当時—訳注）。権利条約は、障害を有する者による人権と基本的自由の完全かつ同権的な享受を促進し、保護しかつ保障し並びに彼らに内在する尊厳の尊重を促進すべきものとしている（権利条約第1条）。権利条約の個々の保障から生ずる義務を、締結国は履行しなければならない（権利条約第4条）。

　平等な権利＝および行為能力に対する権利もこれに属する（権利条約第12条）。権利条約第12条は、締約国の義務を3つの観点において創設している。すなわち、尊重、保護および保障義務として。国家は、法人格として平等に承認することへの権利、および平等な権利＝および行為能力への権利を自ら侵害してはならない（尊重要請）。国家は、国家以外の第三者の侵害からそれを保護しなければならない（保護要請）[1]。国家はそれらの権利の実現に配慮しなけ

〈1〉 General Comment des Menschenrechtsausschusses Nr. 31, (abrufbar unter www2.ohchr.org/english/bodies/hrc/comments.htm, zuletzt aufgerufen am 17.01.2013), Ziff.

ればならない（保障要請）。もし、1人の人間がこれらの権利を身体的または精神的理由で行使できない場合には、平等な権利能力への権利も平等な行為能力への権利も、効力のないままに留まる。したがって、権利条約12条第3項は、障害者は、権利＝および行為能力の行使に際して、必要な支援を求める権利を有する旨規定している。権利条約12条から生じる諸義務は、例えば、健康関連サービスへの平等なアクセス権についても適用される（権利条約25条）。これは、昨年東京における講演で詳細に述べたように〔成年後見制度と障害者権利条約、三省堂、120頁以下参照—訳注〕、法定代理人の任命をも含む。権利条約は、したがって、障害者が医療行為への権利と健康関連事務の配慮へのアクセス権を自ら、または必要であれば法定代理人によって行使できるようにすることを義務付けている。

このような背景の下で、私は、ドイツ法について述べたい。

第3節　ドイツ法における成年者保護と健康関連事務における法定代理

ドイツの成年者保護法は、すでに述べたように、2つの支柱に支えられている。すなわち、国家的な世話と私的な配慮代理権である。しかしながら、医療行為の枠内におけるその意義は、ドイツ法における医療行為の関連規制を背景にしてのみ理解が可能となる。

1　医療行為の基礎

ドイツ法によれば、各医療行為の基礎は、医師の活動の目標と枠を確定する、医師と患者との間における医療契約である[2]。医療契約は、現在では、民法において法的に規制されている。しかし、新しい規定は、従来、判例と学説によって探り出された諸原則に、主として対応している[3]。

医療契約は、医療行為の基礎と枠組みを形成する。しかしながら、当該契約

5-8; Hochkommissariat für Menschenrechte, Thematic Study, (abrufbar unter www.institut-fuer-menschenrechte.de/de/monitoring-stelle/zentrale-dokumente-und-links.html, zuletzt aufgerufen am 17.01.2013), Ziff. 45.

〈2〉　Zum Arztvertrag ausführlich Lipp, in: Laufs/Katzenmeier/Lipp, Arztrecht, 6. Aufl. 2009, Kap. III.

〈3〉　Vgl. dazu den Entwurf eines Gesetzes zur Verbesserung der Rechte von Patientinnen und Patienten vom 15.08.2012, BT-Drucks. 17/10488 S. 10.

は治療の過程で行われる全ての措置と侵襲を正当化するものではない。治療は、患者の身体的完全性とその身体に関する自己決定権への侵襲として、独自の正当化事由、すなわち通常に説明を受けた患者の同意を必要とする。

　実務的に見れば、医師と患者は、診察と診断の後に、一定の治療を実施するか、しないかの決断を共同して行う(4)。法的には、治療過程の対話的構造は、患者を治療過程に継続的に参加させかつ個々の処置の意義と効果の範囲について情報を与えるべき医師の義務に反映されている。医師の専門的知識から責任領域の法的限界が導かれる。すなわち、医師は、一定の処置に関する、専門に対応した診察、診断および指示について責任を負い、かつその都度それについて患者に説明をしなければならない。それから、患者は、それが診察であれ、治療であれ、医師の処置に同意し、または拒否をする(5)。

　この諸原則は、医療行為の各形態、身体的疾病の治療、および精神的病気の治療について妥当する。それは、終末医療と、とりわけ延命的措置の実施についても妥当する。もちろん、延命的措置は、それが医学的に必要である限りにおいて、かつ患者がそれに同意する場合にのみ許容される。

　患者の同意は、医師の処置のための必要条件であるから、医師、介護職員および診療所若しくは介護ホームは、患者がその処置を拒否する場合には、その意思を尊重しなければならない。その場合には、それは、患者の決断が医師（または他の者）の眼から見ると理性的であるか、非理性的であるかということには依存しない(6)。医師の処置の拒絶は、この場合には常に可能である。すなわち、疾病の種類とその段階とは関係ない。これは長い間論争されてきたが(7)、今や民法典1901条 a 第3項により明確にされた(8)。したがって、患者の拒否権は常に尊重されるのである。

〈4〉　Burchardi, in: Amelung/Beulke/Lilie/Rosenau/Rüping/Wolfslast (Hrsg.), Festschrift für Schreiber, 2003, S. 615, 617; Deutsch/Spickhoff, Medizinrecht, Arztrecht, Arzneimittelrecht, Medizinprodukterecht und Transfusionsrecht, 6. Aufl. 2008, Rn. 243 f.
〈5〉　BGHZ 154, 205, 225; Lipp FamRZ 2004, 317, 318; Deutsch/Spickhoff (Fn.4), Rn. 18, 243; Kern, in: Kern/Laufs (Hrsg.), Handbuch des Arztrechts, 4. Aufl. 2010, § 50 Rn. 7.
〈6〉　6 RGSt 25, 375, 378 f.; BGHSt 11, 111, 114; BGH NJW 1980, 1333, 1334; BGH NJW 1980, 2751, 2753; BGHZ 90, 103, 105 f.; GenStA Nürnberg NStZ 2008, 343, 344; ebenso BT-Drucks. 16/8442 S. 9.
〈7〉　Zur Diskussion vgl. Lipp, in: Laufs/Katzenmeier/Lipp, Arztrecht (Fn.2), Kap. VI Rn. 105 ff.
〈8〉　BT-Drucks. 16/8442 S. 16.

2 世話（後見）と医療行為

（1）基礎

　成年者は、精神病または身体的、精神的もしくは心的障害のために、自己の法的事務を処理することができず、かつそれゆえに1人の法定代理人が必要である場合には、世話裁判所は、一定の任務範囲についてその都度必要な限度で、1人の世話人を任命する（民法典1896条1項・2項、1902条）。法的取引においては、世話人は、家事事件手続法290条第2文5号の意味におけるその任命証書の提示によって、自らを証明する。世話人は、被世話人の福祉のための活動を義務付けられ（民法典1901条第2項）かつその際、被世話人の希望に応じなければならない。そのことが被世話人の福祉に反せず、かつ世話人にとって過酷でない限度において（民法典1901条第3項第1文）。世話人の活動に関するこの一般的な規定は、2009年以降は、1901条a、1901条bによって補完されている。しかし、これによって、立法者は、内容的な変更を行ったわけではなく、むしろ民法典1901条aの患者処分証書を確認し、それについて補充したかったのである。したがって、世話人の義務は、さらに民法典1901条から生じ、きわめて明確になった民法典1901条a、1901条bを補充しているのである。

（2）同意能力を有する患者

　世話人が健康配慮のために任命された場合にも、彼は、直ちに医師の処置についての同意権限を有するわけではなく、患者自身がもはや同意能力を有しない場合にのみ、これを有するのである。世話人の優位が存在するわけではないし、その同意が補充的に必要なわけでもない。選択的に可能であるというわけですらないのである。患者が同意能力を有しない場合に、彼はたんに補充的に権限を有するにすぎないのである。

⟨9⟩　Die Beschränkung auf die Rechtsfürsorge kommt seit dem 1. BtÄndG (1998) in der Überschrift vor § 1896 BGB („Rechtliche Betreuung") und in §§ 1901 Abs. 1, 1897 Abs. 1 BGB zu Ausdruck, vgl. BR-Drucks. 960/96 S. 15 f., 33.

⟨10⟩　Ausführlich Lipp, in: Lipp (Hrsg.), Handbuch der Vorsorgeverfügungen – Vorsorgevollmacht, Patientenverfügung, Betreuungsverfügung, 2009, § 16 Rn. 43 f., § 17 Rn. 158 f.

⟨11⟩　OLG Hamm NJWE-FER 1997, 178; OLG Hamm NJW 2003, 2393; Hoffmann, in: Bienwald/Sonnenfeld/Hoffmann, Betreuungsrecht, 5. Aufl. 2011, § 1904 BGB Rn. 28; Müller, in: Bamberger/Roth, Kommentar zum BGB, 3. Aufl. 2012, § 1904 BGB Rn. 8; Müller DNotZ 2010, 169, 176.

(3) 同意能力を有しない患者
(イ) 概観
　患者が行為能力ないしは同意能力を有しない場合には、彼は、医師と治療契約を締結することはできないし、治療の目的を確定することも、一定の医師の処置の実施を決定することもできない。この場合には、世話人は、患者に代わって、医師との治療契約を締結し、医師に対して患者の権利を守り、かつ治療の枠内において必要な決断を行わなければならない。〈12〉

(ロ) 患者意思の確認〈13〉
　世話人によって世話されている患者の治療の枠内で、世話人の活動に関して基準になるのは、患者の最新の意思である(民法典1901条第3項、1901条a)。したがって、世話人は、患者が具体的な治療状況の下で望んでいることを確定しなければならない。したがって、患者意思の確定は、世話人の最も尊い任務である。そのために、法律は、一定の法的要件を定めている。〈14〉

　患者の意思の確認のための基礎は、彼の事前配慮的意思の告知である（民法典1901条a）。各事前配慮的意思の告知は、解釈を必要とする。〈15〉すなわち、患者が実際の治療状況に関連して現実に表明しようとしたことは何か、ということが常に問われなければならない（民法典133条）。その際、世話人は、患者に関する全ての入手可能な情報を考慮しなければならない。第三次世話法改革法による患者処分証書の法律による規制以来、法律は、事前配慮的意思の告知の3つの形態を区別している。すなわち、患者処分証書（民法典1901条a）、治療に関する希望（民法典1901条a第2項第1文第一選択肢）および一般的な希望と価値観念の通知（民法典1901条a第2項第1文第2選択肢）である。それらは、治療のための基準の具体性に従って区別され、この基準〈16〉

〈12〉 Lipp, in: Laufs/Katzenmeier/Lipp, Arztrecht (Fn.2), Kap. III Rn. 11 ff.; Kap. VI Rn. 113, 116.

〈13〉 Überblick bei Ludyga FPR 2010, 266, 269 f.; Lipp, in: Lipp (Hrsg.), Handbuch der Vorsorgeverfügungen (Fn.10), § 16 Rn. 45 ff.; ausführlich Bickhardt, Der Patientenwille – Was tun, wenn der Patient nicht mehr selbst entscheiden kann? Ein Ratgeber zur Ermittlung des Patientenwillens, München 2010.

〈14〉 Höfling NJW 2009, 2849, 2851.

〈15〉 Lipp, in: Lipp (Hrsg.), Handbuch der Vorsorgeverfügungen (Fn.10), § 17 Rn. 145; Schumacher FPR 2010, 474, 475; Zimmermann, Vorsorgevollmacht, Betreuungsverfügung, Patientenverfügung für die Betreuungspraxis, 2. Aufl. 2010, Rn. 407.

〈16〉 Lipp, in: Gödicke/Hammen/Schur/Walker (Hrsg.), Festschrift für Schapp, 2010, S. 383, 398; Lipp, in: Lipp (Hrsg.), Handbuch der Vorsorgeverfügungen (Fn.10), § 17 Rn. 95 ff.

が具体的であればあるほど、法的には強く義務付けられる[17]。

　民法典1901条 a における決定基準の規制は、民法典1901条 b の手続き規制によって補完されている。それによって、法律は、一般諸原則から生じる、医師と世話人の共同作業を明らかにしている。患者意思の確認は、医師との対話によってなされなければならない。すなわち、その際には、近親者とキーパーソンは可能な限り関与する（民法典1901条 b ）。したがって、医師との対話と近親者の関与は、患者意思の確認のための援助手段である。したがって、意思確認は、患者が事前配慮的意思の告知をしていた場合にも、必要でありかつ求められているのである。というのは、この場合においても、患者が現実の状況において実際に望んでいることのみが重要だからである[18]。

(ハ)　世話人と医師

　世話法は、医師の管理義務を規制しているのではなく、それを前提にしている。民法典1901条 b 第1項第1文が示しているように、治療過程の枠内における医師の任務と責任は、患者がもはや同意をすることが出来ない場合においても、ほとんど変更されない。医師は、専門的な診察、診断および治療に責任を持ち続ける。また、医師は、さらに状況、診断、そして患者治療の目的との関連において、いかなる医師の処置が必要であるか、を判断しなければならない。これについて、医師は、患者ないしはその法定代理人と話さなければならない（民法典1901条 b 第1項第2文）[19]。

　世話人は、患者のために話をし、患者意思の確認につき責任を負う。彼は、患者の側において、これについて話をしなければならない（民法典1901条 b 第1項第2文）[20]。すなわち、最終的には、医師に対する彼の見解が説明されなければならない。民法典1904条第4項が示しているように、これによって、医師には、法定代理人による患者意思の確認を納得がゆくように吟味する任務が課される。医師が、患者代理人の見解と矛盾する、患者意思の他の評価に至る場合には、ドイツ法は、次の2つの状況を区別している。

　第1は、一般諸原則によれば、医師は、患者代理人の異議に反して治療し

---

[17] Ausführlich Lipp, in: Lipp (Hrsg.), Handbuch der Vorsorgeverfügungen (Fn.10), § 17 Rn. 95 ff.
[18] Zur Feststellung des Patientenwillens vgl. die Nachweise in Fn.13.
[19] Lipp, in: Lipp (Hrsg.), Handbuch der Vorsorgeverfügungen (Fn.10), § 16 Rn. 46.
[20] Empfehlungen der Bundesärztekammer und der Zentralen Ethikkommission bei der Bundesärztekammer zum Umgang mit Vorsorgevollmacht und Patientenverfügung in der ärztlichen Praxis, DÄBl. 2010, 279, 284, Ziff. 10.1.

てはならない。なぜならば、患者ないし患者代理人の同意を欠いているからである。もちろん、法定代理人が患者の意思にそぐわない行為をし、患者に損害を与えるということについて、医師が、合理的根拠を有する場合には、彼は世話裁判所に異議申立をすることができる。その場合には、世話裁判所は、世話人に指示を与え、または重大な場合には世話人を解任することができる。

　第2は、患者の命を維持するためにまたは甚大な健康侵害から守るために、治療が必要であるような、容易ならない場合には、法律は、医師のイニシアチブを期待していない。むしろ、法定代理人は、民法典1904条第1項・2項に従って、世話裁判所の許可を求めなければならない。民法典1904条によれば、医師の処置の放棄は、医師の処置への同意と同様の要件の下で許可を得なければならない。世話人は、次の場合には、世話裁判所の許可を得なければならない。①患者意思に関する世話人と医師との間の衝突が存在する場合（民法典1904条第4項）および②患者がその同意（民法典1904条第1項）またはその異議（民法典1904条第2項）のために死亡するおそれがあり、または重大かつ長期継続的な損害を被るであろう場合である。[21]

(ニ) 許可手続き

　許可手続においては、患者代理人が患者意思を適切に調査し、確認したか、が吟味される。裁判所の決定までは、医師は、医学的に必要な処置を実施することが許される。生命の維持または重大な健康の危険からの保護に対応するための医師の処置の放棄が問題である場合には、許可手続きのために特別な規制が存在する。このためには、手続補佐人が任命されることになっている（家事事件法298条第3項）。許可は、患者代理人と手続補佐人への告知の2週間後に、効力を生じる（家事事件法287条第3項）。これによって、法的異議申立てのための十分な時間が確保されている。

(ホ) 患者意思の貫徹

　世話人が患者の意思を貫徹しようとする場合には、彼は、患者の意思にマッチした治療を得るために、医師を変更するか、患者を転院させることができ、さもなければ、彼は、患者意思の無視に対して訴訟の道を選ぶことができる。患者の意思に反する医師の処置は、患者の身体もしくは一般的な人格権を侵害し、民法1004条第1項類推による差し止め請求と妨害排除請求および民法典823条第1項による不法行為的損害賠償請求と並んで、民法典280条第1

──────────
[21] Vgl. die Begründung zu § 1904 BGB in der Fassung des 3. BtÄndG, BT-Drucks. 16/8442 S. 18.

項、241条第2項、249条第1項による治療契約ないし介護契約ないしホーム契約違反を理由とする損害賠償請求の理由となる。これらの請求権を裁判外でまたは民事訴訟において主張する世話人の権限は、患者処分証書の貫徹に関する権限から生じる。したがって、これは、当該治療を含む任務範囲（世話人）の構成部分である。

（4）緊急医療行為

患者代理人が存在せずもしくは確保できない場合には、医師は、世話裁判所に情報提供をし、かつ世話人の任命を提議しなければならない。第三次世話法改革法によれば、これには、特別の意義が加わる。なぜならば、患者意思の調査の際に、世話人の中心的な役割が果たされないことがあってはならないからである。医学的に必要な処置が緊急に必要であり、世話人の（仮の）任命も裁判所の緊急裁判も（民法典1908条i第1項第1文、1846条）期待されえないという状況においてのみ、例外となる。このような状況においては、医師は、医師に対して患者の反対の意思が知らされていない場合には、患者の推定的同意の基礎の上に、医学的に必要とされるものを実施することができる。このような緊急の場合においては、医師は、通常、患者は医学上必要とされる処置に同意するであろうし、したがって、その推定的意思に相応するであろうということを前提とすることが許される。しかしながら、医師は、直ちに世話裁判所に情報提供をし、かつ世話人の任命を提議しなければならない。

3 健康関連事務における配慮代理権

（1）基礎

人間は、その事務処理に際して相談に乗ったり、支援をしてくれたりするキーパーソンをしばしば任命する。当該合意は、その目的のゆえに、配慮委任と称

〈22〉 Vgl. BGHZ 163, 195 ff. m. Anm. Lipp/Nagel LMK 2006 I, 32 f.; Deutsch/Spickhoff (Fn.4), Rn. 164 ff. (allgemein), 340 ff. (bei unwirksamer Einwilligung); Lipp, in: Lipp (Hrsg.), Handbuch der Vorsorgeverfügungen (Fn.10), § 17 Rn. 208.

〈23〉 Lipp, in: Kettler/Simon/Anselm/Lipp/Duttge (Hrsg.), Selbstbestimmung am Lebensende, 2006, S. 89, 113 f.; ähnlich Höfling/Rixen JZ 2003, 884, 890 f.

〈24〉 Kern MedR 1991, 66, 69; Habermann/Lasch/Gödicke NJW 2000, 3389, 3393 f.; Diehn/Rebhan NJW 2010, 326, 330.

〈25〉 Lipp/Brauer MedReport 2010, Nr. 29, S. 15, 16; Müller DNotZ 2010, 169, 174 f; Empfehlungen der Bundesärztekammer und der Zentralen Ethikkommission bei der Bundesärztekammer zum Umgang mit Vorsorgevollmacht und Patientenverfügung in der ärztlichen Praxis (Fn. 20), Ziff. 11.

せられる。それは、無償委任(民法典662条)または有償の事務処理契約(民法典675条)ないし雇用契約(民法典611条)の形式で授与される。包括的な配慮規制とするためには、それ以上に、キーパーソンが必要な場合には本人に代わって行為しかつ代理することができるということが必要である(民法典164条第1項第1文)。そのためには、その目的のゆえに配慮代理権と称せられる代理権が補足的に授与されなければならない。代理権が健康関連事務における代理権を含むべき場合には、書面でかつ医師の処置について明確に授与されなければならない(民法典1904条第5項第2文)。明確性の要件の範囲と同時に必要な書面形式については争いがある。すなわち、一部の見解では、民法典1904条第1項・2項により許可義務に服する医師の処置に限定されるとし、他の見解では、この処置は補足的に明確に記述されるべきであるとする。しかし、この両見解は、規範目的と立法者の意思に反している。立法者および規範目的は、健康代理権は意識して授与されるということを要求しているにすぎないからである。したがって、それは、明確にかつ書面で医師の処置について授与され、かつこれが合理的なものとして表示されていれば、必要にして、十分なのである(例えば、医師のもしくは医学的な処置として、健康配慮もしくは類似のものとして)。しかしながら、一定の種類の医師の処置が補充的に記述されていることまでは要請されていない。他面において、許可義務

〈26〉 Bühler FamRZ 2001, 1585, 1593; Langenfeld, Vorsorgevollmacht, Betreuungsverfügung und Patiententestament nach dem neuen Betreuungsrecht, 1994, S. 117 f.; Walter, Die Vorsorgevollmacht: Grundprobleme eines Rechtsinstituts unter besonderer Berücksichtigung der Frage nach Vorsorge im personalen Bereich, 1997, S. 112.

〈27〉 Vgl. § 1908f Abs. 1 Nr. 2a BGB. Zu Vorsorgeverhältnis und Vorsorgevollmacht Lipp, in: Lipp (Hrsg.), Handbuch der Vorsorgeverfügungen (Fn.10), § 4 Rn. 15.

〈28〉 Lipp, in: Lipp (Hrsg.), Handbuch der Vorsorgeverfügungen (Fn.10), § 16 Rn. 29; Schwab, in: MünchKommBGB, 6. Aufl.2012, § 1904 BGB Rn. 74.

〈29〉 Hoffmann, in: Bienwald/Sonnenfeld/Hoffmann, Betreuungsrecht (Fn.11), § 1904 BGB Rn. 26, 110 f.; Bienwald, in: Staudinger, Kommentar zum BGB (2006), § 1904 BGB Rn. 63, 69, 72; Bücker/Viefhus ZNotP 2007, 126, 127, 129; Götz, in: Palandt, 72. Aufl. 2013, § 1904 BGB Rn. 26.

〈30〉 LG Hamburg BtPrax 1999, 99, 100 = DNotZ 2000, 220, 221 f. m. Anm. Langenfeld, wonach im Hinblick auf § 1904 Abs. 2 BGB gesondert klarzustellen ist, dass diese Befugnis des Bevollmächtigten auch dann gelten soll, wenn die begründete Gefahr besteht, dass der Betroffene aufgrund der Maßnahmen stirbt oder einen schweren oder länger dauernden gesundheitlichen Schaden erleidet.

〈31〉 BT-Drucks. 13/7158 S. 34.

〈32〉 Ausführlich Lipp, in: Lipp (Hrsg.), Handbuch der Vorsorgeverfügungen (Fn.10), § 16 Rn. 29 ff.

に服する危険な決断のみが明示されているだけでは不十分である。

　任意代理は、もちろん、委任者のための代理人として行為するための、受任者の資格を創造するだけである。換言するならば、任意代理は、彼の法的能力を規制している。彼が法的に許されていること、すなわち、受任者が個々的に行為することが許されかつ行為しなければならないことは、委任関係から生じるのである。したがって、通常は、委任契約に従うのである。⟨33⟩

　世話人または受任者が、患者の医療行為と医学的配慮（健康関連事務）について権限を有している限りにおいて、彼らは、しばしば患者代理人と称せられている。したがって、第三次世話法改革法は、民法典1901条a、1901条bにおいて、たんに世話人による健康配慮権の行使のみならず、これらの規定を健康関連事務において受任者にも拡張している（民法典1901条a第5項、1901条b第3項）。しかしながら、立法者は、これによって、すでに一般規定の中に存在していた受任者のための義務(配慮関係、すなわち、委任に基づく)を変更しようとしたのではなく、民法典1901条aにおいて表明されていた患者処分証書への拘束を補充したにすぎない。受任者の義務は、今後も、配慮関係から生じ、(かなり)明確にされた民法典1901条aと1901条bの規定によって補完されているのである。⟨34⟩

　結局のところ、世話人と受任者には、これらの規定が適用されるのである。すなわち、受任者も、患者が自ら決断できない限りにおいてのみ、同意について決断することが許される。⟨35⟩ 患者が同意能力を有する限りにおいては、受任者は、患者の決断に際して相談に乗りかつ支援する任務のみを有する。患者がもはや同意能力を有しない限りにおいて初めて、受任者は代理人として、治療契約を締結し、患者に代わって、医師の処置に同意することが許され、かつ同意しなければならない。⟨36⟩ この場合には、健康配慮受任者は、最新の患者意思を、世話人の場合と比肩し得る方法で確認し、かつそれに従わなければならない。

⟨33⟩ Dazu ausführlich Spalckhaver, in: Lipp (Hrsg.), Handbuch der Vorsorgeverfügungen (Fn.10), § 15 Rn. 7 ff.

⟨34⟩ Ausführlich Lipp, in: Lipp (Hrsg.), Handbuch der Vorsorgeverfügungen (10), § 16 Rn. 43 f., § 17 Rn. 158 f.

⟨35⟩ Schwab, in: MünchKommBGB (Fn.28) § 1904 BGB Rn. 69; Müller DNotZ 2010, 169, 176.

⟨36⟩ Lipp, in: Gödicke/Hammen/Schur/Walker (Hrsg.), Festschrift für Schapp (Fn.16), S. 382, 393; Diehn/Rebhan NJW 2010, 326, 328.

(2) 受任者（代理人）のコントロール

　ドイツ法は、配慮代理権を私的自治上の配慮の手段として捉えており、国家的世話の民営化として捉えていない。したがって、配慮代理権は、原則として委任の規制に従う。配慮受任者のコントロールは、原則として、配慮代理においても、第1に委任者の務めである。彼のコントロールの権限は、配慮代理権から生じるのではなく、その基礎にある配慮委任契約から生じる（民法典665条以下）。しかしながら、本人保護のために、以下の特別規制が適用される。

　第1に、世話裁判所は、委任者が当該コントロール権をもはや自ら行使できない場合には、必要に応じて、いわゆる配慮代理世話人を任命する（民法典1896条第1項・第3項）。配慮代理世話は、本人の権利を配慮関係から守るべき特別な権限範囲を伴った世話である。健康配慮代理の場合においても、配慮代理世話人は、それが具体的な場合において必要とされる場合にのみ、任命される。したがって、患者が自らそれを行うことが出来ないというだけでは不十分である。むしろ、そのためには、受任者がその配慮代理権を濫用またはその任務を不十分に行使しもしくは全く行使しないという具体的な根拠が必要である〈37〉。

　第2に、健康配慮受任者は、患者のために著しい健康上の危険を伴うか、またはまさに命に係わる決断をする場合には、世話裁判所の許可を求めなければならない。彼は、この決断の際には、世話人と同様の方法において、世話裁判所の予防的なコントロールに服する（民法典1904条第5項）。

第4節　日本（日弁連委員会）の法律草案について

　この法律草案は、同意能力を有しない成年者の医療行為の際の代行制度（同草案2条、3条第1項、4条第1項）を導入しようとしている。

　代行者として権限を有するのは、第1に、患者によって任命された同意代行者（同草案第3条2項）の他に後見人である（同草案第3条4項1号）。同意代行者も後見人も存在しない場合には、または彼らが代理から排除されている場合には（同草案第3条4項）、本人の親族が法律に基づいて一定の順序で任命される（同草案第3条第4項2号—5号）。家庭裁判所は、これにつき別段の命令をすることができる（同草案4条第5項・7項）。

〈37〉Lipp, in: Lipp (Hrsg.), Handbuch der Vorsorgeverfügungen (Fn.10), § 3 Rn. 58 f.

代行者は、患者の健康状態を配慮し、その意見を尊重しなければならない（同草案4条第4項）。代行者が特別に危険な医師の処置に同意する場合には、彼は審査会の許可を得なければなない（同草案第4条第2項）。その他の場合には、彼は審査会の意見を求めることができる（草案4条3項）。代行者がその同意を拒絶する場合には、医師は、家庭裁判所に異議を申立てることができ、この場合には、家庭裁判所は、代行者に代わって、治療への同意を与えることができる。

権利条約の観点からは、また比較法的な観点からも、当草案は極めて適切である。権利条約第12条と第25条は、患者の医療への権利は、患者がもはや自ら治療に同意することができない場合には、代理人の援助によって実現されることを要求している。後見人に対する受任者の優位も適切である。草案は、代行者に患者の意思を尊重すべきことを義務付け、かつ代行権の濫用に対する保全のための規定を置いているからである。

以下には、改良点を、私なりに掲げさせていただいた。

（1）同意能力は、第2条において、自己の健康状態と医的侵襲の意義と範囲を理解するのに必要な、成年者の能力として積極的に定義されている。この規定は、2つの観点において問題である。

第1に、同意能力は、積極的に定義する必要はない。全ての成年者は、原則として、同意能力を有している。したがって、いつ同意能力が例外的に排除されるかということのみを規制しなければならない。なぜならば、それは代行が許容されるための前提要件だからである（草案第3条第1項）。

第2に、この排除のためには、事理弁識能力の欠缺にのみ焦点を合わせるべきではない。むしろ、弁識力はあるが、患者がその弁識力で行動することができないような事例を取り上げるべきである。精神的な病気の場合には、事理弁識能力ではなく、制御能力が欠けているのである。

（2）同意代行者、後見人および家族は、第3条第1項により、同意能力を有しなくなった患者を代行しなければならない。しかし、患者は、彼が未だ完全には同意無能力にはなっていない場合においても、援助や支援を必要としている。したがって、同意代行者、後見人または家族は、患者を医療の枠内において支援する、一般的な任務を有するべきであろう。同意能力がない場合の代行は、その場合に問題になる。また、権利条約もそれを要求している。権利条約12条第3項によれば、支援が、代理に優位しなければならない。

（3）第4条第4項は、同意代行者は、患者の意見を尊重しなければならな

い、と規定している。この意味するところは私には明確にならない。私の意見としては、厳密に規定することが有意義である。ドイツ法においては、この問題は、1901条第3項と1901条aにおいて規制されている。この規制は、もちろんまさに複雑に文章化されている。しかし、その核心的内容は、次のように総括することができる。すなわち、代行者は、患者の意思に従わなければならず（したがって、たんに尊重するのではない）、かつその意思が自由に形成されず、病気に条件付けられ、しかも患者にとって有害である場合にのみ、これに従わないことが許される。この場合には、推定的な患者意思に従わなければならない、すなわち、患者が病気の影響を受けていないならば自ら決断したであろうところに従わなければならない。[38]

　（4）法律に基づく家族による健康関連事務の代行は、多くの国において存在している。例えば、アメリカ、オーストリアにおいてである。ドイツでは、それは確かに提案されたが、連邦議会において集中審議の末に廃案となった。[39]ドイツにおいては、私の意見では、大きなニーズは存在しない。なぜならば、各自が、その家族に健康関連事務の代理（代行）権を自らしかも大きな費用をかけないで授与できるからである。法定代理権は、大きな実際上の困難を引き起こすということも無視してはならない。しかも基本的に適任な家族のうち、具体的事例において代理権限を有するのはだれであるかを、そしてだれがそうでないかを、医師はいかにして知るべきであろうか？

おわりに

　健康関連事務における代行者をめぐる日本の議論は、成年者保護法の改革をめぐる世界規模の議論の一部である。21世紀における現代的な成年者保護法は、本人の人権を、たんに尊重するのではなく、この人権を実現するものでもなければならない。患者の健康と自己決定権への権利は、健康関連事務の代行者の援助によってのみ包括的に実現され得るものである。

　ご清聴ありがとうございました。

〈38〉 Lipp, in: Lipp (Hrsg.), Handbuch der Vorsorgeverfügungen (Fn. 10), § 17 Rn. 146 ff., 159 ff., § 18 Rn. 106 ff.
〈39〉 Ausführlich dazu Diekmann, Stellvertretung in Gesundheitsangelegenheiten, 2009.

第3章

生命維持措置の導入および無益である場合におけるその中止を決定する法的基礎——ドイツの場合[*]

　医師は、その医学的鑑定に基づいて生命維持措置が「意味がない」か、「無駄である」か、または「無益である」かどうかを確定することができ、かつしなければならず、これに応じて医師は、このようなケースにおいて生命維持措置の導入を中止することまたはその中止を命令する権限を有するという見解は、広く行き渡っている[1]。これに対して、生命維持措置が「無益である」と述べることは、たんなる客観的な事実に関する叙述ではなくその事実の判断であること、そしてこの判断が客観的で自然科学に基づく医学的知識の単純な適用ではなく、非常に規範的な問題を投げかける価値判断を含んでいることは、正当に指摘されていた[2]。この問題は、本稿において、詳しく解明していく。

　これについて、まずはじめに医師による治療の基礎および患者代理人の意義について概観する。これによって、終末期の医師による治療を明らかにすることができ、ここで関心の対象となっている問題を治療制限に応じて「自己決定問題」のコンテクストに置くことができる。これにより、終末期における治療制限の基礎を正確に理解するために、その基盤が整えられる。このことは、引

---

[*] 本稿は、フォルカー・リップ教授が2009年5月8日にテュービンゲンにおける学術大会「生命の延期—死の延期。終末期の挑戦を前にする臨床医学」で行った講演に基づいている。その後の動向は、2010年1月まで、つまり、2009年7月29日（BGBl. I , S.2286）の世話法第三次改正法（施行は2009年9月1日）による患者配慮処分（Patientenverfügung）の法的規制までを考慮している。

〈1〉 Vgl. etwa Brody/Tomlinson in: Mappes/De Grazia (Eds.): Biomedical Ethics, 6. ed. (2006),S. 342:「無益であるという理由で、心肺蘇生が正当化されないという決定は、全面的に内科医の技術的専門知識内に入る判断である。」

〈2〉 Bauer, Onkologe 12 (2003, 1325); Duttge, NStZ (2006, 479, 480); 最新の詳細なものとして、Möller:Die Indikation lebenserhaltender Maßnahmen, 2010, S. 35ff がある。

第3章　生命維持措置の導入および無益である場合におけるその中止を決定する法的基礎

き続き「無益である」場合の生命維持措置の中止についていくつかの見解を述べることを可能にする。

第1節　医師による治療の法的基礎

　終末期にある者の医師による治療には、他の全ての治療と同様のことが適用される[3]。治療に関する医師の権利および義務は、まず第1に、患者との契約から生じる。治療契約は、医師による治療にとって必要な法的基礎を形成する。治療契約の締結によって、患者と医師は、医師が患者の治療という目的のために活動することを定める。治療契約を締結することによって、患者と医師は、医師への委任の目的および限界を同時に定める[4]。

　しかし、治療契約は、治療の枠組みにおいて必要となる多くの医療措置を正当化するものとしては十分ではない。さらに、医師による全ての治療は、個別の正当化を必要とする。このためには、まずはじめに、医療措置が医学的見地から必要であると示されることが要件となる。さらに、医療措置が患者の身体的完全性および精神的完全性への侵襲であり、人としての患者の自治に関係することから、医療措置は患者の同意を必要とする。この同意は措置の開始前に得られていなければならず、医師による適切な説明を前提とする[5]。患者は治療に関する措置をいつでも拒否することができ、したがって、治療開始後においてもなお、その同意を将来にむけて撤回することができる。撤回権の放棄（例えば、医師、病院経営者またはホーム経営者との契約において）は、その同意が人格に関係することを理由に許されていない[6]。このために、医療措置の正当化は、医学的適応性に基づき、説明を受けた患者の同意に基づき、そしてその医学準則（lege artis）に基づいている[7]。

〈3〉　これについて、さらにこの後についても、Lipp, in: Laufs/Katzenmeier/Lipp: Arztrecht, 6. Aufl. 2009, Kap. VI Rn. 92。

〈4〉　Lipp, in: Laufs/Katzenmeier/Lipp (Fn. 3, Kap. III Rn. 1f., 32).

〈5〉　BGHZ 29, 46, 49 ff. = NJW 1959, 811; BGH NJW 1980, 1333; BGH NJW 1993, 2372,2373f.; vgl. Laufs, in: Laufs/Uhlenbruck (Hrsg.): Handbuch des Arztrechts, 3. Aufl. 2002, § 61 Rdn. 14f., § 63.

〈6〉　BGHZ 163, 195, 199 = NJW 2005, 2385 ミュンヘン上級地方裁判所の前審判決に対して、FamRZ 2003, 557, 558; Kohte, AcP 185 (1985, 105, 137f.); Deutsch/Spickhoff: Medizinrecht, 6. Aufl. 2008, Rdn. 255, 258;Uhlenbruck/Kern, in: Laufs/Uhlenbruck (Fn. 5, § 71 Rdn. 1, § 81 Rdn. 7).

〈7〉　Laufs, in: Laufs/Uhlenbruck (Fn. 5, § 6); Uhlenbruck/Laufs, in: Laufs/Uhlenbruck

したがって、医学的適応性は医療措置にとって必要条件であるが、十分条件ではない。医学的適応性の必要性という要件は、医師が医学的適応性が存在しない措置を拒否してもよい点に意義がある。ある措置が医学的必要性に反する場合には、医師は、患者の明確な希望に基づいていたとしても、その措置を実施してはならない。医師による治療の委託が医学的適応性によって制限され、医師が治療を「勧める」場合に初めて同意する余地があると判例が述べる場合には、判例は、このことを踏襲している。このため、具体的なケースにおける医学的適応性の獲得は、確かに患者との会話の中で行われ、また行われなければならないが、最終的には、医師の責任領域に属することが明らかになる。

他面においては、患者がその治療の枠組みにおいて措置を要求することは、同様に不十分である。患者の自治は、医師の治療の枠組みにおいて、その人格および身体的完全性に関する患者の自己決定権の現れである。患者の自治は、患者に対し、医師によって提案された措置に対する拒否権を与えるが、患者に特定の措置の実施に対する請求権を得させるものではない。例えば、特定の治療方法が専門的な医学的見地から適切でありかつ支持されているかどうか、

　　(Fn. 5, § 52 Rdn. 9; Burchardi, Festschrift für Schreiber, 2003, S. 615, 617; Borasio/Putz/Eisenmenger (DÄBl. 2003, A 2062, 2064).

〈8〉　BGHZ 154, 205, 224 = NJW 2003, 1588; Laufs (NJW 1998, 3399, 3400); Spickhoff (NJW 2000, 2297 2298); Taupitz: Empfehlen sich zivilrechtliche Regelungen zur Absicherung der Patientenautonomie am Ende des Lebens? Gutachten A zum 63. Deutschen Juristentag, in: Ständige Deputation des Deutschen Juristentages (Hrsg.): Verhandlungen des 63. Deutschen Juristentages, Band I (Gutachten), 2000, A 23f.; Heyers: Passive Sterbehilfe bei entscheidungsunfähigen Patienten und das Betreuungsrecht, 2001, S. 29ff.

〈9〉　OLG Karlsruhe MedR 2003, 104ff.; OLG Düsseldorf VersR 2002, 611; OLG Köln VersR 2000, 492; Deutsch/Spickhoff, (Fn. 6, Rdn. 14, 199, 259).

〈10〉BGHZ 154, 205, 225ff. = NJW 2003, 1588; 同様に、法学の学説における広汎な見解について、Möller の見解を参照 (Fn. 2, S. 25ff.).

〈11〉Spickhoff (NJW 2003, 1701, 1709); Taupitz: Gutachten (Fn. 8, A 24).

〈12〉Borasio/Putz/Eisenmenger (DÄBl. 2003, A 2062, 2064).

〈13〉Verrel: „Patientenautonomie und Strafrecht bei der Sterbebegleitung, Gutachten C für den 66". In: Deutschen Juristentag, in Ständige Deputation des Deutschen Juristentages (Hrsg.): Verhandlungen des 66. Deutschen Juristentages, Band I (Gutachten), 2006, C 99f.; Wagenitz (FamRZ 2005, 669, 670); Kutzer (DRiZ 2005, 257, 258f.); Lipp: (FamRZ 2004, 317, 319); Dodegge/Fritsche (NJ 2001, 176); Taupitz: Gutachten (Fn. 8, A 24); Ankermann (MedR 1999, 387, 389).

〈14〉Verrel: Gutachten (Fn. 13, C 99); Eser, in: Schönke/Schröder: Strafgesetzbuch Kommentar, 27. Aufl. 2006, vor § § 211ff. StGB Rdn. 25; Lipp (FamRZ 2004, 317, 319).

またはその治療方法が健康保険組合から支払われるかどうかは、患者の自治の問題ではない。[15]

　医学的適応性も、患者の意思も、それ自体は治療の枠組みにおける医療措置を正当化するものではない。それらが協力し合って初めて、医学的適応性と患者意思は、医師の行動のための法的基礎を形成する。法的には、治療過程における対話構造は、一方では医療行為の契約上の基礎の中に、他方では患者に継続的に関与させ、提案された措置の意義と射程について情報を提供するという医師の義務の中に現れる。治療の際の法的責任は、専門的能力に依存している。つまり、医師は、専門的な診察、診断、適応性および実施について責任を負う。患者は、その個人的な見解と選好に基づいて、自分は治療によってどのような目標を追求したいのか、そして自分がその目標追求のために必要となる措置において同意するかどうかを決定する。

　対話による過程は、医師と患者の治療に関する研究協働体の表明である。法的には、この対話による過程は、前述した医師と患者の関係という構造から生じ、このために、周知のとおり法律上立法化されているのではなく、民法および刑法の一般条項から発展した、一般的な医事法の構成要素である。[16]第三次世話法改正法[17]は、この一般原則を取り上げ、これを民法典1901条bにおける医師と患者代理人の決定過程に関する法的規制の基礎とした。[18]患者代理人の特別なケースについて、この原則は、今では同条において部分的に法律上規定されている。さらに、その他の全ての点は、一般的な医事法から生じる。

第2節　患者代理人の意義

　患者に同意能力がない場合には、患者は医師と治療契約を締結することも、治療の目標を決定することもできず、特定の医療措置の実施について決定することもできない。もっとも、この実質的な能力がなくなることによって、患者

---

[15] 分配問題について、vgl. Spickhoff (NJW 2000, 2297, 2298); Taupitz: Gutachten (Fn.8, A 25ff.).
[16] Laufs, in: Laufs/Katzenmeier/Lipp (Fn. 3, Kap. I Rn. 20).
[17] Drittes Gesetz zur Änderung des Betreuungsrechts -3. BtÄndG -vom 29.7.2009, BGBl. I,S. 2286.
[18] 対話による過程は、立法者の見解によればすでに一般的な医事法に関する原則から生じ、民法典1901条bによって認められるだけである（BTDrucks. 16/133314, S. 20 f.）。

の自己決定権がなくなることはない[19]。

　代理人が存在する場合には、患者の代わりに医師との治療契約を締結し、医師に対する患者の権利を行使し、そして治療の枠組みにおける必要な決定を行うことがその代理人の任務となる[20]。この結果、代理人が患者のために個々の治療措置に同意できるようになるために、医師は代理人に説明しなければならない[21]。患者の代理人として、まず第1に患者によって代理権を与えられた信頼できる人物が任命され[22]、そうでなければ、世話裁判所[23]が法定代理人として世話人を任命しなければならない。患者のために代理人が行動する場合に、代理人は、その内容については、表明されているかまたは推定的な患者の意思に拘束される。これは、任意代理人については代理権の基礎となっている配慮委託（Vorsorgeauftrag）から生じ、世話人については世話法から生じる。立法者は、この原則を民法典1901条aにおいて、いまや明確に定めている[24]。つまり、これによれば、代理人は、患者配慮処分（Patientenverfügung）の内容を表明し主張しなければならず、または患者の治療希望または推定的意思に基づいて、医療措置の同意を自分で決断しなければならない（世話人については民法典1901条a第1項および第2項を、任意代理人については民法典1901条a第5項を参照）。

　しかしながら、健康に関係する事務の代理人は、医療契約を締結し、かつ医師によって提案された治療に同意またはこれを拒否する任務のみを有するのではない。この代理人は、とりわけ治療過程全体において、患者の権利および利益を守らなければならない。このために、この代理人は、医師と共同で医学的適応性の獲得に重要となる治療の目標も定めなければならない。治療の目標、医学的適応性、患者の同意無能力の問題、そして推定的患者意思は、医師と患者代理人との対話において、検討されなければならない。この際には、このこ

---

[19] Lipp (DRiZ 2000, 231, 233f.); Höfling (JuS 2000, 111, 113f.); Hufen (NJW 2001, 849,850ff.).
[20] Lipp, in: Laufs/Katzenmeier/Lipp (Fn. 3, Kap. III Rn. 11ff.; Kap. VI Rn. 113, 116).
[21] Katzenmeier, in: Laufs/Katzenmeier/Lipp (Fn. 3, Kap V Rn. 40).
[22] §1896 Abs. 2 S. 2 BGB.
[23] 2009年9月1日付けで、従来の後見裁判所は、世話裁判所になった。Vgl. §23c GVG i.d.F. des Gesetzes zur Reform des Verfahrens in Familiensachen und in Sachen der freiwilligen Gerichtsbarkeit (FGG-Refomgesetz – FGG-RG) vom 17.12.2008, BGBl. IS. 2586.
[24] 法律は、法的状況の変更をもたらすのではなく、実務における不確定さに鑑みて、これまで認められていた原則を認めたものである。これについて、Lipp, in: Lipp (Hrsg.): Handbuch der Vorsorgeverfügungen, 2009, §4 Rn. 14ff., §16 Rn. 12ff., 43f.

とが遅延なしで可能である場合に限り、医師と患者代理人は、患者の親族およびそれ以外の信頼できる人物を関与させるべきである。このことは、今では、民法典1901条bにより法律上明確に定められている[25]。このために、患者配慮処分に基づく患者意思の確認も、医師との対話において行う代理人の任務に属する。

　民法典1901条b第1項1文が示しているように、患者がもはや1人で行動できない場合にも、治療過程の枠組みにおける医師の責任は変更されない。代理人は、患者側の立場に立ち、患者意思の確定について責任を負う。さらに医師は、専門的な診察、診断および治療について依然として責任を負う。治療の医学的必要性を示すことも、医師の任務であり責任であり続ける。医師は、患者の状態、症状および治療の目標という観点から、どのような医療措置が医学的必要性を有するかを判断しなければならない。医師は、これについて、患者またはその代理人と話し合わなければならない（民法典1901条b第1項2文）[26]。

　しかし、代理人が存在しない場合には、患者配慮処分は民法典1901条a第1項の意味において存在し、その効力を直接的に医師に対して及ぼす。つまり、この場合には、患者は自らすでにその措置について同意しているかまたは反対しているから、世話人の任命はこの医療措置のためには必要ではない（民法典1901条a第2項1文参照）[27]。そうでなければ、医師は、世話裁判所に世話人の任命を申請しなければならない。緊急の場合には、世話裁判所は、民法典1908条i第1項、1846条に従い、自ら決定することができ、かつ医療措置につき同意を与えることができる。裁判所の同意も遅すぎるかもしれないという場合に限り、医師は、患者を事務管理の基礎に基づいて（民法典677条以下）、身体の完全性への侵襲が問題となっている限り、患者の推定的同意に基づいて

---

[25] 対話による過程は、すでに一般的な医事法上の原則から生じており、民法典1901条bによってたんにもう一度確認されたにすぎない（BT-Drucks. 16/133314, S. 20f.）。

[26] Lipp, in: Lipp: Handbuch der Vorsorgeverfügungen, (Fn. 24, § 16 Rn. 46).

[27] 法は、医師と患者の関係における患者配慮処分の効力を規定しているのではなく、世話法における規定に制限している。しかし、患者が患者配慮処分によって自ら措置に同意するかまたは反対したという理由で、法は、医師が一般的な医師法上の原則に従い、患者配慮処分に直接的に拘束されるということを前提としている（vgl. BT-Drucks. 16/8442 S. 14;; BT-Drucks. 16/13314, S. 20）。このために、代理人は、患者配慮処分に対し表現および効力のみを与えなければならないが（民法典1901条a第1項）、自己の同意または反対を述べてはならない（民法典1901条a第2項のケースのように）。

治療を行うことが許され、また治療しなければならない。このような場合においてのみ、医師には、これ以外の場合では代理人に留保される推定的患者意思を自ら確定するという、さらなる任務が課される。⟨29⟩

第3節　終末期の医師による治療

　どのような要件の下で、治療の断念または一度開始された治療の中止が許容されるのかということが頻繁に問題とされている。⟨30⟩しかしながら、これに関しては、まさに前述した医師による治療の法的基礎構造が誤認されており、医療措置の正当性の証明負担が逆転させられている。

　一方では、治療と、患者の治療の枠組みにおいて実施されるかまたはされることになる個々の医療措置が、十分な注意をもって区別されていない。「治療の断念」または「治療の中止」について述べられる場合には、本質的には治療目標の変更および特定の医療措置が問題となっているだけであるのに、患者は、まったく治療されていないという印象が生じる。このことは、とりわけ、いわゆる「受動的な臨死介助（Sterbehilfe）」および基礎的世話（Basisbetreuung）の議論にとって重要となる。⟨31⟩

　他方では、患者の治療の枠組みにおいて、医師による治療を正当化するための中心的で法的に決定的となるきっかけが無視されている。というのも、措置の断念ではなく実施が、措置の中止ではなく以後の実施が、医学的適応性による正当化および患者の同意を必要とするからである。⟨32⟩このことは、たとえ医

⟨28⟩ Laufs, in: Laufs/Uhlenbruck (Fn. 5, §68 Rdn. 6); Deutsch/Spickhoff (Fn. 6, Rdn. 262ff.); Uhlenbruck/Ulsenheimer, in: Laufs/Uhlenbruck (Fn. 5, §132 Rdn. 31ff.).

⟨29⟩ 代理人任命の優先について、BGHZ 29, 46, 52 = NJW 1959, 811;BGH NJW 1966, 1855, 1856; Deutsch/Spickhoff (Fn. 6, Rdn. 263); Lipp (BtPrax 2002, 47, 51 m.w.N.).

⟨30⟩ とりわけ、次に挙げる連邦通常裁判所判決に関して、刑法上の議論において多く聞かれる。BGHSt 40, 257, 260f. = NJW 1995, 204 (vgl. z.B. Eser, in: Schönke/Schröder (Fn. 14), Vorbemerkungen zu den §§ 211ff. StGB Rdn. 28f.; Jäger: Festschrift für Küper, 2007, S. 209, 214ff.; Roxin: „Zur strafrechtlichen Beurteilung der Sterbehilfe", in: Roxin/Schroth (Hrsg.): Handbuch des Medizinstrafrechts, 3. Aufl. 2007, III.1, S. 313, 328ff.; 類似するものとして Ingelfinger: Grundlagen und Grenzbereiche des Tötungsverbots, 2004, S. 292ff. (anders aber S. 291f.); しかしながらこれに対して、Neumann, in: Kindhäuser/Neumann/Paeffgen (Hrsg.): Nomos Kommentar Strafgesetzbuch, 2. Aufl. 2005, vor § 211 StGB Rdn. 103); Geilen: Euthanasie und Selbstbestimmung, 1975, S. 8ff.

⟨31⟩ これについては本章第4節3および第5節3参照。

⟨32⟩ BGHZ 154, 205, 210f., 212 = NJW 2003, 1588, 1589; BGHZ 163, 195, 197 = NJW 2005, 2385; BGHSt 37, 376, 378 = NJW 1991, 2357; LG Heilbronn NJW 2003, 3783, 3784;

師に患者の治療が治療契約に基づいて委託されていたとしても、治療の枠組みにおいて実施される全ての個々の治療は、適応性および同意による追加的な正当化を必要とするという一般原則の結果である。このような要件が存在しないにもかかわらず、医師がそのような措置を患者に行う場合には、医師は傷害を犯している。したがって、延命措置も、その延命措置が医師によってその医学的必要性を示されており、かつ適切に説明を受けた患者が同意した場合に、そしてその限りにおいてのみ、許容される。

　医学的適応性および患者の同意は、医療措置の開始時にのみに存在しなければならないのではなく、治療の継続中も引き続き存在し、その後の治療を正当化する。このため、医療措置は、医学的適応性が存在しないか、または患者が最初に与えた同意を撤回する時点においてはもはや許容されない。

第4節　治療制限と「臨死介助」

　生命維持措置の導入またはその断念に関する疑問には、頻繁に議論されている、いわゆる「臨死介助」という問題が結び付けられる。「臨死介助」の場合には、実質的観点からも、法的観点からも、医師による治療の枠組みにおける措置と決定が問題となっているか、または死が別の措置によって、医師による治療と関係なく、もたらされるかどうかが区別されるべきである。

1　「積極的臨死介助」

　いわゆる「積極的臨死介助」は、医療措置に左右されることなく行われる、本人の要求に基づく医的治療による人の殺害である。このよう場合には、死は、法に適っている医師の措置または必要な治療制限の（副次的）結果ではない。患者は、むしろ治療に左右されることなく、望んで殺害されたのである。このことは、たとえ患者が殺害を要求し、医師によってなされる場合でも、刑法

　　Verrel: Gutachten (Fn. 13, C 37f.); Hillgruber (ZfL 2006, 70, 79f.); Popp (ZStW 118 (2006), 639, 641ff.); Bertram (NJW 2004, 988f.); Lipp (BtPrax 2002, 47) und ders. (FamRZ 2004, 317, 318); Schneider, in: Münchener Kommentar zum StGB, 2003, Vorbemerkung zu den §§211ff. StGB Rdn. 121; Taupitz: Gutachten (Fn. 8, A 18, 44); Merkel (ZStW 107 (1995), 545, 559ff.).

〈33〉　本章第1節。
〈34〉　Lipp, in: Laufs/Katzenmeier/Lipp (Fn. 3, Kap. VI Rn. 94).
〈35〉　Verrel: Gutachten (Fn. 13, C 61f., C 64).

典 216 条により、常に禁止されている。

刑法典 216 条は一般的な殺人禁止の現れであり、基本法およびヨーロッパ人権条約と合致している。他者によって自己を殺害させる権利（基本権）は存在しない。⟨36⟩

上述の最後のケースの死も、意識的な不作為によって、さらには医師による積極的な介入（機械の「スイッチを切ること」）によってもたらされるという理由から、患者を意図的に殺害することと、死なせることとを区別することは、むしろ疑問であるとされている。⟨37⟩ しかしながら、そのような因果関係に関する純粋な考察は、法的評価にとって基準となる視点を見落としている。すなわち、患者はその病気がもとで亡くなるのであり、その身体に対する外部からの影響の結果として死ぬわけではない。⟨38⟩ 医師は患者に命の全ての価値を得させる権利を有しておらず、義務を課されてもいない。生命を脅かす病気に際しての医師の義務は、むしろ、医師の行動の一般原則によって方向付けられている。⟨39⟩

2 「間接的臨死介助」および緩和的鎮静（palliative Sedierung）

「積極的臨死介助」とは異なり、いわゆる「間接的臨死介助」の場合には、医師による患者の治療が問題となる。これは、鎮痛剤の投与または副作用として患者の生命を短縮し得る他の薬の投与として理解される。これらの投与は、医師の行動を一般的に正当化する要件に従って、許容される。つまり、鎮痛剤または薬の投与の医学的必要性が示され、患者またはその代理人がとりわけ生命を短縮する可能性のある副作用について説明を受け、そして薬の投与に同意

⟨36⟩ EGMR NJW 2002, 2851 – Diane Pretty (BGH NStZ 2003, 537, 538); Murswiek, in: Sachs (Hrsg.): Grundgesetz. Kommentar, 5. Aufl. 2009, Art. 2 GG Rdn. 212a; Schultze-Filitz, in: Dreier (Hrsg.): Grundgesetz-Kommentar, 2. Aufl. 2004, Art. 2 II GG Rdn. 64; Lorenz (JZ 2009, 57, 62ff.); Hillgruber (ZfL 2006, 70, 72ff.); Hufen (NJW 2001, 849, 855); 刑法典 216 条の正当化について vgl. Dölling: Festschrift für Laufs, 2006, S. 767ff.; Ingelfinger (Fn. 30, S. 165 ff.);Roxin, in: Roxin/Schroth (Fn. 30, S. 346ff.).

⟨37⟩ 「技術に関する治療の中止」の刑法上の議論に関して、vgl. Jähnke, in: Leipziger Kommentar zum Strafgesetzbuch, 11. Aufl. 2002, vor § 211 StGB Rdn. 18; Schneider, in: MünchKommStGB (Fn. 32) vor §§ 211 StGB Rdn. 108ff.; Roxin, in: Roxin/Schroth (Fn. 30, S. 331ff.); Fischer: Strafgesetzbuch Kommentar, 57. Aufl. 2010, vor §§ 211-216 StGB Rdn. 20; より詳細なものとして、Ingelfinger (Fn. 30, S. 281ff.).

⟨38⟩ Verrel: Gutachten (Fn. 13, C 64); Jähnke, in: Leipziger Kommentar (Fn. 37 vor § 211 StGB Rdn. 14); Schreiber (NStZ 2006, 473, 474).

⟨39⟩ Jähnke, in: Leipziger Kommentar (Fn. 37, vor § 211 StGB Rdn. 16ff.).

する場合である。[40]

　このような結果は、実務では一般的に認められている。しかしながら、刑法の議論においては、「間接的臨死介助」は、広汎に、刑法典3条により正当化される殺害と見なされている[41]。この理由付けは、当然に批判されている。というのも、この理由は、通常のかつ有意義な医療措置に殺害という烙印を押すからである。しかし、ここでは、その医学的必要性が示されかつ望まれた鎮痛療法が、望まれていない生命を短縮する効果を有している可能性があるかという率直な疑問が問題となるが、これは、だれも殺害であるとは見なさない（例えば危険な手術の場合）、多くの治療上の措置において、いえることである[42]。

　これに匹敵する混乱は、その助けによって不安と苦痛を我慢できるようにする、末期段階における瀕死者の緩和的鎮静を法的に判断する場合にも、たびたび生じる[43]。以前は頻繁に用いられた「末期の鎮静」という表現は、患者が鎮静においてまたは鎮静によって殺されることになるという誤解を助長する[44]。しかしながら、想定されているのは、誤解を避けるために「緩和的鎮静」として表記すべきであった、末期段階における鎮静である[45]。このため、鎮静が医学的にその必要性を示されており、患者またはその代理人がその作用および副作用について説明を受け、そしてそれに同意する場合には、緩和的鎮静は許容される。

3　「受動的臨死介助」

　いわゆる「受動的臨死介助」は、医師による生命維持措置または生命救助措置の断念と理解される。より正確には治療目的の変更であり、これによれば、

---

[40] Laufs (NJW 1996, 763); Verrel (MedR 1997, 248ff.); ders.: Gutachten (Fn. 13, C 13, 29ff.,74); Jähnke, in: Leipziger Kommentar (Fn. 37, vor § 211 StGB Rdn. 15f.); Beckmann (DriZ 2005, 252, 254); i.E. ebenso Eser, in: Schönke/Schröder (Fn. 14, vor §§ 211ff. StGB Rdn. 26).

[41] Vgl. BGHSt 42, 301, 305 = NJW 1997, 807f.; BGHSt 46, 279, 284f. = NJW 2001, 1802,1803; Roxin, in: Roxin/Schroth (Fn. 30, S. 322ff.); Schneider, in: MünchKommStGB (Fn. 32, vor §§ 211ff. StGB Rdn. 95ff. m.w.N.).

[42] Jähnke, in: Leipziger Kommentar (Fn. 37, vor § 211 StGB Rdn. 15f.); Sahm (ZfL 2005, 45, 47f.); Beckmann (DRiZ 2005, 252, 254).

[43] 法的判断について、vgl. Rothärmel, EthikMed 2004, 349 ff.; Beckmann, DRiZ 2005, 252, 254; Schreiber, NStZ 2006, 473, 475.

[44] Vgl. nur Klie/Student: Sterben in Würde, 2007, S. 131ff.

[45] Nauck/Jaspers/Radbruch: „Terminale bzw. palliative Sedierung". In: Höfling/Brysch (Hrsg.):Recht und Ethik der Palliativmedizin. 2007, S. 67ff.

延命および生命維持の代わりに、世話に関する措置も含めた緩和医療的世話が開始する[46]。断念されるのは、特定の、たいていは生命維持措置であり、患者の治療ではない。この限りにおいて、治療制限が話題となるのは当然のことである[47]。

ここで扱われている、その「無益性」を理由に生命維持措置を断念するケースの状況は、本質的に治療制限を意味している。つまり、このために、いわゆる「受動的臨死介助」のケースとなる。

第5節 終末期における治療制限の基礎

以上の考察から、今や終末期の治療制限の基礎に関する議論が可能となる。

1 医学的適応性および患者の意思

患者が死に瀕している場合には、延命治療は、もはや医学的必要性を示すものではない[48]。このようなケースにおいて、医師が生命維持措置を行わない場合には、そこには患者の殺害は存在しない。医師の治療義務は（もはや）生命維持措置には及ばず、瀕死の患者への医療的援助および付添いに、つまり「死における援助」に対しておよぶのである[49]。このような治療目標の変更は、一般原則に従えば、確かに医師と患者の間で話合われなければならない。治療は、ここでも対話の中で行われる。しかしながら、生命維持措置に反対する決定は、医学的適応性の欠落に基づいているのであり、この措置に対する患者の異議に基づいているのではない[50]。

---

[46] Grundsätze der Bundesärztekammer (BÄK) zur ärztlichen Sterbebegleitung vom 30.4.2004, DÄBl. 2004, A 1298, Ziff. II.

[47] Vgl. z.B. Verrel: Gutachten (Fn.13, C 60f.); ihm folgend die Beschlüsse der strafrechtlichen Abteilung des 66. Deutschen Juristentags, Lebenserhaltende Maßnahmen und Behandlungsbegrenzung, Ziff. II.1., in: Ständige Deputation des Deutschen Juristentages (Hrsg.): Verhandlungen des 66. Deutschen Juristentages, Band II/1 (Sitzungsberichte), 2006, N 73f.

[48] Grundsätze der Bundesärztekammer (BÄK) zur ärztlichen Sterbebegleitung vom 30.4.2004, DÄBl. 2004, A 1298, Ziff. II.

[49] BGHSt 40, 257, 260 = NJW 1995, 204.

[50] Empfehlungen der BÄK und der ZEKO (Fn. 48), Ziff. 8 a.E.; Ankermann (MedR 1999, 387,389); Lipp (FamRZ 2004, 317, 318f.); Borasio: „Referat auf dem 66. Deutschen Juristentag", in: Ständige Deputation des Deutschen Juristentages (Hrsg.): Verhandlungen des 66. Deutschen Juristentages, Band II/1 (Sitzungsberichte), 2006, N 55, 58ff.; Schwab, in:

第3章　生命維持措置の導入および無益である場合におけるその中止を決定する法的基礎

　医師が具体的な状況において措置が医学的必要性を有すると思う場合には、患者は、治療される意思があるかどうか、そしてどのように治療されたいかを決定する義務を負う。患者が提案された生命維持措置を拒否するか、またはその同意を撤回する場合には、医師は、その措置を行ってはならない。[51] 医師はもはや全く治療してはならないので、このために患者が死亡する場合には、ここには殺害は存在しない。したがって、「積極的臨死介助」、すなわち要請に基づく殺害のケースにはならない（刑法典216条）。むしろ、「死への援助」と呼ばれる（以後の）生命維持措置の断念が問題となる。この場合には、この断念は、この措置への患者の必要な同意が存在しないことに基づいている。ここでは、医師ではなく、患者が提案された生命維持措置を断念している。したがって、「死への援助」を法的に許容することは、患者の自己決定権の裏側にほかならない。[52]

　瀕死段階における「死に際する援助」と他の全てのケースにおける「死への援助」との区別は、生命維持措置を断念するための異なる理由を示している。すなわち、瀕死段階においては、生命維持措置のための医学的適応性が存在しないので、「死に際する援助」は許容される。これに対して、生命維持措置が医学的に必要であると示される場合には、患者が生命維持措置を望まない場合にのみ、また望まないことを理由としてのみ、生命維持措置を行わないこと、または中止することが許される。[53] これについて、患者がこれを望む場合にだけではなく、その後の生命維持措置が医学的にその必要性を示されないか、もはや必要とされない場合にも、終末期の治療制限が必要となるということが明らかになる。

　　Münchener Kommentar zum BGB, 5. Aufl. 2008, § 1904 BGB Rdn. 38; Jähnke, in: Leipziger Kommentar (Fn. 37, vor § 211 StGB Rdn. 16f.); Roxin, in: Roxin/Schroth (Fn. 30, S. 333f.); Möller (Fn. 2, S. 25ff., 34).
〈51〉 BGHZ 163, 195, 197 f. = NJW 2005, 2385; vgl. auch Wagenitz (FamRZ 2005, 669, 671).
〈52〉 Hufen (NJW 2001, 849, 851); Lipp (FamRZ 2004, 317, 319); Lorenz (JZ 2009, 57, 61); Neumann, in: NK-StGB (Fn. 30, vor § 211 StGB Rdn. 105); vgl. auch GenStA Nürnberg, NStZ 2008, 343, 344.
〈53〉 Vgl. z.B. BGHSt 40, 257, 260 = NJW 1995, 204 f.; OLG Frankfurt NJW 1998, 2747, 2748; 詳細なものとして、Lipp: Patientenautonomie und Lebensschutz - Zur Diskussion um eine gesetzliche Regelung der „Sterbehilfe", 2005, S. 16ff.; Verrel: Gutachten (Fn. 13, C 77ff., C 99ff.); Schneider in MünchKommStGB (Fn. 32, vor §§ 211ff. StGB Rdn. 115ff.).

2　治療制限の刑法上の限界（「射程制限」）

　連邦通常裁判所の第 1 刑事部[54]は、1994 年のいわゆるケンプテン（Kempten）事件において、「受動的臨死介助」の両事例グループ間において、このような区別を導入した。連邦通常裁判所第 1 刑事部は、医師が延命措置を断念することが許される瀕死段階を（補足：その延命措置がもはや医学的必要性を有していないから）、臨死介助に関する連邦医師会の当時の方針に依拠して、患者の根本的病気が回復不可能であり、死への過程を辿り、かつ死がまもなく訪れることと定義し直した[55]。これによって、当該刑事部は、瀕死段階における「死における援助」を、生命を維持する治療の中止が患者の意思によってのみ許される（「死への援助」）状況と、明確に区別した。「死への援助」も、第 1 刑事部は明確に許容されると述べた[56]。

　　「……本件においては、死への過程がまだ始まっていなかった。E さん（女性）は、人工栄養の必要性を差し引いても、生存能力があった。（……）このため、本来の意味における臨死介助は、存在しなかった。むしろ、個々の生命維持措置の中止が問題となっていた。このような経過が、すでに学説においてより広い意味における臨死介助（「死への援助（……）」）と呼ばれ、適切な患者意思のもとでのこのような治療の中止が、患者の一般的な決定の自由および身体的完全性（基本法 2 条 2 項 1 文）に関する権利の現れとして、基本的に承認されるべき場合でも（……）、やはり、とりわけ本来の意味における臨死介助と比較して、より高度な推定的意思の受け入れが要求されるべきである。……」

連邦通常裁判所第 12 民事部は、2003 年 3 月 17 日の決定において[57]、第 1

---

[54] BGHSt 40, 257, 260 = NJW 1995, 204 = MedR 1995, 72;; vgl. dazu Lipp (DRiZ 2000, 231); Merkel (ZStW 107 (1995), 545);; Saliger (KritV 1998, 118); Schöch (NStZ 1995, 153); Steffen (NJW 1996, 1581);; Uhlenbruck (NJW 1996, 1583); Verrel (JZ 1996, 224).

[55] MedR 1985, 38 (unter Ziff. II.d.) に掲載されている。連邦医師会の今日の原則（本章脚注[46]）第 1 項は、瀕死段階を、「死の訪れがまもなく予期される、一つまたは複数の生命にとって重要な機能の回復不可能な不全」と記述している。

[56] BGHSt 40, 257, 260 = NJW 1995, 204.

[57] BGHZ 154, 205 = NJW 2003, 1588 = JZ 2003, 732 = MedR 2003, 512. 本判決は、大きな反響を呼んだ。法学の文献として、以下のものがある。vgl. Holzhauer (FamRZ 2003,991); Höfling/Rixen (JZ 2003, 884); Lipp (FamRZ 2004, 317); Saliger (MedR 2004, 237); Spickhoff (JZ 2003, 739); Uhlenbruck (NJW 2003, 1710); Verrel (NStZ 2003, 449); sowie den Vortrag der Senatsvorsitzenden vor dem Nationalen Ethikrat (Hahne, FamRZ 2003,1619).

第3章　生命維持措置の導入および無益である場合におけるその中止を決定する法的基礎

刑事部によって瀕死段階の叙述および限定のために用いられた基準を、「臨死介助」の許容性のための客観的な刑法上の限界と誤解した。当該民事部は、そもそも基本的病気が回復不可能なほどに死への過程を辿った場合にのみ、生命維持措置の断念が許容されると判示した。しかしながら、このような限界は、刑法からは読み取れない。つまり、この限界は、第1刑事部によっても定められなかった。医学的必要性が示されないか、または患者が適切な説明を受けた後で同意しなかった医療措置の実施は違法であろうし、その他の点では、身体的完全性に関する権利（基本法第2条2項）または患者の自己決定権に対する違憲な侵害であろう。この批判に際し、第12民事部は、その後の2005年5月8日判決において、この不当な見解を再び放棄した。もっとも、第12民事部は、より広い意味における臨死介助（「死への援助」）を「十分に明らかにされていない」と述べた。このために、第12民事部の判示は、2003年以降、著しい不安定性をもたらした。

　憲法上の観点から、患者の自己決定権を尊重し顧慮する死は、人間の尊厳、身体的完全性に関する基本権および一般的な行動の自由（基本法1条1項2文、2項2文および2項1文）の保護範囲に属している。患者は、医学的措置に同意するか、どのような医学的措置に同意するかを自ら決定することができる。患者が提案された措置を拒否するか、またはその同意を撤回する場合には、医師は、たとえ患者がこのために死に瀕するとしても、この措置を行ってはならない。患者にとって、人間の尊厳および基本権は自分の状態によって左右されずに与えられるものであるので、患者の意思は常に顧慮されるべきである。患者意思が特定の状況においてのみ顧慮されるか、または患者がその意思を特定の形式で表現する場合にのみ顧慮される場合には、それは患者の自己決定権の憲法に反する侵害となろう。第三次世話法改正法、いわゆる患者配慮処分

〈58〉BGHZ 154, 205, 214 ff. = NJW 2003, 1588, 1590.
〈59〉Vgl. BGHSt 40, 257, 260 f. = NJW 1995, 204; OLG Karlsruhe NJW 2004, 1882, 1883; Kutzer (ZRP 2003, 213f.); Fischer (Fn. 37, vor § 211-216 StGB Rdn. 26, 27a).
〈60〉患者意思に反する治療について：Hufen (ZRP 2003, 248, 252).
〈61〉BGHZ 163, 195, 200 f. = NJW 2005, 2385 = JZ 2006, 144 = MedR 2005, 719; vgl. dazu Höfling (JZ 2006, 145); Lipp/Nagel (LMK 2006 I, 32f.); Müller (DNotZ 2005, 927).
〈62〉BVerfGE 52, 131, 168, 173 ff.; BVerfGE 91, 1, 29 ff.; Hufen (NJW 2001, 849, 851ff.).
〈63〉この限りにおいて妥当であるのが、BGHZ 163, 195, 197 f.; vgl. auch Wagenitz (FamRZ 2005, 669, 671).
〈64〉Hufen: Geltung und Reichweite von Patientenverfügungen, 2009, S. 31ff.

法は、いわゆる射程範囲制限に関する論争を終わらせ、その際、当然に、憲法によって予め示されている道をとった。すなわち、今日、民法典1901条aは、患者意思は、病気の種類と段階に左右されることなく顧慮されるべきであると定めている。ここでは、このような意思が患者配慮処分の形において表明されたかどうか（民法典1901条a第1項）、または他の形式で表明され、そして患者の代理人によって実現されるかどうかは（民法典1901条a第2項）重要ではない。

民法典1901条a第3項からは、医学的適応性の意義に関しては何も読み取れない。全ての医師による治療措置の要件としての医学的適応性は、さらに、医師法の一般原則からも生じる。もっとも、立法者は、民法典1901条b第1項1文の中に、医学的適応性の必要性も、医学的適応性を見定める医師の責任をも、明確に認めている。[66][67]

3　基礎的意義を有する世話

生命維持措置が医学的に必要であると示されていないか、または患者の必要な同意が存在しない場合には、このような具体的措置が実施されるか、または維持されることは許されない。しかしながら、このことは、医師が患者の治療を全体的に中止してもよいということを意味しているのではない。医師は、依然として、治療契約に基づいて引き続き患者の治療に義務を負ったままである。この義務は、とりわけ、いわゆる基礎的世話をも含んでいる。この基礎的世話には、人間の尊厳を保った収容、思いやり、身体の世話、苦痛、呼吸困難および不快感の緩和、ならびに空腹とのどの渇きの癒しが含まれる。[68]

もっとも、胃ろうによる栄養と水分の注入は、多く主張されている見解に反し、基礎的世話には入らない。これは、連邦医師会が医師による死への付き添い（Sterbebegleitung）に関する基本原則について述べている、空腹とのどの渇きをおさめること以上のものであり、つまり一般原則によれば、医学的適応性と同意による正当化が必要となる、患者の身体的完全性への継続的侵襲であ[69]

〈65〉本章脚注〈17〉参照。
〈66〉これについては、本章第1節および第3節参照。
〈67〉これについては、本章第2節脚注〈26〉参照。
〈68〉Vgl. die Präambel der Grundsätze der Bundesärztekammer zur ärztlichen Sterbebegleitung (Fn. 46);; その背景について、Uhlenbruck/Ulsenheimer, in: Laufs/Uhlenbruck (Fn. 5, § 132 Rdn. 19).
〈69〉まさに上述脚注〈68〉。

る。連邦通常裁判所によって判決が出された「受動的臨死介助」のほとんどのケースにおいて、正当化が必要となる医師による侵襲とみなされた胃ろうによる人工栄養が問題となる。以前は、胃ろうによる栄養は、常に医学的必要性を満たしていると考えられていた。これについて、今日では、胃ろうの設置は標準的措置ではなく、その都度の個々のケースにおいて、経管栄養の効果と危険を考慮した上で、慎重に見定められるべき医学的適応性が必要となることが、だんだんと指摘されてきている。法的判断は、この医学における認識の進展を顧慮しなければならない。

第6節 「無益である」場合の生命維持措置の断念について

　したがって、終末期の医師による治療では、常に個々のケースにおいて、根本的には何がこの患者にとって医療行為の目標であるか、そしてこの目標からみて、延命措置または生命維持措置が具体的な事情において医学的に必要であると解されるかどうかが注意深く検討されるべきである。このために、医療行為の目標および個々の医療措置は、連続的に調査されなければならない。

　生命維持措置のための医学的適応性は、瀕死段階においてのみでなく、別の状況においても、存在しない可能性がある。医師は、常に、治療に伴う患者への負担および危険との関係において、治療の可能性および成功の見込みを医療的見地から判断しなければならない。したがって、医師による生命維持措置の適応性に関する疑問は、医師の生命維持義務の客観的な限界についての古く

〈70〉 Vgl. nur BGHSt 40, 257 = NJW 1995, 204; BGHZ 154, 205 = NJW 2003, 1588; BGHZ 163, 195 = NJW 2005, 2385; Verrel: Gutachten (Fn. 13, C 26f.); Otto (NJW 2006, 2217, 2219); Hillgruber (ZfL 2006, 70, 78); Kutzer (DRiZ 2005, 257, 258f.); Höfling/Rixen (JZ 2003, 884, 889).

〈71〉 医師の見地から、Menzel: „Ziel und Grenzen ärztlichen Handelns im Extrembereich menschlicher Existenz", in: Auer/Menzel/Eser: Zwischen Heilauftrag und Sterbehilfe, 1977, S. 53, 73; Opderbecke/Weißauer (MedR 1998, 395, 399); 法学的見地から Höfling/Rixen (JZ 2003, 884, 889).

〈72〉 Eindringlich dazu aus ärztlicher Sicht de Ridder (BtPrax 2009, 14ff.); ders. (DÄBl. 2008, A 449).

〈73〉 Roxin, in: Roxin/Schroth (Fn. 30, S. 333f.); Eser, in: Schönke/Schröder (Fn. 14, vor § § 211ff., StGB Rdn. 29f.); Uhlenbruck/Ulsenheimer, in: Laufs/Uhlenbruck (Fn. 5, § 132 Rdn. 30a, 30b); Opderbecke/Weißauer (MedR 1988, 395); Bünte (MedR 1985, 20).

て難しい疑問を新たに表現し直したものに他ならない[74]。この議論は、これについて本質的に何か別のことが想定されることなしに、今日、部分的に「医学的無益」または「無益性」という標語のもとでも行われている[75]。

このような関係において、まずはじめに、医療措置の医学的適応性に関する疑問は抽象的かつ客観的に回答されるのではなく、個人的なケースにおける医療行為の具体的な目標を顧慮してのみ、回答され得ることを指摘することができる。この目標が治療または苦痛の緩和であるかどうか、医療行為の治癒的部分と緩和的部分が互いにどのような関係に立っているかを、医師は、その患者またはその代理人と一緒に確定しなければならない。というのも、医療行為の目標は、医師と患者との間の契約およびそこに該当する医師の課題に関する合意によって決められるからである[76]。多くのケースにおいて、医療行為の目標は患者および医師にとって周知のことであり、明確な取り決めは必要ではない。医師に苦痛を申し出る者は、自己の病気の治療を望んでおり、その医師は患者を適切に治療するだろう。このため、医師への治療委託は、医療契約の締結の際に結論が決まった形で合意される。しかしながら終末期の治療の場合には、医療行為の目標は、はるかに分かりにくいものとなっている。基本的病気が治るか、進行が止められるか、またはその進行においてのみ緩和され得るのかどうかは、医療行為の目標を確認するために、その終末期における患者の目標および考えと同様に重要である。このために、患者の個人的な選好および考えは、個々の措置における同意の際に初めて重要となるのではなく、この患者のための医療行為の目標を確定する際にすでに重要となる。医療行為の目標が確定されて初めて、その後の段階において、特定の医療措置がこの目標の達成に適しているかどうか、そして見通し、負担およびリスクを考慮して医学的必要性が示されるかどうか、またそれがどの程度なのかが定められ得る。個々の医療措置は、医療行為の全関係の中に埋め込まれている。医学的適応性および同意についてのみ疑問を呈する者は、個々の医療措置への視線を短縮しており、そして、そのような医療措置が医療行為のコンテクストの中に位置しており、医療措置の目標（医療措置の「意味」）が医療行為からのみ定められ得ることを無

---

[74] 有益なものとして、Eser, in: Schönke/Schröder (Fn. 14, vor §§ 211ff. StGB Rdn. 29f.;; Roxin, in: Roxin/Schroth (Fn. 30, S. 333f.); Uhlenbruck/Ulsenheimer, in: Laufs/Uhlenbruck (Fn. 5, § 132 Rdn. 30a, 30b); Schreiber (NStZ 2006, 473, 474);; Duttge (NStZ 2006, 479); Opderbecke/Weißauer (MedR 1988, 395); Bünte (MedR 1985, 20).
[75] Vgl. Becker/Blum (DMW 2004, 1694);; Duttge (NStZ 2006, 479); Möller (Fn. 2, S. 36f.)
[76] これについては、本章第1節。

視している[77]。

　他方で、医学的適応性を見定めゐることは、その結果がその後に患者に知らされる、純粋な医学的基準および客観的基準に基づいた、医師の孤立した決定行為ではない。医学的適応性は確かに医師の任務であり、その専門的な責任の中に位置する。しかしながら、医学的適応性は患者の身体的状況にのみ関係するだけではなく、患者の人格に広汎に関係する。患者の負担限度は、医師が医学的適応性を見極める際に考慮しなければならない側面に完全に属している。しかしながら、個々のケースにおいて、患者にとって何が負担限度であるかは、抽象的ではなく、個人的な対話においてのみ確認される。このため、医療措置の実行または終了に関する決定過程の一部分として、医学的適応性は、医師と患者、医師と代理人、または医師と患者の親族との間の対話の中に取り入れられなければならない。対話による過程は（民法典1901条b）、医学的適応性をも包括している[78]。

　このため、まとめると、生命維持措置の「無益性」に関する議論は今後も続き、かつ続かなければならないということが確認される。というのも、これに関して言及される、生命の限界についての医療委託の目標と内容に関する疑問は、医学的基準のみを用いても、標準的に答えられるわけですらないからである。これに関する一般的な回答は不可能である。つまり、この回答は、最終的には個人的に、それぞれの患者によってのみ、なされることが可能である。

〔後記〕

　この翻訳は、青木仁美助手〔当時〕が訳出したものであり、池田辰夫教授（大阪大学）が検討された後、田山が監修したものである。なお、本稿は、リップ教授、訳者および早稲田大学法学会（「早稲田法学」編集委員会）のご了解のもとに、転載〔節を新たに付すなどした〕をさせていただいた。（田山輝明）

---

[77] この異議は、Möller の業績に対しても主張され得る、vgl. Möller (Fn. 2, S. 56f.).
[78] これについては、本章第1節および第2節参照。

第4章
オーストリアにおける医的治療に関する代弁人の同意権
——ドイツ世話法を特別に考慮しつつ

　医的配慮は、個人的世話および社会福祉的世話と並んで、身上監護の一部である。しかし、医的治療に関する代弁人（世話人）の同意は、これが任命決定において示された代弁人（世話人）の任務に属する場合にのみ、問題となるにすぎない。

　医的事務における決定を行う際の原則は、自己決定の場合のそれである。すなわち、認識能力および判断能力を有する成年者は、全てのケースにおいて自ら決定し、かつこのために代理人（代弁人、世話人または老齢配慮代理権者――訳注：日本の任意後見に類似する）による同意または裁判所による同意は、必要とならない。この限りにおいて、オーストリアおよびドイツの法状況は同じである。

　オーストリアにおける現行規定は、2007年7月1日から適用されており（2006年代弁人法改正法〈1〉）、ドイツの現行規定は2009年9月1日から適用されている。ドイツにおいては、すでに以前から医療措置における同意がドイツ民法典1904条において規定されていたが、2009年の改正により、同意しないことおよび同意の撤回に関する規定が導入された〈2〉。

第1節　認識能力および判断能力ならびに同意能力

　オーストリア法においては、一身専属的事務に同意する能力について、「認

〈1〉　Sachwalterrechts-Änderungsgesetz 2006, BGBl. I 92/2006.
〈2〉　3. Betreuungsrechtsänderungsgesetz, BGBl. I S. 2286.

識能力および判断能力」という概念が用いられている。[3]この概念は、ドイツ法における「同意能力」という概念と同一である。[4]したがって、認識能力および判断能力の効果について述べられる場合には、これによって同時にドイツ法の意味における同意能力が常に想定されている。

医的治療が必要である場合には、まずはじめに、患者が認識能力および判断能力または同意能力を有しているかどうかを常に調査しなければならない。

オーストリアの一般民法典〔以下、一般民法典とする。〕は、通常に成長した14歳の者は適切な分別能力（Diskretionsfähigkeit）および裁量能力（Dispositionsfähigkeit）を有しているという法的推測を前提としている（一般民法典173条）。ドイツにおいては、法律がそれほど明確に述べていないが（ドイツ民法典1626条参照）、これに関する法的状況は非常に類似している。分別能力とは、およそどのような利益および不利益が医的治療に伴い得るのかを認識できる能力である。裁量能力とは、この認識にしたがって行動もできる能力であると解されている。もっとも、実務においては、特定の人物がある特定の瞬間において認識能力および判断能力を有しているかどうかを確定することは、難しいことがよくある。人間の一般的な認識能力を確定するために、このようなケースにおいては、いわゆる「簡易な精神状態テスト（Mini-Mental-Status-Test）[5]」が頻繁に用いられている。

総合すると、患者は、具体的な医的治療に関連して、治療、治療の可能性および可能な代替策ならびにこれらに伴うチャンスとリスクに関し、決定に関係する利益を患者が理解できるかどうか、そしてこれらの認識に基づいた態度をとることができるかどうか、ということが問題となる。ここでは、3つの重要な疑問が出される。すなわち、患者は、事実と因果関係の経緯を知る能力を有しているか。患者は、事実と因果関係の経緯を評価するための能力を有しているか。そして、患者は認識に基づいた自己決定を行う能力を有しているか、の3点である。

①事実および因果関係の経緯を認識する能力
・本人は、心的病気に罹患していることまたは精神障害であることを自覚しているか。

---

[3] これについて詳細は次の文献を参照。Barth/Dokalik in Barth/Ganner (Hg.), Handbuch des Sachwalterrechts, 2. Auflage, 2010, 152 ff.
[4] Vgl. Jurgeleit-Kieß, Betreuungsrecht, 3. Auflage, 2013 § 1904 BGB Rn 25 ff.
[5] http://de.wikipedia.org/wiki/Mini-Mental-Status-Test (31.12.2013) を参照されたい。

- 本人は、その病気または障害に関する（医師からの）情報を理解しているか。
- 本人は、計画されている措置が何の中に含まれているか理解しているか。
- 侵襲が生じた場合には、どのような制限を受け入れなければならないかを本人は理解しているか。
- 本人は、措置を実施しないことによる結果および生じ得るリスクを理解しているか。

②事実および因果関係を評価するための能力
- 本人は、病気に関連する法益（健康、生命）の価値を理解しているか。
- 本人は、侵襲（Eingriff）（万一の失敗および生じ得る副作用を考慮した上で）によって侵害される法益の意義も評価できるか。
- 本人は、病気によって生じた法益侵害と侵襲に伴う利益を比較考量することができるか。
- 患者は、代替策が存在すること、どこにその代替策が存在するか、そしてどのような結果およびリスクをその代替策が示しているかについて気づいているか。

③認識に基づいた自己決定能力（操作能力）
- 本人は、この認識にしたがって行動できるか、または何らかの非常に強力な誘惑または不安のもとに置かれているか（例えば、自己の認識にしたがった決断を妨げる薬物中毒）[6]。

　個々の側面の評価は、厳しすぎるものであってはならない。疑わしい場合には、認識能力および判断能力が存在するということが前提とされる。他人からみれば理性を欠いた決断だとしても、認識能力および判断能力が存在しないということにはならない。「理性を欠いた」決断を行う権利が存在する。

第2節　医的治療

　代弁人は、オーストリア法によれば、障害者と個人的なコンタクトを保ち、医師による世話および社会福祉的世話について努力するよう義務付けられている（一般民法典282条に基づく身上監護）。したがって、身上監護は常に自動的に代弁人の任務範囲に含まれるので、代弁人は、全てのケースにおいて本人の医師による世話および社会福祉的世話の手はずを整えなければならない。し

〈6〉　Auszug auch Barth/Dokalik in Barth/Ganner (Hg), Handbuch des Sachwalterrechts², 182.

かし、医的治療の同意は、これには包括されず、必要な場合には、代弁人が医的事務に同意できるかまたは拒否できるようにするために、追加的に任務範囲に加えられなければならない。医的治療に関する同意が代弁人の任務範囲に挙げられていない場合には、代弁人はこの事務に関して代理権を有しておらず、このために緊急に必要となる治療への同意も行うことができない。したがって、医的治療に関する代弁人の同意の問題は、これが任務範囲に含まれる場合に限定される。これは、ドイツ世話法についてもいえる。ドイツ世話法においても、医療措置の同意は、〔世話人の〕任命決定において挙げられなければならない。これは、通常、「健康監護（Gesundheitsfürsorge）または健康の世話（Gesundheitssorge）」と表記される[7]。

　このため、次の説明は、健康に関する事務が代弁人（世話人）の事務にも含まれる場合に限定される。

　患者が認識能力および判断能力を有している場合には、より詳しく言えば、医的治療の同意が代弁人（世話人）の任務範囲に含まれている場合にも、患者は、自ら治療に同意しなければならない。したがって、医的事務に関する代弁人の任命は、認識能力および判断能力の制限を自動的にもたらすわけではない。このことは、例えばオーストリア法において、代弁人の任命によって法律により失われる（一般民法典280条）行為能力の場合とは異なる。しかし、ドイツ法における行為能力の場合は、これと異ならない。ドイツ法において比較すると、同意権留保（ドイツ民法典1903条）が〔追加的に〕定められると、これ〔行為能力の法律による喪失〕が生じるのである。

　医療措置の同意に関して、オーストリア法とドイツ法は非常に類似している。すなわち、医師による治療への同意は、既存の（命じられた）法的世話または代弁人制度の場合においても、原則的に被世話人が、すなわち患者自身が一身専属的に与えるべきである。

　患者が決定の時点において判断能力および認識能力を有しない場合にのみ、代理人は（代弁人（世話人）または老齢配慮代理権者）、まったく同意を必要としない緊急ケースを除いて、治療の実施を許可するために、医的治療に同意しなければならない。

　したがって、医的事務のためにも任命された代弁人（世話人）は、全ての個々のケースにおいて、まずはじめに、本人が認識能力および判断能力を有してい

---

[7]　Vgl. Jurgeleit- Jurgeleit, Betreuungsrecht³ § 1896 BGB Rn 155

るかどうかを調査しなければならない。もっとも、限定的に精神的能力を有する患者は、簡単な医的治療の本質的な利益およびリスクを認識することができ、このために、その治療に関して自ら決定することができる。しかし、その者は複雑な侵襲に関しては同時には理解能力を有していないため、代弁人（世話人）は治療に関する決定を行わなければならない。例えば、精神障害を有しており、切り傷を受けた者は、傷は治療されなければならないと簡単に認識することができる。これに対して、この者は、放射線治療の意味と目的を理解することは、もしかしたら非常に難しいかもしれない。

　代弁人制度または世話制度のもとにある者が認識能力および判断能力を有しており、医的治療に関する同意を拒否する場合には、法的世話人または代弁人は、本人の代わりに同意することはできない。たとえ、健康監護または治療（Heilbehandlung）がその任務範囲に含まれていたとしても。

　しかしながら、代弁人制度（世話制度）のもとにある者が認識能力および判断能力を有していない場合には、緊急の場合を除いて、代理人による治療に関する有効な同意が常に必要となる。これ〔代理人〕は、代弁人（世話人（ドイツ民法典1902条））または老齢配慮代理権者であり得る。

　緊急の場合でなければ、有効な同意のない患者の治療は、可罰的である。このため、オーストリアにおいては、患者の自己決定権を保護する、専断的治療（eigenmächtige Heilbehandlung、刑法典110条）という不法行為が存在する[8]。ドイツにおいては、このような刑法上の犯罪（Strafdelikt）は存在しないが、有効な同意なしの治療は、オーストリアにおいてもそうであるように、可罰的な身体損傷となり（ドイツ刑法典223条、228条d）、通常、損害賠償請求権も発生する。

　医的治療に関する有効な同意を行えるために、患者、または同意を与えなければならないときはその代理人は、十分にかつ適時に医学的説明を受けなければならない。これはすなわち、医師が計画されている治療について、可能な代替策について、そして生じ得る治癒可能性およびリスクについて情報提供をしなければならないということである。このことは、適時に、すなわち、患者または代理人が個々の側面について熟考するのになお十分な時間を有している時点で行われなければならない。

治療の同意は、特別な形式規定を課されておらず、したがって口頭または推論

〈8〉　Vgl. Ganner, Grundzüge des Alten- und Behindertenrechts (2012), 109.

可能な方法で与えることが可能である(9)。

　したがって、代弁人または世話人の有効な代理権限が存在し、本人が認識能力および判断能力を有しておらず、医的事務が代弁人または世話人の任務範囲（「健康監護」という任務範囲）に属している場合には、オーストリア法によれば、簡易な医的治療と重大な医的治療に区別され得る。簡易な医的治療、つまり通常は身体の完全性の重大な侵害または持続する侵害と結び付けられない治療は、代弁人の同意だけで足りる。重大な医的治療（簡単にいうと、24日を超える侵害が予想される場合＝「重大な身体的侵害」である）については、次のことが必要である。

　①代弁人による同意②および、治療医から独立した医師によって作成され、障害者が必要な認識能力および判断能力を用いることができず、治療が障害者の福祉の保持に必要であること（一般民法典283条2項）を証明した、第2の医師による診断書である(10)。

　ここでは、とりわけ治療医からの第2の医師の独立性に関する疑問が実務において少なからぬ問題をもたらしている。まさに病院においては、治療医によっておそらく別の部署で働いている同僚の第2の診断書がしばしば調達される。この第2の医学的専門家の独立性は、このようなケースにおいては疑わしい場合がよくあるであろう。

　これに対して、このような第2の医師の診断書が存在しないか、または障害者が治療を拒否することを表明する場合には、代弁人の同意は、追加的に裁判所によって許可されなければならない(11)。これに関して裁判所は、第2の医師の診断書と比肩し得る医師による鑑定書を手に入れる。

　同様のことはドイツについてもいえる。治療が重大なリスクを伴うことが明白である場合には（重大な医的治療）、法的世話人は、その同意の前に世話裁判所の許可を得なければならない（ドイツ民法典1904条）。高いリスクは、被世話人が医師による侵襲（Eingriff）の際に亡くなる可能性がある場合または長期にわたる健康障害をこうむる可能性がある場合に存在する(12)。したがって、

〈9〉　これについては、たまに例外が存在する。例えば、オーストリア措置入院法36条である。ここでは、認識能力および判断能力を有する患者が同意した措置入院の際の重大な医的治療の場合には、書面による同意が必要となる。

〈10〉　Barth/Dokalik in Barth/Ganner (Hg), Handbuch des Sachwalterrechts², 183 ff.

〈11〉　Haider, Einwilligung in eine Heilbehandlung nach altem und neuem Recht, iFamZ 2007, 138 (139).

〈12〉　Jurgeleit-Kieß, Betreuungsrecht³ § 1904 BGB Rn 44 f.

ドイツでは、裁判所による許可の必要性に関する敷居は、オーストリアよりも高く設定されている。

　まとめると、ドイツ法は、オーストリア法が定めるよりも、本質的により強い医師と世話人間の協力を定めている。ドイツ民法典1901条bは、明確に治療医と世話人間の対話を要求している。治療医と世話人は、計画されている治療が―おそらく推定的な―患者意思に合致しているかどうかを確定すべきである。被世話人の親族および他の信頼に値する人物も、推定的意思の確定のために参加させられるべきである。同様のことは、オーストリア法についても、代弁人の希望探究義務から生じる（一般民法典281条）。治療医と代弁人または世話人との間の必要な対話は、とりわけ、患者を不利にする決定から保護することに資する。この4つの眼の法則（Vier-Augen-Prinzip）は、治療医が世話人または代弁人の決定に従う意思がない場合に、裁判所に知らせ得ることによって、世話人および代弁人のコントロールを可能にする。世話人または代弁人によって誤った判断がなされるかもしれない場合に裁判所に知らせるという権利は、他の全ての者にも、したがって、とりわけ例えば親族および友人にも常に認められる。最終的には少なくとも世話人または代弁人が決定を行わなければならない。これは、世話人または代弁人が治療医との意見の一致を得ていない場合においてもいえる。

　しかし、世話人または代弁人は、もちろんそれが被代理人の福祉に合致する場合に限り、医的治療を拒否することもできる。このために代弁人は、オーストリア法によれば、医的治療の中止が重大な効果を有する場合においても、裁判所の許可を必要としない。しかしながら、代弁人が医的治療の同意を拒否し、または代弁人が同意を撤回し、それによって障害者の福祉が危険にさらされる場合には、裁判所は、同意を代替することができ、または代弁人職を他の者に委託することができる（一般民法典283条2項）。

　これは、ドイツにおいては異なっている。ドイツ民法典1904条2項は、健康状態の調査、治療または医師による侵襲において世話人が同意をしないことまたは同意の撤回は、措置が医学的に適切であり、かつ被世話人が措置の不実行または中断によって死亡するか、または重大かつ長期にわたる健康上の損害を被るような、根拠あるリスクが存在する場合には、裁判所の許可が必要となる。

〈13〉長期間続く損害に関する最低期間は、通常1年である。特別に重い健康障害の場合には、短い期間が考慮される。Jurgeleit-Kieß, Betreuungsrecht³ § 1904 BGB Rn 48.

認識能力および判断能力を有しない者も、少なくとも、医的治療に関しては対話に参加する権利（Mitspracherecht）を有している。代弁人は、一般的に、意図されている重要な措置について本人に情報提供を行い、本人の態度決定の可能性を認めることを義務付けられている（一般民法典281条2項）。障害者の希望は、代弁人が決定する際に、可能な限り顧慮されなければならない（希望探究義務）。

　〔本人の〕同意、〔代弁人の〕同意または裁判所の決定に伴う〔治療の〕延期が障害者の生命を危険にさらすかまたは健康の重大な損傷の危険を伴うであろうほどに、治療が緊急に必要である場合には、認識能力および判断能力を有する障害者の同意、代弁人の同意および裁判所の決定は、オーストリアにおいてもドイツにおいても必要ではない（一般民法典283条3項、ドイツ民法典1904条1項末文）。

　このような緊急事態（遅滞における危険）は、次の場合に存在する。これは、オーストリアについても（一般民法典283条3項）ドイツについてもいえることである。すなわち、①〔本人の〕同意を得ること、または②代弁人の同意に伴う時間的延長が、③障害者の生命を危険にさらすか、または健康の重大な損傷のリスクを伴うであろう場合である。

　このようなケースにおいて、医学的侵襲は、患者の推定的意思により正当化されている。生か死かの問題になり、すぐに治療しなければならない場合には（例えば、生命救助の応急処置、緊急治療）、判例は、患者に意識があるとすれば、患者は同意するだろうということを前提としている。

　認識能力および判断能力がない代弁人制度のもとにある者に対する医学的研究に関しては（一般民法典284条）、独自性が存在する[14]。代弁人は、障害者の身体の完全性または人格の侵害を伴うこのような措置には有効に同意することができない。障害者の健康および福祉にとって直接的な利益をもたらす研究措置のみが、ここから除外される。ドイツにおいても類似のことがいえる。世話人による臨床研究への参加の同意は、本人に利益をもたらす研究、すなわち、世話制度のもとにある者に（も）利益をもたらす研究に対するもののみが許される。さらに、同意能力を有しない者が異議を唱える場合にも、同意をすることは許されない。これに従い、ヨーロッパ生命倫理条約は、集団の効用が存在し、研究が必然的であり、かつ同意能力がない者に対してのみ実施可能である

---

[14] 同意能力を有しない者への研究に関して、より詳しくは、オーストリア生命倫理委員会の見解を参照されたい、http://www.bka.gv.at/DocView.axd?CobId=51902 (31.12.2013)。

場合に限り、最少のリスクを伴う他者利益を有する研究を許可している。

第3節　医的治療による自由の制限

　同時にオーストリアのホーム滞在法の意味における自由の制限となる医療措置についても、広範な独自性が存在する。一般的に医療措置が医学的適応および患者または代理人の同意を前提とする一方で、薬による自由制限（例えばHaldolまたはPsychopax）は、さらにホーム滞在法の要件を満たさなければならない。これによれば、患者には心的病気または精神障害が存在しなければならず、深刻な自傷または他害が存在しなければならず、かつリスクを回避するために他の緩やかな手段が存在する場合であってはならない。[15] 代弁人にとって、これは、代弁人が薬による自由制限のケースにおいても、医的治療に同意しなければならないことを意味する。ここでは頻繁に重大な医療措置が問題になるので、追加的に第2の医師の診断書または裁判所の許可が必要となる。しかしながら、実務においては、薬による自由制限の場合においては、きわめて頻繁に代弁人の同意さえ得られていない。

　ドイツにおいては、自由の制限をもたらす薬による治療は、ドイツ民法典1906条に従い、裁判所によって許可されるものとされている。世話人の同意が補充的に必要となる。さらに、このような医療措置は、世話人の福祉のために必要である場合にのみ、次の理由のために許容される。すなわち、①被世話人の心的病気または精神的障害が原因で、被世話人が自殺する危険または著しい健康上の損害を被る危険が存在するため、または②差し迫った健康上の著しい損害を回避するために、健康状態の調査、治療または医師による侵襲が必要となるため、という理由である。

　オーストリアとドイツの規制の本質的差異は、その都度の適用領域において生じる。オーストリアのホーム滞在法は、高齢者援助のための入院施設、障害者援助のための入院施設および病院の入院施設に限定されている。これ以外の施設では、自傷または他害からの保護のための自由制限を実施する可能性は、一般的な刑法によって定められている。これに対してドイツの規制は、全ての「施設」にその適用領域が及んでいる。これにはとりわけ、ホームおよび病院が含まれるが、自由の制限が、介護している親族ではなく、介護の専門家によっ

---

[15] Ganner, Grundzüge des Alten- und Behindertenrechts, 184 ff, 190 f; Strickmann, Heimaufenthaltsrecht, 2. Auflage, 2012, 109 ff.

て行われる場合には、小さな住居共同体の集団および個人の住居でさえも含まれる。しかし、親族による自宅での典型的な介護は、ドイツ民法典1906条の規定には含まれない。〈16〉

第4節　特別ケース

1　老齢配慮代理権

　老齢配慮代理権によって、全ての可能性のある事務は、とりわけ健康に関する事務も老齢配慮代理権者に委託することが可能である。通常、身体の完全性または人格の重大な侵害または持続的侵害（Beeinträchtigung）を伴う（一般民法典283条2項）医的治療への同意をも老齢配慮代理権に含めるためには（重大な事務のための老齢配慮代理権）、オーストリア法によれば、特別な方式規定（書面かつ適切な法的教示を伴う裁判所、公証人または弁護士の面前による作成）が必要である。ドイツ法によれば、書面性かつ可能性のある代理行為の明確な表記が必要となる（ドイツ民法典1904条5項）。この要件が満たされる場合には、代弁人または世話人は、とりわけ本人が認識能力および判断能力または同意能力を喪失した後においても、医療措置に同意し、拒否し、または同意を撤回する権限を有している。

　オーストリア法によれば、老齢配慮代理権者は、（重要な事務に関する）老齢配慮代理権によって包括されている全てのケースにおいて、一人で決定することができる。したがって、ドイツ法と異なり、生死に関する決定の際にも、第2の医師の診断書または裁判所の許可を必要としない。

　ドイツにおいては、（老齢配慮）代理権者も、世話人と同様に、ドイツ民法典1904条に従い重要な医療措置への同意のために、そしてドイツ民法典1906条に従い措置入院および他の自由制限措置のためにも、裁判所の許可を必要とする。〈17〉

〈16〉Jurgeleit-Kieß, Betreuungsrecht³ § 1906 BGB Rn 66 ff.
〈17〉老齢配慮代理権の異なる方式に関して、詳細は、次の文献参考。Löhnig/Schwab/Henrich/Gottwald/Kroppenberger (Hg.), Vorsorgevollmacht und Erwachsenenschutz in Europa, 2011.

2　近親者の法定代理権

　オーストリアにおいては、近親者は自動的に、したがって法律により、日常生活の事務において代理行為を行うことができる。ドイツにおいては、この法制度は、濫用の危険のために明確に拒否された[18]。しかし、オーストリアにおいてはこれまでマイナスになる経験は明らかになっていない。スイスは、2013 年において、比肩し得る近親者による代理権を導入した[19]。

　医的治療については、近親者は、その治療が身体の完全性または人格の重大な侵害（Beeinträchtigung）または後遺症的侵害を通常もたらさない場合にのみ、決定することができる。重大な医的侵害については、近親者代理権は及ばない。この場合には、代弁人が任命されなければならない。近親者は、次の者である。すなわち、成人の子、同じ世帯で生活している夫婦、同じ世帯で最低 3 年間生活している同棲相手である。これらの近親者のだれもが、一人で代理行為を、したがって法律行為を行うことができ、または医的治療に同意することができる。近親者達の主張が異なる場合には、どれも有効とはならない。

　特定の近親者または全ての近親者に代理されたくない場合には、これに対して異議を申立てることができる。

3　患者配慮処分

　オーストリアには、3 種類の患者配慮処分がある。第 1 に拘束力のある患者配慮処分、第 2 に顧慮すべき患者配慮処分、第 3 に、適格要件を満たした「顧慮すべき患者配慮処分」である[20]。

　拘束力のある患者配慮処分が存在する場合には、患者配慮処分に書かれている意思が現実の意思とみなされ、医師はこれに直接に従うものとされる（法的効果）。もし任命されていれば代弁人または裁判所による個別の同意は必要ではない。拘束力のある患者配慮処分に定められている意思に反する医的治療は、

---

[18] ヨーロッパの複数の国においては、近親者代理権は、明確な法律による規制がないにもかかわらず、実際に実務で用いられている。Vgl. Ganner, Stand und Perspektiven des Erwachsenenschutzes in rechtsvergleichender Sicht, in Coester-Waltjen/Lipp/Schumann/Veit (Hg), Perspektiven und Reform des Erwachsenenschutzes, 11. Göttinger Workshop zum Familienrecht 2012, 54 ff, Göttinger Juristische Schriften, Band 14, Göttingen 2013, 41 - 62.

[19] Vgl. dazu Häfeli, Grundriss zum Erwachsenenschutzrecht, 2013, 75 ff und Taban, Das neue Schweizer Erwachsenenschutzrecht; IFamZ 2012, 80.

[20] Ganner, Grundzüge des Alten- und Behindertenrechts, 184 ff, 104 ff und König/Pesendorfer in Barth/Ganner (Hg), Handbuch des Sachwalterrechts[2], 379 ff.

可罰的である（刑法典110条による専断的治療）。代弁人は、この場合においては、患者配慮処分を治療医に提示し、患者配慮処分が実行に移されることについても配慮するという任務を有するだけである。したがって、代弁人はたんなる使者である。

　顧慮すべき患者配慮処分は、少なくとも、拘束力のある患者配慮処分の要件が存在しない場合に存在する。これは例えば、法的助言または医学的助言が要求されなかったか、または拘束力のある患者配慮処分が作成され直されなければならない5年がすでに過ぎている場合に、あてはまる。顧慮すべき患者配慮処分は、本人の推定的意思を確定することに対して、このために方向性を決める助けとして、有益である。このような推定的意思は、―場合によってはまず任命されるべきである―代弁人、存在するかもしれない老齢配慮代理権者および場合によっては代弁人の決定を許可しなければならない裁判所のための決定の基礎として役立つ。顧慮すべき患者配慮処分が決定能力のある状態で作成され、このために患者意思が顧慮すべき患者配慮処分に基づいて明確に確定可能である場合には、代弁人も裁判所もこれに拘束される。したがって、顧慮すべき患者配慮処分が存在し、本人自身がもはや認識能力および判断能力を有さず、そして老齢配慮代理権者が任命されていない場合には、代弁人の任務は、必要な医療措置を決定することである。しかしこの場合には、代弁人は、顧慮すべき患者配慮処分において表明されている患者の意思に従って方向性を決定しなければならない。

　適格要件を満たした顧慮すべき患者配慮処分は、顧慮すべき患者配慮処分において患者意思が非常に明確に述べられている場合である。したがって、患者が作成の時点で認識能力および判断能力を有していたことが明らかであり、すなわち、情報提供を受けた患者の決定が主題となっており、意思の欠缺の兆候が存在せず、かつ撤回もなされていない場合である。適格要件を満たした顧慮すべき患者配慮処分が存在する場合には、代理人による決定は必要ない。したがって、代弁人が任命されなければならないこともなく、裁判所の許可も必要ない。適格要件を満たした顧慮すべき患者配慮処分において表明されている患者意思は、実際の意思とみなされるために、拘束力のある患者配慮処分と同様に、医師はこれに直接的に従わなければならない。すでに代弁人が存在する場合には、拘束力のある患者配慮処分と同様に、実質的に顧慮すべき患者配慮処分を治療医に提示し、これが実行に移されるように配慮することも代弁人の任務になる。

ドイツにおいては、患者配慮処分という法制度は、ずっと自由に設計されている[21]。したがって、本質的にオーストリアよりも形式要件は少ない。患者配慮処分に記録されている意思は、世話人または世話裁判所が修正することのできない、現在の意思とみなされている。ドイツの規制（ドイツ民法典1901条、2009年より施行）は、患者配慮処分をその有効性に関して調査し、そして被世話人の意思に表現と効力を与えることを世話人に義務付けている。したがって、世話人は、治療医に患者配慮処分を提示するたんなる使者である。規範の名宛人は、治療医である。このため、世話人が絶対に必要となるわけではない。患者配慮処分において記載されている状況が患者の具体的な生活状況および治療状況に該当するかどうかについて治療医が疑いを有している場合にのみ、または患者がその決定をその間に変更したかどうかについて治療医が確信をもてない場合にのみ、世話人が必要となる。患者配慮処分が存在しないか、または存在する患者配慮処分の確定が現実の生活状況および治療状況に該当しない場合には、世話人は、被世話人の推定的意思を確定しなければならず、これを基礎にして決定しなければならない。ここでは、とりわけ以前の口頭および書面における表明および被世話人の倫理的信条および宗教的信条ならびに個人的価値観が考慮されるべきである（ドイツ民法典1901条a第2項）。

おわりに

　根本的規制は、成年である認識能力および判断能力もしくは同意能力を有する者は、全てのケースにおいて自ら決定する、ということである。代弁人または世話人による決定は、本人が自ら決定能力を有している場合には、問題にはならない。

　代弁人および世話人は、本人が実際に認識能力および判断能力または同意能力を有さず、かつ健康に関する事務の決定が代弁人または世話人の任務範囲に含まれている場合にのみ、医的事務において決定する権限を有している。そして簡易な医的治療に関しては、代弁人および世話人は、治療医との話し合いにおいて1人で決定することができる。重大な医療措置の場合には、ここには、いつその措置が存在するかという敷居が存在し、ドイツの方がオーストリアよ

---

[21] Vgl. Spickhoff, Probleme der Patientenverfügung nach deutschen Recht, in Löhnig/Schwab/Henrich/Gottwald/Kroppenberger (Hg.), Vorsorgevollmacht und Erwachsenenschutz in Europa, 27 ff.

りも高く、世話人はドイツ法によれば裁判所の許可を必要とする。代弁人は、オーストリア法によれば、複数の可能性を有している。すなわち、代弁人にとっては、原則的に第2の医師の診断書があれば足りる。しかし、代弁人は裁判所の許可も得ることができる。本人が医的治療に異議を唱える場合には、代弁人は裁判所の許可を得る必要もある。

　代弁人がオーストリア法により医的治療を拒否する場合には、その治療のための同意は、裁判所によって代替的になされ得るか、または代弁人職が別の者に委託され得る。これに対して、世話人はドイツ法によれば、治療を拒否する場合においては、これによって重大な結果を伴うときには、裁判所の許可を必要とする。

　老齢配慮代理権者による医的治療の決定の際には、オーストリアとドイツでは、2つのはっきりした差異が存在する。すなわち、オーストリア法によれば、重大な医的治療も包括しているであろう老齢配慮代理権の作成は、ドイツよりも形式的に明確に労力がかかる。しかし、重大な医的治療が関係している場合には、老齢配慮代理権者によるその都度の個々の決定の際には、ドイツ法は、裁判所による許可義務を定めている。これは、オーストリアには該当しない。オーストリアでは、老齢配慮代理権者が単独で決定する。

　患者配慮処分に基づく医療措置に関する決定の際には、ドイツ法による患者配慮処分の形式的要件は、オーストリアよりも本質的に少ないこと、しかし実質的な法的規制は非常に類似していることが確認され得る。患者意思が患者配慮処分において明確に表明されている場合には（そしてオーストリアについては適切な形式要件が満たされている場合には）、これは、医師が実行に移さなければならない、現実の意思とみなされる。患者意思に疑いが生じるか、またはオーストリア法により全ての形式要件が満たされていない場合には、世話人または代弁人が決定する。ここでは、患者配慮処分は、推定的意思を確定する基礎として役立つ。

　したがって、まとめると、オーストリアとドイツの法的状況は、代弁人および世話人の医療措置への同意に関して、広い範囲において同一であるということが確認され得る。もっとも、詳細においては、いくつものわずかな差異が存在する。

第1編　成年後見人の法定代理権と医療代諾権

第5章

権利条約の影響における代弁人の代理権
成年後見人の法定代理権──オーストリアの場合

第1節　権利条約に関する一般的内容

1　概観

　障害者法の新時代が、2006年12月13日の国連障害者権利条約〔以下、たんに障害者人権条約または条約とすることがある―訳注〕によって幕を開けた。ここでは、署名した締約国は、障害者の文化的権利、政治的権利、社会的権利および経済的権利を促進し、保障し、保護することを義務付けられている。障害者には、障害者でない者と同じ程度と方法で、その尊厳を維持しながら基本権と基本的自由が与えられるべきである。障害者が全ての人権へと差別なしに近づくことは、とりわけ、教育、雇用、健康、情報へのアクセスおよび公的施設へのアクセスといった領域において、まさに法律上のレベルで差別の禁止が行われることによって、保障されるべきである。目標は、社会へ障害者を完全に抱合することである。障害者が特別な措置によって援助される統合とは異なり、抱合の枠組みにおいて、障害者が「特別扱い」なしに、したがって追加的援助なしに、社会生活の全ての側面に参加できるという環境がつくられるべきである。さらに、抱合においては、障害者とその能力の多様性が尊敬されることになる。障害者権利条約では、障害者が主題となる全ての領域にかかわる、締約国のレベルでの初めての法的拘束力のある手段が重要な問題となっている。

　障害の概念は、条約によって非常に広範にとらえられている。第1条に従い、適用範囲は、「長期的な身体的、精神的、知的または感覚的な障害を有する者

であって、さまざまな障壁との相互作用により他の者と平等に社会に完全かつ効果的に参加することを妨げられることのある全ての者」におよぶ。したがって、障害者権利条約における障害者とは、障害者施設に収容されている障害者およびオーストリアの障害者法における障害者だけでなく、少なくとも、高齢が原因の障害（移動性、聴覚障害および視覚障害）がもとで社会生活への参加を制限されている高齢者も該当する。

　世界保健機関の見積もりによれば、10億人以上の人が、したがって世界人口の約15％が障害をかかえて生きている。

　条約は、―たとえ非常に多くの障害者の権利を列挙していても―、新たな基本権を創設していない。主に、既存の権利が、そしてここではとりわけ平等に関する権利（ヨーロッパ人権条約1条、連邦憲法7条）、およびここから結果として生じる差別禁止が厳密に規定されている。しかし、差別禁止だけでなく、実務における障害者の平等化が問題となる。したがって、形式的な平等でなく、実質的な平等が問題となる。締約国は、差別を禁止することを義務付けられるだけでなく、障害者がその権利を障害がない者と同様に行使できるように配慮することを義務付けられている。これは、締約国による積極的な援助措置を前提としている。

　ここでは、条約は、代弁人法と代弁人法の代替制度（近親者の法定代理権と老齢配慮代理権）の改正を必要としているのかという疑問が、法的議論の中心に持ち出される。ドイツでも、これに関連して、障害者権利条約が世話法に及ぼす影響に関して集中的に議論されている。もっとも、これに関して、障害者団体側から、法学者側とは異なる意見が出されることが頻繁にある。障害者団体は、詳しく言えば、法理論 Lesistik においても、実際の関係においても、大幅な変更を必要とし、そしてこのために、とりわけ障害者の財政的援助における大幅な変更が必要と考えている。オーストリアおよびドイツでの議論においては、障害者の代理人（障害者団体）が優勢である。彼らは、非常に広範囲に、主に身体的障害または学習障害をもつ若者を代弁している。彼らが、心的病気の者およびその年齢が原因の高齢の障害者を代弁することは、ほとんど、またはまったくない。

2　転換

　障害者権利条約および選択議定書は、オーストリアにおいて2008年9月26日に批准された。引き続き、連邦障害者審議会において、障害者権利条約

33 条に従い、条約を国内法のレベルに転換することを監督する監視委員会が設立された。これ以降、この監視委員会から、しかし障害者組織からも、条約の転換に関する多方面にわたる措置が始まっている。2010 年の秋に、国内における障害者権利条約の転換に関する最初のオーストリアの国家の報告書が提示された。

日本は、障害者権利条約に署名しているが、まだ批准していない〔当時〕。現在、153 か国が条約に署名し、90 カ国が選択議定書に署名しており、118 カ国が条約を批准し、71 カ国がさらに選択議定書を批准している。これまで批准していないのは、例えば、アメリカ合衆国、オランダ、フィンランドおよびロシアである。

オーストリアは、2008 年 9 月 26 日に条約に留保なしに批准した。条約は、2008 年 10 月 26 日に施行された。障害者権利条約では、連邦憲法 50 条 2 項 3 文の意味における「履行留保（Erfuellungsvorbehalt）」のもとにある国際条約が問題となっている。したがって、条約において列挙されている規定は、直接的に行使可能な障害者のための主観的権利を基礎付けるのでなく、条約を「特別に変換したもの」が、したがってまさに法律規定に適合させることよって、オーストリア法への制度的順応が必要となる。

障害者権利条約の選択議定書は、障害者権利条約の違反に関する異議申立て手続を規定している。この選択議定書に批准することによって、それぞれの国家は、この手続に従うこととなる。当該締約国による障害者権利条約の犠牲者または違反が存在すると主張する人物または人的グループが相談または助言を求めるための、「障害者の権利のための委員会」が設立された。しかし、まずは、利用できる国内の全ての法的援助が利用されなければならない。結果的に、委員会は、委員会に届けられた報告を当該締約国に内々に知らせる。当該締約国は、6 か月以内に、書面によって事実の解明に関する説明をすることができ、またすべきであり、少なくとも当該締約国によってとられた援助措置について伝えることができ、また伝えるべきである。委員会が条約との抵触を認める場合には、委員会は締約国に推薦を述べる。しかし、ここでは、法的拘束力と、貫徹力を有する決定が問題となってはいない。

3　障害者権利条約 12 条

条約 12 条 2 項によれば、障害者は、生活のあらゆる側面において他の者と平等に「法的能力」を享有する。この概念が、たんに権利能力を想定している

にすぎないのか、または行為能力（Handlungsfähigkeit）も包括しているのかについて、争いがないわけではない。権利能力は、原則的に権利を有する能力である。生まれていない者も、権利能力をもっている。しかしながら、行為能力はこれにとどまらない。ここでは、自己の行為によって権利および義務を基礎付けるという可能性が存在する。リップは、条約12条は、少なくとも行為能力を包括しており、行為能力には広い意味で全ての法的に重要である行為および不作為（行為能力 Geschäftsfähigkeit、遺言能力、婚姻能力、認識能力および判断能力、不法行為能力、手続能力および訴訟能力など）が含まれると書いており、疑いなく正しい。

　12条から、部分的に、―少なくとも、自ら選任したのではない―障害者の法定代理人はまったく許されないということが部分的に導き出されている。障害者がその決断を援助されるために（援助される決断）、締約国は、必要となる全ての措置をとらなければならないだろう。しかし、代弁人および近親者の法定代理に典型的な法定代理（代理される決断）は、拒否されるとされる。これに関連して、障害者権利条約の専門家委員会は、締約国は、自国の成年者保護法を調査し、第三者により代理された決断を、本人の自己決定する際の援助措置によって取り替えるように推薦した。

　少なくとも、法定代理は許されないとする条約12条の解釈は、正しくないというのが私の見解である。つまり、締約国は、条約にしたがい、これに関連する自国の法制度を完全にまたは本質的領域において変更することを明らかに意図していなかった。これは、例えばオーストリアについては、批准行為に関する説明から生じるし、他国（フランス、オランダ、オーストラリアおよびカナダ）は、―詳しく言えば反論されていなかったが―解釈宣言によって、これらの国が代理規定を放棄しないことを明らかにしている。認識できる限りにおいて、これまで、ヨーロッパのどの国も、批准を、代理法を除去するきっかけとはしていない。

　ここでは、―権利能力と異なり―決断がなされなければならないので、問題の性質から、行為能力の場合には、代理可能性の必要が生じる。決断ができるためには、だれかがその決断を受け取り、転換するために、少なくとも精神能力およびこれに続き発言能力が必要となる。具体例：まだ生まれていない子は、―障害をもっていようがいまいが―、精神能力がなく、発言できないために、決断できない（例えば、必要な医的治療について）。したがって、この子は、定義によれば行為能力を有しない。同様のことが、重度の障害者についてもい

える。条約は、障害者の能力を変えることができず、しかしまた行為能力の概念の定義も変えることはできない。

　このような者が行為無能力（Handlungsfähigkeit）であることは、彼らにとっての保護となる（一般民法典21条）。このためにのみ、彼らは否定的な法的効果を容認する。行為能力（刑法における犯罪能力）が存在しなければ、犯罪を行った者は、処罰されえない。行為能力（民法における不法行為能力）が存在しなければ、この者は、自ら生じさせた損害を賠償しなくてもよい。行為能力（Geschäftsfähigkeit）がなければ、「契約は維持しなければならない」という原則は適用されず、その者が、病気（例えば中毒など）が理由でのみ締結したかまたは契約の基本的内容を認識できなかった契約を遵守しなくてもよい。行為能力（遺言能力）が存在しなければ、被相続人の援助されていない状態を利用しながら作成された遺言は無効である。行為能力（認識能力および判断能力）がなければ、医学的に必要な治療を全て拒否する場合にも従わなくてよい、などである。

　行為能力を行使するために、障害者は、条約3条に基づき、おそらくさまざまな程度において、援助を必要とすることがある。この援助は、オーストリア法によれば、―非形式的助言活動のさまざまな形式以外に―任意に選任された老齢配慮代理権受任者、裁判所から任命された代弁人または近親者によって行われる。

第2節　オーストリアの代弁人法の一般的内容

1　自己決定

　個人の自己決定、そしてまた、とりわけ高齢で、病気で介護を必要とする者の自己決定は、オーストリアの法秩序においても、ドイツの法秩序においても、中心的な原則となっている。高齢者の自己決定の中心には、さらに、実際の意思表明であろうと、先を見越した処分であろうと、本人自身による自らの利益の主張がまずまず重視されている。これに対応して、個人の自己決定が、とりわけ一身専属的な事務において、ますますまさに法律的レベルにおいて整備されており、周囲（医者、介護ホーム、家族）によっても承認されているという、法的発展および社会的発展がみられる。このような発展は、オーストリアおよびドイツにおいても見受けられる。

自己決定は、自己責任を前提とする。このため、自ら決定する者は、原則的に、万が一生じるかもしれない間違った決定についてのリスクをも負う。しかし、たとえ個人的リスクが望まない結果をもたらすことがたびたびあるとしても、個人的なリスクは、生活の質のための本質的な基盤である。ここでは、自己決定との関係で、個人に、どの程度自己責任が認められるかが、もっぱら重要となる。

これは、同様に、憲法の基本的な側面についても、したがって、例えば「自己決定による」死、および例えば、介護契約または治療契約の締結の際のような民事法上の意味における私的自治の範囲についてもいえる。予め言うことができるのは、オーストリアの法秩序も、ドイツの法秩序も、自然人に、その事務における広範な自己決定を認めているということである。このため、どれくらい自己責任をとることができるのか、そしていつ、どのような事情のもとで（例えば制限された行為能力、認識能力または判断能力）、法秩序は、本人保護のために、その決断に法的効力を否定しなければならないのかということが、個々のケースにおいて明らかにされなければならない。

心的病気の存在は、少なくとも、認識能力および判断能力を一般的に排除するものではない。認識能力および判断能力は、例えば、治療の理由、意味および結果を病気が原因で理解できない場合には、存在しないが、その場合に、医学的に必要な治療を拒否することそれ自体が、不足している認識能力および判断能力を示しているのではない。だれかが「理性的ではない」決断をすることは、その者が行為無能力か、または認識能力および判断能力を有さないということを示すものではない。「理性的ではない」決断をする権利は、つまり、憲法で保障されている自己決定権の結果である。このために、国家には、基本権の範囲内で行われる決断を評価することが禁止されている。

2　国家による監護義務

まさに法律上のレベルにおいて、一般民法典 21 条は、包括的な国家による監護義務を規定している。ここでは、国家の任務は、人々を（自己）加害から保護すること、もし援助が必要である場合には、決断を助けること、自己の行為能力が存在せず、本人の行為能力が援助措置によっても、もたらされえない場合には、代理を配慮することである。監護義務は、本人を教育すること、および本人の性格または人格を改善することを許さない。これは、基本権への許されない侵害となるだろう。

代弁人法は、成年である心的病気の者および精神的障害者のためのこれらの法的義務の転換である。支配的見解は、一般民法典 21 条から、未成年者および他の要監護者のための（監護）裁判所の具体的で包括的な法的監護義務を導き出している。このため、監護裁判所は、法定代理人によって行われる法律行為の許可以外にも、法定代理人の活動を非常に一般的に、適切な方法で監督しなければならず、必要であれば、法定代理人に予定されている措置の結果について説明しなければならない。

3　障害者の福祉

　代弁人法においても、しかしまた親子法においても、中心的行為基準は、被代理人の福祉である。ここでは、当該生活状況および事態の状況において形成された基準および価値観にしたがい解釈される「不明確な法概念」が問題となる。これによれば、この概念は、社会的な価値観によって方向付けられ、その変化にも従うこととなる。本人の「福祉」は、いかなる場合においても、個人的に判断されなければならず、その場合には、その都度の代弁人制度の理由と目的、裁判所によって定められる任務範囲ならびに本人の主観的利益および希望が適切な基準となる。成年者またはさらに高齢者の場合には、少なくとも、財産の維持および増加は、未成年者の場合のように、その意義を認められるべきではない。これは、それが障害者の希望に沿うか、または普段の生活水準の維持に必要である場合には、障害者の財産は、何度も使い果たされ得るということを意味する。

4　だれが代弁人を得るか？

　代弁人は、本人に次の場合に（のみ）任命される（一般民法典 268 条）。すなわち、①本人が成年であり、②行為能力かつ、または認識能力および判断能力の喪失を生じさせる心的病気または精神的病気に罹患しており、③事務が処理されないことまたは自分に損害を与える自己による処理によって、本人が不利益を被るという危険が生じているような、事務が処理されるべきであること（たとえば、法律行為または医療措置の決断）、そして④代替手段が存在しない場合（補充性）である。

5　だれが代弁人となるのか？

　まず代弁人に任命されるのは、代弁人任命について適しており、準備がなさ

れている限り、被代弁人によって選任された者である。だれも選任されていない場合には、まずは身近にいる者が代弁人に任命される（一般民法典279条2項）。しかし、近親者は、代弁人に任命されるための請求権を有していない。しかし、配偶者、登録されたパートナー、両親および子には、家族法上の援助義務または監護義務から、原則的に、代弁人職を受任する義務が生じる。しかし、このための要件は、彼らが代弁人職に適していることであり、これは、もし彼らがその意思に反して代弁人職の受任を強制される場合には、通常ありえないことである。代弁人職を受任するのにふさわしい身近な者が存在しない場合には、キャパシティがあれば、代弁人協会が代弁人に任命される。（主として）法的事務が処理されるべき場合に限り、―そして実務においては頻繁に生じるケースであるが―これ以外にだれも見つからない場合には、弁護士、公証人またはそのほかの適切な人物（たとえばボランティア）が代弁人に任命される。弁護士および公証人には、代弁人職5件までの受任義務が存在する（一般民法典274条2項）。濫用の危険のために、本人が世話されている施設と密接した関係に立つ者は、代弁人に任命されることは許されない（一般民法典279条1項）。

6　通知・了解権および共同発言権

　障害者は、予定されている、自らの身上または財産に関する重要な措置について代弁人から適時に知らされる権利およびこれに関して適切な期間をおいて発言する権利を有している。発言権は、「重要ではない」措置に関しても存在するが、代弁人の通知・了解義務は、この場合には存在しない。本人の発言は、いかなる場合にも配慮されなければならず、もしこれが代弁人が計画した措置よりも本人の福祉に少なからず合致している場合には、この中に表明されている希望に従わなければならない。

7　希望調査義務

　代弁人は、障害者がその能力および可能性の枠組みにおいて、その生活関係を自己の希望および考えにより形成するように努めなければならない（一般民法典281条1項）。その目標は、決定能力のない者に可能な限り広汎な自己決定を保障するということでもある。このため、代弁人は、障害者が処理されるべき事務についての意思を形成できるよう、積極的に働きかけることが義務付けられている（希望調査義務）。

8　裁判所の許可

　代弁人が障害者のために代理行為を行うために、要監護者の身上にかかわる、重要な事務においておよび通常ではない財産管理の領域において、代弁人は、裁判所の許可を必要とする（一般民法典275条2項および3項）。許可を必要とする事務は、基本的に154条2項および3項の事務、居所の継続的変更および重大な医的治療の同意である。

　財産管理措置は、本人の財産状況に照らして通常の域を超えている場合、したがって、これが通常の経済活動に該当しない場合に必要となる。必要となる裁判所の許可が存在しない限り、法律行為は不確定的に無効である。しかし、ホーム契約の締結については、裁判所の許可は必要ないが（消費者保護法27条d第5項）、これに対して契約の解約については必要となる。

　代弁人の居所の継続的変更と医的治療の同意は、これが代弁人の任務範囲に含まれており、本人が実際に認識能力および判断能力を有しない場合にのみ、代理権限があることとなる。したがって、認識能力および判断能力を有する者は、常に自ら決断する。重大な医的治療（24日よりも長く健康を害する場合）に関する代弁人の同意は、第2の医師の診断書または裁判所の同意を必要とする。継続的な居所変更は、いかなる場合でも代弁人の決定への裁判所の許可を必要とする。しかし、相変わらず法的に規制されていないのは、本人の意思および抵抗に反して、適切な決定を強制的に実行することである。

9　代弁人のコントロール

　代弁人のコントロールまたは代弁人制度の秩序ある実施は、裁判所に義務付けられている。これについて、代弁人は、少なくとも1年に1度、裁判所に対し、障害者の個人的状況についての報告書を作成しなければならない。しかし裁判所は、報告書をより短い期間で要求することもできる。というのも、裁判所は、代弁人にその報告書に関する任務を与える可能性をいつでも有しているからである。

10　代弁人の責任

　代弁人の責任は、代弁人がその活動を実施するに当たり生じさせた損害に及び、一般民法典の一般的過失責任に関する契約の相手方と比較可能である。プロである代弁人（弁護士、公証人、代弁人協会など）は、さらに一般民法典

1299条の専門家責任も負うことになる。一般民法典277条は、本人の身近におり、またはボランティアとして活動している代弁人の責任の軽減を規定している。これにしたがい、裁判所は、これが全ての事情を考慮した上で（過失の程度、関係の近さなど）、代弁人に非常に厳しいものと判断する場合には、損害賠償請求を軽減するか、または全て免除することができる。

第3節　問題領域

1　法実務

　オーストリアおよびドイツでも、障害者権利条約の署名および批准に際しては、障害者権利条約が完全に実現されたという理由で、（法的）改正の必要性がないということから出発していた。最初の国家報告書に際しても——締約国は、定期的に国家報告書を提出することが義務付けられている——、この見解は、なお広汎に主張された。しかし、その間、法秩序におけるある適応が、しかしとりわけ実際の関係における改善が必要であるという見解が支配的となった。

　問題領域は、実務における法的基準が十分に転換されていないということに存在する。法が希望調査義務および通知義務によって可能な限り広汎な自己決定を定めている一方で、実務においてはむしろ、パターナリズムが支配的である。したがって、本人の個人的希望および必要性を理解することなしに、被代弁人を差し置いて決定がなされることがよくある。とくに、弁護士および公証人によって実施される代弁人職は、よく、代弁人制度の人権に関する原則に適合することなしに、たんなる本人とその財産の「管理」によって特徴付けられる。とりわけここでは、援助および助言はあまり行われない。そして本人の代わりに決定がなされる。

2　行為能力の制限

　代弁人の任命は、代弁人の任務範囲内において、本人の行為能力の制限を自動的にもたらす（一般民法典280条）。この規定は、条約12条に抵触するというのが私の見解である。条約12条によれば、締約国は、障害者は全ての生活領域において、——他者と平等に——権利能力および行為能力 Handlungsfähigkeit を享有することを承認する。これに対して、医的治療の同意に必要となる認識能力および判断能力は、代弁人の任命に影響されない。代

弁人の任務範囲内の日常生活に関する法律行為は、その履行によって（遡及的に）有効となる（一般民法典280条2項）。行為能力の自動的制限は、本人保護にも（法的取引の）第三者保護にも必要ない。ドイツの法状況がこれを証明している。ここでは、世話人の任命によって行為能力は制限されない。追加的に同意の留保が定められた場合にのみ、行為能力も制限される。2010年では、同意の留保が命じられたケースは5.92％にすぎない。これによって特別な問題は生じていない。

　選挙権は、多くの他の国でさまざまであるが、代弁人の任命によって制限されない。しかし、個人的な投票（たとえば、郵便投票または他者の援助による、国民議会選挙令66条）が必要となる。さらに、被代弁人には、代弁人から独立した、代弁人制度に関する申請権および上訴権ならびに裁判所での代弁人制度書類の閲覧権が残されている。

　本人が自ら決定する能力がなければ、老齢配慮代理権（一般民法典284条f-h）と近親者の法定代理権（284条b-e）は、—代弁人制度と類似する—決定の代理を定めている。前者は任意代理であり、後者は法定代理である。任意代理によって本人の自己決定権が保障され、促進されているから、任意代理方式としての老齢配慮代理権は、原則的に、疑いなく条約に合致する。近親者の法定代理権の枠組みにおける法定代理は、その代わりに代弁人による代理が正当化され得る場合には、条約に合致するというのが私の見解である。これに関して、少なくとも疑わしいのは、特に、—（たとえば濫用を理由に）裁判所で代弁人手続を提案するという可能性を除いて—、定期的なコントロールだけでなく、原則的に、独立した官署によるコントロールが定められていないという理由で、条約12条4項が満たされているかどうかということである。

　一般民法典568条は、部分的に被代弁人の遺言の自由を制限している。裁判所は、被代弁人が裁判所または公証人の面前で口頭においてのみ遺言することが許されると命じることができる。これによって、遺言作成の可能性は、他者に対して形式的に制限されている。このため、この法形式は、障害者権利条約との関係において、そして平等な取り扱いとの関係において、非常に一般的にいって、少なくとも憂慮すべきものである。

　婚姻法3条も条約違反であろう。婚姻法3条では、被代弁人は、婚姻のために代弁人の同意を必要とする。したがって、これに関しては同意の留保が問題となっている。

　薬事法43条も、被代弁人に同意の留保を定めている。ここでは、薬物テス

ト（治験）が問題となっている。

第4節　モデルプロジェクト　援助の仲間

　オーストリアでは、中期間、実務における状況を改善し、代理人の決定から、だんだんと障害者本人による援助された決定へと移行するよう努力されてきた。つまり、決定を援助する援助措置は、条約に合致しており（条約12条3項）、このために既存の措置を超えて拡大されるべきである。

　この意味において、オーストリアで司法省によって計画されているモデルプロジェクト「援助の仲間」は、決定する際に新たな方法および新たな援助措置を試行するものである。このモデルは、もともとはニュージーランドで発案されたものであり、ニュージーランドでは「家族グループ会議」と称される。ここでは、青少年福祉において設置され、次のように機能している。援助の仲間（一種の家族会議）は、プロの援助と発生している問題について話し合い、問題の解決に適していると思われる共通の措置を探る。

　これは、詳しくは次のように機能する。青少年福祉のケースワーカーが生じ得る問題および必要となる行動を調査する。「コーディネーター」という役割を引き受ける、さらに特別な訓練を受けている者が、―青少年の家族と共に―援助の仲間と適合することができる人物を探す。その後、コーディネーターは、これら全ての者と、したがって、障害者本人、援助の仲間、およびケースワーカーと会う約束をする。この集まりの始めに、ケースワーカーは、その見解により、存在する問題または行動の必要性をまとめておく。そして居心地のよい雰囲気の中で、話し合われるべきである。本人は、この話し合いに信頼する人物の参加を求めることができる。援助の仲間は、ケースワーカーもコーディネーターも会議を去ったあとで、まとめられた問題にどのような答えが考慮されるのかを考える。この結果は、たとえば、援助の仲間の個々の人物が決まった任務を引き受ける（例えば、週末、決められた時間を本人とともに過ごす、服装がきちんとしているか、または本人が十分に栄養をとっているか、またはこれが必要である場合には、本人が医者にいっているかを注意する、など）ということがあり得る。しかし、決定は本人の意思に基づき行わなければならない。援助の仲間は、決定を行う際にのみ援助し、そして可能な措置を提供する。

　この会合の終わりに、ケースワーカーとコーディネーターは、再び援助の仲間にやってくる。そして、結果、可能な措置およびそれぞれの措置の時間が集

計され、書面に記録される。この社会的ネットワーク（援助の仲間）、ケースワーカーのコントロールによって、転換が行われる。

　これに基づいて、モデルプロジェクトにおいては、―すでに既存の代弁人制度において―、代弁人は、障害者が援助を必要とする問題をまとめて記述するケースワーカーの機能にまかせるべきである。中立的なコーディネーターの役割は、クリアリングを行う代弁人に似ている。クリアリングでは、代弁人協会のプロの職員が重要となる。

　まだ代弁人職が存在しないケースでは、代弁人職を提案する者が、ケースワーカーの機能を引き受けるべきである。コーディネーターは、ここでもクリアリングを行う代弁人である。

　援助の仲間は、たとえば、家族親族、ホーム援助者、介護職、銀行員、隣人などから形成され得る。新たな行為の必要性が生じる場合には、常に、引き続き行われる会議の日取りが定められるべきであり、そこで新たな措置が取り決められるべきである。社会的ネットワーク（援助の仲間）および申し合わされた措置が機能しているかどうかは、その都度クリアリング代弁人によってコントロールされるべきである。この措置が満足いくほどに転換されていないか、この措置が不十分であるか、または措置を転換する者がだれも存在しない場合にのみ、裁判所が介入すべきである。

　医学的決定の場合にも、援助の仲間は、家族親族、介護者、その他の援助者から形成されるべきである。ここで参加する者は、たとえば財産事務の決定の場合とは、通常異なっている。医学的決定においては、医師は、行為の必要性をまとめるケースワーカーの機能を担う。コーディネーターとなるのは、ここでもクリアリング代弁人である。明確なのは、全ての援助される決定は時間を必要とし、このために適切な部屋が使用できるようにしなければならないことである（たとえば病院内で）。

　このため、重要なのは、この種の援助の仲間が気付かれ、これに機会を与え、本人とともに決定を行っていくために、たとえば、医学的決定、ホーム契約、銀行手続または類似する契約の締結の前に、十分な時間が存在することである。

　援助の仲間のモデル内に生じ得る問題は、本人（たとえば高齢で認知症である者）が、会議において、援助の仲間の職員、ケースワーカーおよびコーディネーターによって過大な要求にさらされている可能性があることにある、と考える。ここでは、少なくとも、微妙な措置が述べられている。さらに、援助する人物が十分に存在するかどうか、またはたとえば銀行員、ホームヘルパー、介護者

および医師がこのようなプロセスに参加してくるかどうかは疑わしい。この疑問は、モデルプロジェクトで解決されることが望ましい。

まとめ

　障害者権利条約は、政治においても法議論においても、考えの変換をもたらした。はじめは行為の必要性は見出されていなかったが、その間、法的レベルにおいても、実務的レベルにおいても、いくらかの変更が必要であり、そして願わしいということが認識されている。しかし、障害者に関する変更と改善は、非常にゆっくりとのみ行われる。したがって、条約の目標を達成し、障害者が社会に本当に包含されるまでには、私たちの前には、まだ長い道がある。

補論　ガナー教授に対する質問——ワークショップ

　2012年9月28日に翌日の講演に先立って、ガナー先生に基本的・一般的な質問をし、若干の質疑応答を行った。質問は田山が行った（通訳：青木仁美、反訳と整理：片山英一郎）。

質問1：一般人が非理性的であると感じる決断をする場合に、代弁人を選任することは可能ですか。

ガナー：原則として、理性的ではない決定を行うということだけのために、代弁人を任命することはできない。例えば、アルコールを大量に摂取するとか、煙草を大量に吸うとか、ものすごく危険な登山をするとか、危険なスポーツをするとか、結婚をする際に間違った相手を選ぶとか、仮にそれが周りから見れば明らかに非理性的な決定であってもそれを理由として、代弁人を任命することはできない。もしこのような理性に基づかない行動が、病気に基づいており、かつ本人に不利益をもたらす場合にはじめて、代弁人の任命が可能になる。

質問2：国家の包括的な監護権について

ガナー：オーストリア一般民法典は、私法である。一般民法典は、成立が1811年と古く、当時オーストリアにはまだ関連公法も憲法も存在していなかった。このため、当時は、一般民法典が公法上の基本原則を定めていた。その一部が一般民法典第21条である。同条によって、国家は公法レベルで、適切な法的規制を行う義務を負う。代弁人制度は、同21条に規定されている国家の監護義務の影響を受けたものであり、その法的結果である。同条によって義務を負うことになるのは、国家であり、また裁判所である。代弁人を定めたり、親子法に関する事務を処理したりする際には、この監護義務が関係している。同条は基本原則であり、個々の規定は、常に同条に基づいて解釈され、方向付けられなければならない。

質問3：未成年者と成年者の財産管理の区別について

ガナー：以前は、未成年者と成年の被代弁人に関する規定はほぼ同一のものであった。しかし、今では別々に定められている。未成年者にとっても、被代弁人にとっても、財産の維持と管理は重要な原則である。しかし、子供は、大人とは異なる必要性を有している。というのも、子供にとって重要なのは、長期間にわたって財産的に世話されることが重要となるからである。これに対して、大人、とりわけ高齢者にとっては、長期間にわたって財産を維持したり、さらに遺産相続人のために財産を維持したり増加させることは重要ではない。彼らにとって重要なことは、

財産を適切に（福祉に合致するように）使うことである。このために、未成年者と成年者の財産管理は別々に規定されることとなった。

質問4：親子法にある規定を代弁人法になるべく準用しないような立法がなされているというお話でしたが、それは財産管理の仕方が親子法の場合と代弁人法の場合とでは違うというのが主な理由ですか。

ガナー：そもそも親子法と代弁人法とは規定の目的が違う。子供と大人は、異なる必要性を有している。このような理由から、それぞれに関する規定の内容は類似するものであるけれども、それぞれに対して独自の法領域が設けられている。法領域の分離は、財産管理だけでなく、それ以外の分野においても、例えば医療同意に関しても必要と考えられた。つまり、大人を子供と同様に扱うべきではないと考えられたのである。

質問5：オーストリアの3類型のうち、全ての領域の事務について代理権を有するとするという判断の基準は何ですか。

ガナー：まず、裁判官は、本人がどの事務を自分で処理できないか、どの事務が処理されるべきかを考えなければならない。そして、本人が高齢者である場合には、たいてい、財産管理と健康に関する決断が問題となる。この2つが処理されるべき事務と考えられる場合には、裁判官は、たいていは、全ての事務について代弁人を任命する。というのも、この2つが挙がっている場合に制限的な任務を与えると、すぐあとで任務の拡大が必要となることが多いので、後で事務範囲を拡張しなくてもよいために、裁判官は全ての事務について代弁人を任命するのである。この割合は、約60％強である。若年層に多いのは、財産管理に関して一定の範囲内につき代弁人を任命するということであり、約30％の割合を占めている。個々の事務について代弁人が任命されることはほとんどなく、約10％以下となっている。

質問6：夫婦間とか親子間で代弁人職を引き受けるのは法的な義務か。

ガナー：そうです。夫婦間の受任義務は一般民法典の90条、親子間の根拠条文は大体140条あたりに定められている。90条には、夫婦の援助義務が規定されており、140条前後には、親子間の扶養義務が規定されている。双方の規定には、代弁人の引き受け義務は法的に規定されていないが、代弁人の引き受け義務が含まれると解釈されている。

質問7：親族が代弁人を引き受ける場合の報酬ないし補償はあるか。

ガナー：親族は、基本的に代弁人職から報酬を得ることはない。もっとも、電話代や交通費などの費用については補償される。もし、被代弁人が支払うことができるだけのお金を持っている場合には、代弁人である親族は、これら

の費用を受け取ることができる。もし本人が支払えなければ、費用も受け取ることができない。しかし、報酬は、本人が自由意思で支払うという以外には、原則として受け取ることはできない。つまり、報酬に関する法的請求権は存在しない。但し、代弁人職が親族の援助義務を逸脱して、多大な労力を要した場合には報酬を受けることができる。

質問8：通知、了解権および共同発言権の法律上の根拠（条文）は何ですか。

ガナー：一般民法典281条である。

質問9：本人の希望調査義務は、代弁人によって実際にはどのようになされていますか。

ガナー：この義務は、個々のケースによって異なる。つまり、代弁人が何を委託されているのか、何が主たる任務なのかによって異なる。また、代弁人となっている人物によっても異なってくる。つまり、本人を世話するモチベーションが高いかどうかである。代弁人となっている者が弁護士または公証人である場合には、事務内容は財産管理であり、本人の希望が調査されることはほとんどない。しかし、身近な親族や代弁人協会が代弁人となっている場合には、本人の考えが調査される。例えば、本人と話し、質問をする。本人と個人的な会話をすることによって、または本人の親族と話すことによって、本人が望むことまたは本人にとってよいことを突き止めることになる。

質問10：許可を要する行為が緊急になされなければならない場合は、事後の同意でよいか。

ガナー：財産事務と医療同意に分けて考えると、医療同意の場合に、もしそれが緊急の場合には代弁人は裁判所の許可を事前に得る必要はない。財産的事務については、緊急ということはないだろうから、代弁人は裁判所に許可を事前に申請して決定がなされるまで待たなければならない。

　もう1つ、緊急になされる必要のある事務として本人の居所変更があるが、本人がもはや自宅でひとり暮らしをすることができず、どこか別の場所に移さなければならないという場合であれば、先に本人の居所を変更してしまって事後的に裁判所の許可を得ることも許される。

質問11：前の質問についての具体的なケースを挙げてください。

ガナー：代弁人は、本人がもはや自宅に住むことが許されず、または住むことができず、介護ホームに入居しなければならないと判断した場合には、代弁人は、これを決定する法的権限を有する。しかし、代弁人が決定をし、裁判所が許可したとしても、本人の身体を強制することによって自宅から連れ出し、ホームに入居させることは許されない。これは、医的治療についても同様であり、代弁人は本人にどのような治療を施すかということを決定できるが、本人の身体を拘束してまでも治療

第 5 章　権利条約の影響における代弁人の代理権

を施すことはできない。これらの身体拘束についての法的根拠は、意識的に設けられなかった。これらの法的根拠を設けないことで、本人に対する身体拘束をあきらめ、これ以外の可能性を探ることが望まれたのである。

質問 12：代弁人が裁判所に提出する報告書はどのような内容のものか。

ガナー：代弁人は 1 年に 1 度必ず裁判所に報告書を提出しなければならない。内容として書かれていなければならないことは、まずは、収入状況や財産状況、本人の健康状態がこの 1 年間でどのように変化していったかということである。次に、本人が社会的または医療的世話をどのように受けているかについて報告しなければならない。つまり、本人がどこに住んでいるか、どういうように生活しているか、本人は元気かどうか、本人を訪問する人はいるか、親戚関係はどうなっているか、心身の状況はどうか、本人と代弁人とのコンタクトはどのようにとれているか、などについて述べなければならない。最後に、本人に関して使った金銭に関する証明書を提示しなければならない。

質問 13：第 277 条の代弁人の責任についてポイントを説明してください。

ガナー：基本的に、代弁人と被代弁人の法的関係は、契約関係と同様のものであるので、法的責任が関係してくる。このため、一般的な契約の責任に関する規定が注意義務などについても代弁人にも適用される。これに従い、代弁人は、自分の行動が引き起こした損害について責任を負う。ドイツ法と同様に、代弁人は、自分の行動または行動しないことによって損害を生じさせた場合には、その損害について責任を負う。

より厳格な責任を規定するものとして、1299 条がある。同条により、専門家は、自らできると表示していることに関して、高度な注意義務を負う。専門家は、より正確に働かなくてはならず、そうでなければ、法的責任を負うことになる。

277 条は、1299 条と反対のことを規定している。代弁人職は、それを行うことによって利益を得るという性質のものでなく、だれかを援助しようと思って行うものである。このため、これらの者に対して、簡単に生じがちな損害について通常の場合と同様の責任を負うリスクを課すべきではない。このため、277 条は、特定の人物に対する責任の緩和について規定している。これは、ボランティア代弁人と身近な親族だけである。これらの者は、他者を助けようとして活動しているので、些細なことについての責任を免除するべきである。損害が些細なことかどうかの基準は複数あり、まず本人と代弁人の関係が考慮される。次に、生じやすいミスであるかどうかが問題となる。オーストリアには、同様の規定が労働法に存在する。そこでは、労働者は、雇用者との関係において、些細

117

な損害について責任が軽減される。
質問14：一般民法典第280条は権利条約との関係でどのように改正されるべきですか。
ガナー：私の見解では、今のオーストリアの民法典が定めている法律による自動的な行為能力の剥奪は、完全に排除されるべきである。行為能力を剥奪しなくても、医療同意権についてはうまく機能している。つまり、代弁人に医療同意権を与える場合には、本人に医療同意能力があるかないかを判断して、その医療同意権という1つの事務についてだけ本人の判断能力があるかないかを判断して、代弁人にその任務を与えるというシステムになっている。代弁人が医療同意権を得たとしても、本人の行為能力は影響を受けない。たとえ、代弁人が任命されていてもである。代弁人は、本人が医療行為に関する事務についての判断ができるかできないかについてのみ、判断する。このシステムを法律行為についても導入すべきである。本人の行為能力を制限すべきかどうかを判断するのではなく、代弁人は、本人が必要とする事務についての判断能力があるかないかを判断し、本人が判断できなければ代弁人が判断し、本人が判断できるのであれば、代弁人は本人に対して助言を行う。つまり代弁人は、助言を行うだけで、判断するのは本人である。これは、うまくいくと思う。ドイツの世話法も、多くの場合に同意留保なしに、機能し

ている。

第6章

日本における医療側から見た成年被後見人の医療同意

第1節　わが国の現状と問題の認識

1　成年後見制度の現状

　最高裁判所事務総局家庭局の統計（章末文献リスト(1)）によれば、2000年に発足したわが国の成年後見制度利用者は、年々、その数を増し、2012年12月31日現在、166,289人に上っている。このうち、82.1％を後見類型が占める。

　2012年の申し立て件数は34,689件で、このうち、91.9％が申請どおり認容されている。却下は0.3％、残りは取り下げや当人の死亡による中断である。当初、後見、保佐類型については行われることが原則であった精神鑑定の実施率は、年々低下し、2012年には10.7％（前年が13.1％）であった。これと並行して家庭裁判所調査官による本人に対する面接も、省略されることが多い。申立人の第1位は子で36.1％を占めるが、その後は兄弟姉妹（14.0％）、その他の親族（13.9％）、市区町村長（13.2％）がほぼ同率で並んでいる。近年、市区町村長による申請が増加している。

　本人の属性では、男女比が40.1：59.9と女性が多く、年齢では男女とも80歳以上が最も多く男性で34.2％、女性で61.9％を占める。65歳以上の占める割合を見ると、男性で66.7％、女性で86.2％に上り、両性とも高齢者の利用が多くを占めている。

　後見人等と本人の続き柄を見ると、第1位は子で、25.3％を占め、第2位以下には、司法書士、弁護士、社会福祉士が並んでいる。この結果、親族後見人等の合計48.5％を、第三者後見人等の51.5％が抑え、2012年に初めて、

119

第三者後見人等の割合が過半数を超えた。

　申立ての目的としては、預貯金の管理、解約などをあげるものが最も多く80.7％を占めるが、2番目に多いのは介護保険契約の33.6％、3番目には身上監護の24.1％と、財産管理以外の項目が続いている（複数回答）。

2　成年後見制度の信頼性

　成年後見制度の信頼性について検証することは非常に難しい。その第1の理由は全ての資料は裁判所が持っているので、司法機関自身が公表した資料を司法機関自らが検証した結果以外、目にすることができないことである。外部からできることは、司法機関自身が公表している資料の分析と、不祥事が露見した場合の報道のみである。

　信頼性を担保する重大な要件のひとつは、後見、保佐、補助類型に関する判断の的確さである。言うまでもなく、成年後見制度は、意思能力が完全でない個人の人権を守る制度ではあるが、その代償として、後見人等に、代理権、同意権、取消権などの形で、本来は被後見人等に属する基本的人権の一部を委ねる制度である。したがって、そうした犠牲を払っても、法的保護を加える必要があるだけの能力の欠陥が確認されることが必要条件である。しかるに、すでに述べたとおり、本来、実施されることが原則となっている鑑定や本人面接が省略されたまま申請どおり容認される案件が大部分である。東京家庭裁判所判事らによる見解は（章末文献リスト(2)）、審判の簡素化、迅速化を理由に、こうした状況を推進しようとしているかに見える。鑑定と本人面接を省略すれば、申請者の書類とその際に添付された診断書で審判がなされることになる。それがいかに危ういものであるかを示すために、筆者自身が経験した事例を挙げる。

【事例1】A　86歳　女性　診断不詳

　Aは86歳、単身生活をする女性で2人の子供があった。Aには、軽度の認知機能低下があったらしいが、一戸建ての住居に1人で生活することができていた。長女B子、長男C男はそれぞれに、Aの財産から借財を繰り返し、互いに相手を非難しあっていた。その矢先、B子がAに関する後見を申請し、家庭裁判所はこれを認めた。この際、3年前にAが骨折した際にリハビリテーションを担当した整形外科医Dが、後見相当の診断書を書き、その後、鑑定も本人面接もないまま、後見開始の審判が下りた。B子は直ちにAを介護型の有料老人ホームに入居させ、C男をはじめとする全ての関係者との連絡を遮断した。

C男が母であるAの資産について、相続財産保全の訴えを起こしたことから事件が顕在化した。筆者は、この相続財産保全に関する審判の経過でAの能力が後見相当であるか否かについて、C男の弁護人から鑑定を求められたが、B子はAとの接触を拒否し、鑑定も拒否したので、残された資料のみで意見を述べることとなった。

　Aは自宅に日記風の備忘録を残していた。この備忘録を見る限り、見当識の障害、重篤な記名力の障害を示唆する記述はない。Aは、D医師が診断書を作成する直前、電話してきた日のことを、「今日、D先生から突然の電話で驚く。施設に入った方が良いと言われた。B子の連絡先を聞かれる。先生は私の頭が混乱しているとしきりにおっしゃったが、わけが分からない」と記している。これ以外にAとD医師の接触は確認されていない。ホームに入居する日の備忘録には、「お彼岸の中日、今日はどこかに行くらしい。ショートステイかしら。C男には言うなと言われた。B子が昼ごろ迎えに来る予定」との記載が見られる。これ以降、備忘録に記載はない。

　残された備忘録の中には、B子、C男の頻回な金品の無心、姉、弟の間のいさかいについて、母親としての悩みや2人の和解に対する願いが繰り返し書かれており、Aは自分の子供たちの行動について正確な洞察をもっていたと考えられる。

　上記の状況からして、Aが後見類型相当の認知機能の障害をもっていたとは考えにくい。診断書を書いた整形外科医Dは、3年前にAの骨折後のリハビリを担当しただけで、診断書作成時の精神機能評価はおろか、診断のための面接さえまったく行っていない。Aの備忘録どおり、D医師がAに電話をしてB子の連絡先を質問し、Aから答えを得たのだとすれば、D医師は当然、Aの精神機能が後見相当であるということを疑ったはずである。D医師はそもそも、成年後見制度を理解していたか否かさえ疑わしい。

　一方、家庭裁判所は、鑑定も本人面接もせず、B子の申請とD医師の診断書のみを根拠に、極めて短期間に後見の申請をそのまま認容している。当然、Aの財産に対するB子とC男の争いを把握することもなく、B子を後見人に指名した。B子は身上監護義務を盾にAを介護型有料老人ホームに入居させ、C男を含む他の親族との接触を禁じた。

　この事例では、家庭裁判所の審判が、家族内の財産争いの一方の行為にお墨付きを与える結果となっている。臨床医としての経験によれば、Aのような事例は決して例外的なものではない。

以下に、横領が露見した後、裁判の過程で家庭裁判所による成年後見人選任に問題があったとされた報道について触れる。
　2004年には、被後見人である叔母夫妻の通帳から4000万円あまりを横領した後見人が横領で有罪判決を受けたが、この後見人は借金がありながら、内妻の預金通帳を見せて家裁の審査をごまかしていた（章末文献リスト(3)）。2007年には、福岡地裁における裁判において、熊本家裁ですでに被後見人候補者である叔母の預金から使途不明金を引き出していることを理由に後見人不適格とされた甥が、叔母の住民票を福岡に移し、福岡家裁久留米支部で後見人として選任を受け、その後、被後見人の預金7500万円を横領した事件が報じられている（章末文献リスト(4)）。2011年には、広島家裁福山支部が療育手帳で「精神年齢小学校低学年程度」とされている親族を後見人に選任した結果、この後見人が多額の横領を働いた事例が報道されている（章末文献リスト(5)）。2013年には、後見人に選任された弁護士が、被後見人から、立件されただけで4244万円の横領を働いたとして業務上横領で起訴されている。被告は選任前から1億を超える借金を抱え、税金滞納で都の差し押さえを受けていたにもかかわらず、家庭裁判所はこの弁護士を後見人に指名していた（章末文献リスト(6)）。
　東京家庭裁判所の青木晋判事は、東京家裁後見センターでの審理の実情について、受付当日、担当者が受理面接（即日事情聴取）を行うときに、申請書類の内容を確認しながら家族等の事情を聴取し、その結果を踏まえて鑑定を実施する必要があるかないかについての意見を提出し、担当裁判官が鑑定をするかどうかを決めると述べている（章末文献リスト(7)）。本人調査の要否についても、診断書別紙や即日事情聴取で得られた情報等であるという。東京家裁における即日事情聴取は、通常30分から1時間である（章末文献リスト(8)）。すなわち、東京家裁における審理は、受理当日のわずか30分から1時間の申請者またはその代理人に対する面接調査と持参された診断書によって概ね方向が決まり、その結果、実質的にほとんどの申請がそのまま認容されるということになる。申請者やその代理人が、自分にとって不都合な事実を述べるわけはなく、診断書の内容についても申請者にとって好都合な記述を求めないはずはない。後見等審判における近年の鑑定や本人調査の省略は、後見等審判に関する家事審判規則25条、30条の2、30条の10、83条Ⅱ、93条Ⅱ等）をなし崩し的に無視するものであるが、青木は前掲論文の中で、家事審判法等改正において家事審判規則24条、30条2項を変更して、原則鑑定が必要という記載を削る方

向での改正を主張し、『家庭裁判所の大多数』がそれを支持していると述べている。その理由として、青木は、診断書の提出で判断が可能である場合が多く、鑑定には費用や時間がかかるので、『制度利用者である国民の便宜の観点から』鑑定の要不要については裁判所の適正な判断に委ねればよいとする。図るべきは、申請者の便宜ではなく、被後見人となる人の人権と利益である。

　2011 年に衆議院を通過した新しい家事事件手続法は、後見、保佐にについて原則として鑑定を行うという規定は変更しなかったが、これに対して、横浜家裁判事を務めた坂野は（章末文献リスト(9)）、「新法下における鑑定の運用も、現在と変わりがないものと予想される」として、鑑定を省略する現在の審判の方向が維持されるであろうと予測している。坂野は、鑑定実施率の低下を「認知症や重度の知的障害者など明らかに鑑定を要しないとみられる本人についての事例が実際上高い割合を占めていることの結果である可能性もある」とし、そのことは「本人の年齢、精神障害の種別等からの統計からもうかがわれる」と述べる。認知症を引き起こす疾患にはさまざまな種類があり、精神機能の障害の様態もさまざまである。加えて、認知症の重症度尺度は、介護負担の大きさに連動していることが多く、重症度と精神機能が必ずしも並行していない。医師の専門性にもまったく留意しない診断書と、家裁調査官による、申請者に対する 30 分から 1 時間の面接で、鑑定の要否が分かるという家裁関係者の主張は、司法精神医学の立場からはまったく理解しがたい。

　成年後見における財産管理についても、その運用の的確性を検証するための資料は少ない。最高裁判所の調査によれば、明らかになった成年後見人による被後見人からの財産横領事件は、2010 年に 111 件、11 億 3 千万円、2011 年に 267 件、30 億 9 千万円、2012 年には 575 件、45 億 7 千万円に上る。2012 年における 575 件の内訳は、親族後見 557 件、弁護士 11 件、司法書士 4 件、その他 3 件である（章末文献リスト(10)）。

　こうした横領事件の大部分は、提出された報告書の不備から露見するものであって、家庭裁判所が積極的に調査、監督をして発見するものではない。露見する例の大部分が親族後見人であるからといって、報告書作成に習熟した職業後見人による後見業務が公正に行われているかどうかは保証の限りではない。2011 年に後見人弁護士が横領で起訴された事件において、この弁護士を選任した名古屋家裁の担当者が、横領を見抜くのが遅れたことについて、専門家である弁護士に書類を変造される事態は『想定外』であったとコメントしている（章末文献リスト(11)）。先に紹介した福岡地裁の裁判において、福岡地検は「比

較的簡単に家裁の審査をだますことが可能である」としている（章末文献リスト(12)）。新聞に報道される横領事件は、氷山の一角だと思う方が自然であろう。

3 日本社会の家族状況

　成年後見制度や医療同意の代行が社会的な課題となる背景には、日本社会の大きな変容がある。かつては、制度上の裏付けの有無によらず、意思能力を欠く個人と社会との間の緩衝帯となっていた家族構造の変容である。

　総務省統計局の資料（章末文献リスト(13)）によれば、世帯構成人数は、1980年の3.22人から2010年には2.42人にまで減少した。1人世帯、2人世帯の割合は、1980年にはそれぞれ19.8％、16.8％であったが、2010年には32.4％、27.8％にまで増加した。世帯の経済状況を見ると、世帯構成員の中に就業者のいない非就業世帯数の激増が目立つ。1980年の非就業世帯の割合は9.2％、2010年には30.2％である。こうした世帯構造の変化を起こす要因の中で最も大きいものは、現在なお進行中の人口高齢化である。

　厚生労働省の資料（章末文献リスト(14)）によれば、65歳以上の人のいる世帯の割合は1986年の26.0％から2010年には42.6％にまで上昇した。高齢者のいる世帯のうち、単独世帯は24.2％、老夫婦のみの世帯29.9％で合計54.1％、これに親と未婚の子の世帯18.5％を合わせると、高齢者世帯の72.6％が、家族の介護力、保護力の小さい核家族世帯に生活していることになる。

4 小括

　成年後見制度利用者の大部分は、広範な代理権、同意権・取消権が自動的に付与される後見類型を利用している。被後見人等のうち、65歳以上の占める割合を見ると、男性で66.7％、女性で86.2％に上る。したがって、成年後見人の医療同意について考えるときは、その主たる標的は認知症の高齢者であると考えてよい。

　家庭裁判所による審判では大部分が申請どおり認められている。審判を申請する人として最も多いのは子供で36.1％を占める。後見人等に選任される人との続き柄でも、最も多いのは子であるが、2番目以降は、司法書士、弁護士、社会福祉士が続き、本人と血縁のない第三者後見人が過半数を占めている。申請理由でもっとも多いのは預貯金等資産の保護管理であるが、身上監護、介護保険契約を目的としてあげるものも多くなっている。

成年後見制度を悪用した資産の横領の露見が増加しており、身上監護義務を悪用した高齢者の人権侵害事件も起こっている。明らかに不適切な後見人の選任や、後見業務の管理が不十分であることが、こうした事件の原因のひとつであることは明らかであり、家庭裁判所の審判や後見監視の実効性にはきわめて問題が多い。しかしながら、こうした審判、監督業務について家庭裁判所の危機感は薄く、近い将来、本質的な改善策が提示される見込みはない。

　一方、日本社会の高齢化は加速しており、高齢者1人世帯、高齢者2人世帯、高齢者と未婚の子の世帯を合計すると、高齢者世帯の72.6％を占める。これらの高齢者の生活を支援するための、成年後見制度に対する期待される役割は大きい。

第2節　意思能力に障害がある人の医療同意に関するわが国の現状

1　インフォームドコンセントと代諾

（1）わが国におけるインフォームドコンセントの実態

　侵襲やリスクを伴う医療行為の違法性を棄却する必要条件としてインフォームドコンセントが挙げられることは、今日、自由主義社会の医療界においてはほとんどだれも異を唱えることのない常識になりつつある。インフォームドコンセントという概念の意義が、患者の側からは、自らが医療上の意思決定プロセスに参加する手続きの保証を意味し、同じことを医療者の側から言うなら、訴訟リスクに対する防衛であることは、多くの国々に共通した認識である。

　一方、わが国特異的な状況として、徹底した国民皆保険制度がある。税金を投入し、強制的に徴収される保険料によって運営されている国民皆保険制度下の医療は、他の多くの自由主義社会にはない特異的な医療制度である。National Health Service という皆保険制度を持つ英国においても、医療は、NHS の提供する医療と私的な医療機関が提供する医療の二層構造を持っており、NHS のみに頼る低所得層にとって、医療は半ば公的サービスであるが、一定以上の社会階層にとっては、私的な保険によってまかなわれるサービスである。インフォームドコンセントという概念は、医療サービスが、患者と保険会社と医療機関の、私的な契約関係に基づいて提供されている社会で発展してきたものである。

これに対して、今のところ、保険外の診療をほとんど排除しているわが国において、医療は、厳密な意味では、医療者と患者の個人的な契約に基づくものではない。わが国において、医療サービスは、被保険者である患者と保険者である自治体や健康保険組合の間でやり取りされる。医療機関は保険者に代わって医療サービスという現物を患者に給付し、報酬を保険者から受け取っているに過ぎず、他の自由主義国のように、患者と医療機関と保険会社が、患者の支払う保険料、医療費の多寡によってサービスの多寡を決定しているわけではない。したがって、インフォームドコンセントとは言っても、提示される治療方法は、公的保険者が認める範囲に限られるし、費用負担は自己負担分に限られる。自己負担には上限が決められ、費用負担の大きさが患者の側の治療法選択に与える影響は、他の自由主義諸国に比較すればはるかに小さい。さらに、保険診療の対象となる治療法は、原則として十分なエビデンスのあるものに限られるから、患者の側の判断の範囲は比較的狭い。特に、治癒の見通しが高いときは医療機関と患者の意思が一致しない場合は極めて少ない。したがって、わが国において、インフォームドコンセントが問題になるのは、多くの場合、治療の結果が患者や家族の期待値を大きく下回った場合で、医療事故や医療機関の側の過誤が裁判の争点としにくいときである。

（2）インフォームドコンセントの代行が問題となる場面

　先に述べたとおり、わが国において、現実の問題としてインフォームドコンセントの代行が問題となる場面は、比較的限定されている。

　ここで、成年後見人による医療行為に関する意思決定の代行が必要となる事態を考えてみる。被後見人が比較的若く、疾患が治癒可能なものであるならば、上に述べたような理由から、治療法選択の幅は比較的小さく、経済的な負担を考える必要があまりないから、意思決定の代行者がだれであっても、結果に大きな変化は起こらない。見方を変えると、こうした意思決定の代行なら、客観的にその判断の正しさ、不正さが分かり易いので、だれが行っても大きな違いはない。

　これに対して、治癒の見込みはない場合の延命措置や機能の保持を目的とした治療の場合は、治療法の選択ではなく、その医療措置を行うか否かの意思決定を代行することになる。特に、成年被後見人の多くを占める高齢者の場合、精神機能の障害の原因は認知症のような慢性、進行性に心身の機能を奪う疾患であることが多いので、治療を受けるかどうかの判断は、治癒可能な疾患を含めて、医療行為の治療効果にとどまらず、その後の介護負担や経済的負担など、

複雑な要素の絡み合った非常に難しいものとなる。

　例えば、認知症の高齢者が、徘徊中に転倒して大腿骨頸部の骨折を起こした場合、手術によって歩行機能を回復すれば、徘徊のリスクに加え、転倒のリスクはさらに高まるので介護負担は増えるが、本人の生活機能は明らかに改善する。他方、手術をしなければ患者が歩行機能を回復することは期待できず、家庭では徘徊に対する配慮をしなくてすむようになり、施設介護の場合などは転倒し易い患者を終始見守る必要から解放され、介護の負担が減る。しかし、手術をしなければ寝たきりになるので、本人の生活の質は明らかに劣化し、さまざまな合併症のリスクが高まるから、手術をしないことが患者の余命を短くする可能性もある。

　あるいは認知症が進行してから起こる嚥下障害により誤嚥性肺炎を繰り返す患者に対して、胃ろうを作って栄養を保持するか、何もしないで見守るかという判断の場合、前者であれば患者は生命を維持できるが、後者を選べば患者は遠からず死に至る。見方を変えると、誤嚥のおそれがある高齢者の食事介助は時間がかかり、手間もかかるが、胃ろうからの経管栄養であれば時間も手間も節約できるから、介護にかかる時間や労力は小さくなる。

　このように、進行した認知症患者の歩行機能を維持するか否か、胃ろうを造設して栄養状態を維持するか否かの判断は単純ではない。状況によっては、いずれを選択しても合理的な説明をすることができるので、代諾者の判断の妥当性を客観的に評価することも非常に難しい。意思能力に問題がない人の医療上の選択が、しばしば不合理であっても、本人の選択として尊重される（例えばエホバの証人の輸血の可否）ことを考えれば、代理人のした判断の正しさを客観的に評価することは不可能に近い。成年後見によるインフォームドコンセントの代行をだれがするかが問われるのは主としてこういう事態である。

（3）意思能力を欠く人の医療同意

　わが国において、成年に達した人の医療同意の代行について法的規定がないことは周知の事実である。患者本人に同意能力がないと判断される場合、医療機関は家族の同意を求めるが、この家族同意にも法的裏付けはない。成年後見人の医療同意代行については、立法担当者は、当初より、民意が熟していないという理由でこれを否定している（章末文献リスト(8)・(15)）。精神保健福祉法の規定に基づき、家庭裁判所によって選任された保護者についても、入院の決定と当然それに伴うと考えられる治療以外について、医療同意を代行する権限はないとされる。そもそも、保護者の規定は、2014年4月から施行された新

しい精神保健福祉法からは削除されている。

　もっとも、こうした法律専門家や司法機関の慎重な意見と、厚生労働省の見解は必ずしも一致していない。例えば、一般の医療同意以上に慎重な配慮を要するとされる新薬治験について、厚生労働省が定めたいわゆるGCP（厚生労働省令28号、新GCP）では、『後見人その他これに準じるもの』に代理同意権を与えている。

　治験といういわば人体実験に参加する条件が、成年後見人でよいとする厚生労働省の見解と、成年後見人には医療行為への代諾権が無いとする司法当局の見解とは、明らかに矛盾している。意思能力を欠く人の医療同意代行に関するわが国の状況は、法の欠缺というより、同じ憲法、同じ法制度をいただきながら、管轄する省庁によって矛盾する規定がまかりとおる混乱の中にあるとさえ言える。

第3節　医療行為に関する意思決定代行をめぐるわが国の現実

1　医療行為の種類と代理決定

　医療行為といってもそれによる侵襲、効果はさまざまである。本人に意思決定能力がない場合、他者による同意代行の意義の重大さによって医療行為を区分するなら、第1に、もっとも問題が少ないのは、リスクの少ない予防接種や日常的な侵襲性の低い医療行為（抹消血の生化学的検査、風邪の治療など）、続いて第2に、目の前にある苦痛を取り除く治療（ガン終末期のペインコントロールなど）、第3に、一時的な身体的侵襲を伴うものの、終了後には障害を残さず治癒するもの（比較的早期の胃がん手術など）、第4に、身体的な侵襲や苦痛を伴う検査、第5に、治療による侵襲に加えて、治療終了後もそれまでなかった障害が残る治療（脳の血管障害、一部の整形外科疾患など）、第6に、病気の治療ではなく延命が目標である医療措置で、それを行っても早晩死に至る場合（進行した認知症患者に対する胃ろうの造設など）、第7に、実験的な治療（新薬の治験など）である。

　第1、第2、第3の医療行為については、大部分の場合、わが国の制度下では医療上の利益と患者やその周辺の利益は矛盾しない。したがって代理決定する人の決断の内容を客観的に評価することは容易である。第4の侵襲あるい

は苦痛を伴う検査については、検査の放棄は、疑われている深刻な疾患の治療の放棄と同じことである。検査をしないという選択は、その結果、精神機能が健康であれば楽しめたはずの命が短縮される可能性があるので、判断する人は延長されるかもしれない生活、検査をしなかった場合生じるかもしれない病気による苦痛など、不確実な要因を総合的に判断しなければならず、判断には困難を伴う。第5および第6の医療行為については、治療の結果がより明確であるという点で第4の医療行為とは異なるが、治療後の介護負担、経済的負担をだれが負うかが代理判断をする人の決断に影響する。第7の実験的な医療については、本来、最も慎重な配慮がなされるべきであるにもかかわらず、厚生労働省が独自の見解を示していることを先に述べた。

2　意思能力減退のありかた

　患者の意思能力が問題になる事態は、大きく2つに分けられる。第1は、意思能力の喪失あるいは低下が一過性である場合である。身体疾患（脳の疾患を含む）に起因する意識の消失、激しいストレス下で著しい混乱状態にある人、寛解期には正常な判断力を取り戻すことが推測される精神疾患などがこれに当たる。第2は、意思能力の喪失あるいは低下が、恒常的な場合である。精神発達遅滞、寛解が期待できない重症の精神障害、認知症、さらには遷延し症状が固定した意識障害や、覚醒するが精神活動が観察できない、いわゆる植物状態などがこれに入る。

　急性、一過性の意思能力低下であれば、身体医学的、精神医学的な介入が意思能力を回復するための手段になるので、医療行為の選択の余地は比較的小さく、かつ、目的は意思能力の回復以外にありえないので判断は容易で、代行判断の正しさを第三者の視点から検討することも難しくはない。急性の意思能力低下であっても、生命予後が不良の場合あるいは本人の事前の意思などを参考に意思決定を代行することができる。

　他方、アルツハイマー型認知症のように、意思能力が恒常的に低下するものの、その原因となった脳疾患について言えば短期的には生命予後が悪くない場合、問題はより複雑になる。本人に自立した生活が困難であれば医療行為の可否に関する判断は、生命予後、その後の生活の質、生活を支援するための周囲の人の負担、健康保険財政を含む社会的な負担などによってさまざまに変化する可能性がある。さらに、恒常的な意思能力の低下は、同時に人格の変化を伴うことが多いから、事前指示に対する信頼性にも疑問が生じる。ガンの終末期

医療などにおいて、本人の事前指示（リビングウイル）が重要であることは、病気の終末期に意識障害等によって急性に意思能力を失っても、本人が事前指示をしたときとほぼ同じ人格が保たれていると想定できることによる。さらに、その指示を決定したとき、患者は、これから起こる状況を概ね正しく把握している。一方、アルツハイマー病を例にとるなら、意思能力低下の過程で、人格変化は必ず起こるものだから、健康なときの判断に対する責任をそのまま、病的に変化した人格に負わせてよいものかという問題が生じる。「認知症になってまで長生きしたくはない」というのは健康な人の意見であって、認知症が進行した後、そのときの人格と認識能力の下で、自分が周囲と自分自身をどのように認識し、どう感じ、いかなる決定をするかはだれにもわからない。そうした人たちに対して、健康なときに表明した意思に従うことを強制するのは明らかに誤っている。さらに、意思能力を喪失してから年余にわたって生きることも珍しくないので、その間に医療技術の進歩や経済情勢の変化などが起こっている可能性が高い。したがって、認知症患者の終末期になって、患者が健康であった何年も前の事前指示に従うことは、必ずしも合理的な判断とはいえない。

3　代行決定者が決まらないために起こっていること

　インフォームドコンセントの手続きが、医療機関側の訴訟リスクを軽減しているという側面がある以上、インフォームドコンセントを得にくい事例では、積極的な医療手段が採用されにくいといった事態は容易に推測できる。

　水野（章末文献リスト(16)）は救急専門医、循環器内科専門医、研修医、特養職員に半構造化面接を行い、認知症高齢者の急性期医療の実態に関する予備的な調査を行った。その結果、医師が同意書への署名にこだわり、法的な有効性を考慮せず、本人が署名できなければ付き添ってきたヘルパーの、施設入居者や精神科病院入院患者の場合は、施設長や精神科の主治医の署名で治療を行っているという実態を明らかにした。さらに、これらの医師の経験から、施設入居者、精神科病院入院患者については、家族と連絡がついても家族が積極的な治療に同意しないことが少なくないこと、家族の反対のために回復の可能性が高くとも治療に踏み切れない事態があること、家族と同居する認知症患者と施設に入居する認知症患者、健常な高齢者と認知症の高齢者の間に医療ギャップがあることなどを指摘した。医療機関が家族の意見に配慮せざるを得ないのは、急性期病院での治療のあとの、ケア、転院、費用の支払いなど、家族の協力がなければできないことが多いという理由による。

予備的な面接に続いて、水野（章末文献リスト(17)）は、専門の異なる全国の医師 3200 人に認知症患者の身体医療に関するアンケート調査を行い、643 人（20％）から回答を得た。その結果、胃がんが疑われる場合の内視鏡検査、切除すれば予後良好と思われる胃がんの手術について、同居家族がいる場合は 95％の医師が家族の同意を得て実行するとしているのに対して、身寄りのない特養入居者については、医師の裁量で実行するとしたものは内視鏡検査で 33％、胃がんの手術で 18％に留まり、施設長などの同意を得て実行するという割合を加えても、同居家族のいる場合の 95％には遠く及ばなかった。

回答した 643 人の医師のうち 469 人（73.0％）が家族の同意を得る際に困った経験を持ち、過半数の医師が、本人の意思能力が不十分な場合の意思決定のあり方について不安を抱きながら仕事をしていると回答した。家族に関する困難（複数回答）では、緊急時に所在が分からなかった（57％）、家族の意思決定に時間がかかった（47％）、家族間の意見が一致しなかった（42％）、合理的な理由なく治療を拒否された（41％）、費用負担や介護負担などの都合で治療への同意が得られなかった（40％）、家族と患者の利害の対立があった（32％）などである。

水野の研究の結果をこれのみで一般化することにはリスクを伴うが、こうした実態調査は少なく、ここにあげられた、家族とのトラブル、意思決定代行者がいないための医療現場の混乱、不安は、筆者を含む臨床医がだれでも経験していることであるから、一般化が困難なほど偏倚したデータであるとは言えない。

4　小括

医療サービスの大部分が、被保険者である患者と、保険者である自治体や健康保険組合の間の契約に大きな制約を受けるわが国の医療の状況を考えると、患者にとっても医療機関にとっても、治療法の選択という側面は極めて限定的で、インフォームドコンセントは主として事前の説明に患者側が納得していたという医療機関側の免責の手段という側面が強い。

わが国で、患者自身の意思能力が損なわれているためにインフォームドコンセントの代行が問題になるのは、医療行為後の生活に介護負担や経済負担が伴う場合で、こういう場合の判断には、さまざまな要因が絡んでいるため、代行決定の正しさを検証することが難しい。

意思能力の低下が急性のものである場合、あるいは一過性である場合は、代

行決定の質の評価は比較的たやすい上に、リビングウイルのような事前に示された本人の意思に従うことは合理的であると言える。一方、認知症のように、意思能力を喪失した後の時間が年余におよぶ状態では、事前の指示に従うことは必ずしも合理的ではない上に、医療上の判断に関連する要因が複雑で、代行決定の質を客観的に評価することは非常に難しい。

　現在の医療の現場では、法的な代諾者が決まっていないために、認知症の高齢者の身体疾患の治療、終末期の医療などに際して、家族の有無、施設入居者か在宅生活者かの区別などによって、受けられる医療サービスに差が生じている。家族がいる患者の場合でも、多くの医師が家族との意見調整に困難を感じており、こうした状況に不安を抱えて医療行為を行っている。

第4節　認知症終末期の医療——医療方針決定の難しさ

1　【事例2】　E　86歳　男性　アルツハイマー病

　Eは86歳の男性、自分の代で興した会社が成長し、いくつかの企業グループの会長をしている。妻、長男、次男はそれぞれグループ企業の社長をしているが、特に長男はその中心となる会社の社長として実質的にグループを牽引している。

　Eは70歳代半ばでアルツハイマー病と診断された。85歳ごろには食事摂取が難しくなり、しばしば誤嚥性肺炎を繰り返すようになっていた。このとき、すでにアルツハイマー病は終末期で、脳の全般的委縮は顕著、精神活動はごく限定的、合目的的な運動はほとんどできず、全てに介護を要する状態で、専門病院に入院してケアを受けていた。

　主治医はEの妻に対して状況を説明し、経管栄養を行わなければ1、2か月のうちに死に至ると告げた。妻は主治医に対し、Eの人生を振りかえり、「これまで十分がんばって生きてきた人だから、もうこれ以上、がんばってもらわなくて良い」と語り、経管栄養を行わずに自然経過に任せることを希望した。一旦、そうしたケアの方針が確認された後、休日、主治医不在のときにEを見舞った長男は、看護師に対して、「会社の資金ぐりが厳しく、Eの名前がなくなれば金融機関の態度が変わる恐れがある。経管栄養で3か月でも6か月でも命が維持できるなら、そうしてもらいたい」と語った。このため、主治医は、再度、Eの妻と協議し、経管栄養を開始することとなった。

経管栄養によって栄養状態を改善したEはその後、15か月生きた。最期の6か月あまりは、精神活動を観察できず、四肢関節は固縮して自動運動は消失していた。死後、妻と長男はそれぞれ、病院に対して謝辞を述べた。

2 【事例3】 F 80歳 男性 レビー小体型認知症

Fは公務員として生活し、定年後は妻と2人で年金暮らしをしていた。娘が1人いるがすでに結婚して別世帯を構えている。70歳代前半に認知症を発症、74歳の時、アルツハイマー病の診断を受けた。死亡年の5月、介護困難で認知症専門病院に入院した。

入院時診察でレビー小体型認知症と診断が変更になった。入院時、歩行機能をはじめとする運動機能は保たれており、パーキンソン症状は目立たなかったが、精神機能に動揺が大きく、妻を認知し合理的な会話ができる日もあれば、妻が病棟に見舞いに来ていても意に介さないそぶりを見せることもあった。入院2か月が過ぎた7月ごろから、嚥下状態が不良になり、しばしば誤嚥性肺炎を繰り返すようになった。嚥下し易い食物を看護師が1：1で介助して食事をしたが、運動機能は保たれ、それなりの精神機能も保たれていたので、空腹を訴えては他の患者の食事を奪って食べ、頻繁に誤嚥を繰り返した。

8月12日、主治医、担当看護師、内科医が、妻、長女と面談し、状況を説明し、胃ろうによる栄養の可能性を説明した。家族は、認知症が発症してからこのときまでの本人の苦悩を語り、延命によってFが幸福を感じる時間が長くなるわけではないのなら、自然の経過で、という希望を述べた。

病棟のスタッフは、慎重な食事介助を行ったが、摂取できる食事量は徐々に低下した。他方、Fは空腹を訴え、食事の時間になると、部屋から食堂に出ようとし、食べられるものを見つければ盗食して誤嚥を起こすということを繰り返したが、徐々に体力が低下して臥床したままになり、10月13日に死亡した。

3 【事例2】、【事例3】に関する考察

【事例2】、【事例3】は、家族内に感情的な対立がなく、医療機関との間に信頼関係があったという点では、治療方針の決定がしやすい事例ではあった。

アルツハイマー病において、経口摂食が難しくなるのは、心身の障害が重篤になるのとほぼ同じ時期である。こうした時期になって、【事例2】のように、親族の一方が自然経過を、他方が積極的な延命を求める場合、医療機関は延命の方針に従わざるを得ない。この種の決定は、きわめて主観的なものであり、

133

合理的なエビデンスで選択できるものではない。会社の資金繰りのために延命を求めた長男の主張は、当初、病棟スタッフの反感を買った。しかしながら、この事例では、妻も長男の決定に従ったし、患者自身に意思表示の能力があれば、長男と同じ意見であったろうことは推測するに難くない。したがって、この決断を長男の身勝手ということはできない。それを考えるなら、ほとんどあらゆる精神活動、自発的な身体運動を失ってなお経管栄養によって生き続けた姿を、尊厳がない死に方とは軽々しく非難できない。

【事例2】に問題があるとすれば、精神活動も自発的身体活動もほとんど見られない症例に、医療保険を使って延命を行うことが正しいかどうかということである。

【事例3】は、身体機能や精神機能の障害が終末期に至る前に、嚥下機能の障害が起こることがあるというレビー小体型認知症特有の経過のために、文字通り、飢え死にする人を見守るという結果になり、職員、家族の心理が大きく揺れた。経過中、病棟職員からは、方針を変えて胃ろうを造設しては、という意見が一度ならず起こったが、家族からの提案があれば考えるという方針で経過を見た。

病室に家族がいるときは、必ず病棟職員が声をかける、病棟職員が付き添って自宅に帰るといった方法で家族を支え、最終的には静かな死を迎えたが、こうした方針が正しかったか否かは判断することが難しい。

筆者がかつて勤務した、認知症患者が大部分を占める老人病院に入院中の患者の家族の83%は、認知症終末期には自然死を希望し、蘇生術を含む積極的な医療を希望する家族は4%に留まった。しかしながら、そもそも、認知症については「終末期」の定義があいまいである上に、「自然死」を希望した家族の中には、経管栄養はいやだが抹消からの点滴による補液はしてほしいと希望する家族も多く、自然死という言葉から想像される経過も人によってさまざまである。

筆者らが東京都内の老人病院で死亡した認知症患者310例について、死亡前24か月の検査データを調べたところ、肝機能、腎機能、心肺機能などに関する検査所見は、死亡直前まで大きな変化がなく、死亡前2か月以内で急激に悪化していた。患者の内訳は男性87人、女性223人、平均死亡時年齢88.4歳、認知症の患者が大部分を占めている。剖検が行われていないので正確な死因は確定できないが、最も頻度が高いのは肺感染症である。死亡前2年間の経過中、死亡前5か月前から呼吸器感染症の頻度が高まり、3か月前、2か月前、1か

月前と頻度が急上昇する。他方、心疾患、脳血管障害等は死亡前1か月に高頻度に見られる。すなわち、嚥下障害による誤嚥性肺炎を死因とする患者は、感染症が増加しはじめて5か月ほどで死亡する場合が多く、心疾患や脳血管障害で死亡する患者は病変の発症後1か月で死亡しているものと考えられる（章末文献リスト(18)）。

　以上の結果からは、認知症患者の死亡原因としては、誤嚥性肺炎による者が多く、他には急性に起こった心疾患、脳血管障害、慢性に進行した癌その他がある。誤嚥性肺炎は嚥下機能の低下によって生じ、死亡前5か月から加速度的に頻度を上げてやがて死に至る。上記の死亡例のうち、経管栄養を行っていたのは7.1％のみであるから、誤嚥性肺炎で亡くなった患者の中には、上記の【事例2】のように経管栄養によって生命予後が延長した可能性のある患者があったはずである。

　認知症の終末期における嚥下障害に対処するために経管栄養を行うことが、どの程度の延命につながるかは評価が難しい。認知症終末期に経管栄養を行うことはわが国以外では一般的でないから、海外のデータを援用することはできない。わが国の実情を知るためにもっとも優れた研究は、鳥取市立病院における311例の調査である。これは、同一の施設で施術されており、症例に関する情報の質も均一であると考えられる（章末文献リスト(19)）。この研究によると、認知症群の生存期間中間値は415日、非認知症群では312日、1年生存率は認知症群51％、非認知症群49％、3年生存率は認知症群24％、非認知症群29％である。【事例2】の生存が経管栄養開始後15か月であったから、ほぼ標準的な生存期間であったといえる。【事例3】は、経管栄養の是非を検討してから3か月で死亡しているが、胃ろうの造設を行えばさらに1年以上の延命は可能であったかもしれない。その延命期間が、妻が述べたように、患者自身が幸福を感じられる時間であったか否かは判断のしようがないが、少なくとも、【事例3】において、患者自身は、歩けなくなるまで食べる意欲を失ってはいなかったし、そういう意味では生きる意欲を旺盛に示していた。

第5節　成年後見人による医療同意

1　医療上の意思決定代行が困難であるわけ

　医療上の意思決定は、患者自身の人権に関わる問題である。同時に、臨床上

の意思決定は、純粋な意味で、個人の人権理論だけで割り切れるものではない。いくら人権が守られても、その後の生活ができないのでは何にもならない。自ら意思決定をなす自律を失った人は、選択の結果に対して自ら適応する自立も損なっている。1つの医療行為に関する意思決定の代行が、その後の生活支援に関する配慮と切り離しては行いえないところに、医療上の意思決定代行の難しさがある。

　意思能力を欠く人の医療、福祉において常に問題になる個人の自由権と、社会権の相克である。自由権を尊重しすぎれば、憲法が保障する健康で文化的な最低限の生活を営む権利が損なわれる。いわゆる破滅権を認めるとしても、意思能力のある人が破滅に至る選択をするのと、認知症等で意思能力が不十分な人がそうした選択をするのとでは意味が違う。状況を理解しない人が結果的には死を早めることになる方法を強く希望するとき、代諾者が被保護者の破滅、死に至る選択を支持してよいのだろうか。

　医療上の意思決定は、結果として、周囲の人や社会全体の権利、あるいは自由との相克をはらんでいる。意思能力を欠く人の希望を満たすことで、介護負担、経済的負担を負うことになる家族に配慮する必要はないのだろうか。個人の希望を満たすことによって生じる医療保険や介護保険給付の増大等、周囲の人や社会全体の利害との調整も常に求められる。

　健康な個人は、自分の選択について責任を負い、選択の結果生じた不利益は自分で引き受けることになる。こうした権利の衝突、利害の対立を自分の意思と行動で統合するのが独立した個人のあるべき姿である。しかし、意思能力を欠く、すなわち、自律を欠く個人にそれを求めることはできないし、当然のことながら、代諾者にもできない。

　さらに、自律的な人においても、医療上の意思決定はしばしば合理的、客観的な判断ではない。しかしながら、自律を失った患者の主観的決定に、本人の責任を問うことはできない。他者による代諾は、当然のこととして、本人の主観的判断とは異なる判断になる。これを代諾と呼んでよいのかが問われる。

2　成年後見人等の医療行為に関する代理意思決定権に反対する理由

　意思能力を欠く人の医療同意権を成年後見人に与えよという主張に筆者は反対している。その理由について述べる。

　第1に、親族であれ第三者であれ、大部分の成年後見人等は、医療手段の選択において、被後見人等と利益相反があるということである。成年後見人の

約半数を占める家族のうち、最も多いのは子であることが示すとおり、親族後見人等の大部分は推定相続人である。推定相続人は、被後見人等が長生きするほど相続財産を減らすことになる。一方、過半数を超えた第三者後見人は、被後見人が生存する限り後見報酬を受け取ることができる。すなわち、親族後見人は、被後見人の生存期間が長いほど相続財産を減らし、第三者後見人は生存期間が長いほど受け取る報酬が大きくなる。こうした状況下で、生命予後に関わる決定を成年後見人等に委ねてよいものだろうか。

　第2に、現在のわが国の状況では、先に述べたとおり、成年後見人による被後見人の資産横領が無視できないほど頻繁に起こっているにもかかわらず、監督する家庭裁判所の体制はきわめて脆弱で、この問題が近い将来解決される見通しがないことである。すなわち、成年後見人等が誠実に被後見人のために働いているという保証がない。しかも、成年後見制度の適正な運用が行われているか否かについて、第三者が客観的に評価する道がない。

　第3に、成年被後見人等の多くを占めるのが高齢者で、医療手段の選択が生命予後の選択と直接結びつく場合が多いということである。同意書への署名にこだわる現在の利用の状況を考えれば、成年後見人等に代諾権を与えるということは、治療に対する拒否権を与えることに等しい。医療同意が、医的侵襲に対する訴追を免れるための防御という側面を持つ以上、医療者が、後見人等の主張が不合理であると考えても、それを覆して延命につながる医療措置を決断するとは考えられない。

　これらの理由によって、筆者は、現在の成年後見制度の下で、成年後見人等に排他的な代諾権を与えることには絶対に賛成できない。成年後見人は、被後見人のあらゆる経済活動について同意権・取消権を持ち、ほとんどあらゆる法的権限について代理権をもっている。それに対する監視がまったく不十分であることはすでに述べた。そうした状況で、被後見人の生殺与奪の権限まで与えるということは、被後見人の権利擁護の観点から容認しがたいといわざるを得ない。

第6節　意思能力を欠く人の医療同意について
　　　　――まとめに代えて

　先に述べたとおり、成年後見人の代理同意を論じる以前に、そもそも、個人の医療同意を他人が代理できるかという問いに対して、筆者の見解は極めて否

定的である。

　加えて、家の保護を主目的とした旧民法に根ざし、その骨格を色濃く残しているわが国の成年後見制度は、依然として資産を保護するための制度であり、成年後見人は、被後見人のあらゆる財産を管理し、法律行為を代理することができる。こうした枠組みの中にある成年後見人に、現在の極めて貧弱な監視体制の下で、医療上の代諾権までも与えるのは危険なことである。

　医療同意は本人以外にできない、成年後見人に医療同意に関する代理を任せることは危険であるという前提に立って、筆者は、意思能力を欠く人の医療同意について以下のように考える。

　健康な人の医療上の意思決定が客観的な事実の理解のみならず、本人の主観を強く反映したものである以上、本人以外がこれを代理することはできないので、当面、現実的なのは、医療上の意思決定は医療機関に任せることである。

　医師は家族その他の関係者から、患者の個別の状況を聞き、協議して意思決定を行う。協議に応じる親族や関係者がいない場合は、医学的な妥当性を中心にして判断を下せばよい。

　現在のわが国の医療保険制度は、いわゆる過剰医療によって医療機関が収益を増やそうとすることに対しては何重ものセーフガードを備えている。もちろん、医療機関の決定を事後的に審査する第三者機関を設ける必要はあるだろう。わが国において、この第三者機関は司法機関である必要はない。むしろ機動的で迅速な判断が可能な構成にすべきであろう。第三者機関は医療の専門家だけでなく、非専門家の立場から判断ができる人を含み、医療機関の判断を審査する際の基準はあらかじめ示され、審査の経験を経てさらに基準を豊かなものにしていく必要がある。

　少子高齢社会の将来を考えれば、成年後見制度に代わり、身上監護を主目的とした、公的なソーシャルワーカー制度が検討される必要がある。こうした制度は、現行の成年後見制度の枠組みから生み出すより、介護保険のケアマネージャーの発展形と考えた方が良い。そうしたソーシャルワーカー制度に求められるのは、身上配慮義務と同時に、限定的な身上監護権である。身上監護権の中には、居所指定につながる施設契約、医療上の代理同意も含むが、これらの権限を行使する際の原則、決行する場合の法的な手続き、本人の異議申立ての手続き保障をあらかじめ示す必要がある。ソーシャルワーカーには、医療上の決定に関与する権限を与える必要があるが、この場合も、拒否権に通じる決定権を与える必要はない。そうしたソーシャルワーカー制度には、本人の生活の

ために、本人の資産を使用する権限も与えなければならないが、現行の成年後見制度のような、一個人、一機関が被後見人の資産に関する全権を持つような制度であってはならない。ソーシャルワーカーの報酬は、世話される個人と利益相反が生じないよう、慎重に制度設計が行われなければならない。

章末文献リスト
(1) 最高裁判所事務総局家庭局：成年後見関係事件の概況―平成24年1月〜12月 www.courts.go.jp/about/siryo/kouken/
(2) 坂野征四郎：成年後見関係事件にかかる審判実務と家事事件手続法．実践成年後見 (39)：13-18, 2011
(3) 朝日新聞 2004年7月16日, 朝刊, 埼玉版, p29
(4) 朝日新聞 2007年2月9日, 朝刊, 社会面, p27
(5) 朝日新聞 2011年6月16日, 朝刊, 地方版, p35
(6) 読売新聞 2013年6月8日, 朝刊, 東京版, p39
(7) 青木晋：家庭裁判所における成年後見等開始の審判実務：現状と課題．法と精神医療, 26：105-115, 2011
(8) 東京家庭裁判所後見問題研究会：東京家裁後見センターにおける成年後見制度の運用のしくみ・方策等．判例タイムズ臨時増刊 1165, 2005
(9) 坂野征四郎：成年後見関係事件にかかる審判実務と家事事件手続法．実践成年後見 (39)：13-18, 2011
(10) 北海道新聞 2013年8月26日, 朝刊, 全道遅番, 社会面, p35
(11) 朝日新聞 2010年7月2日, 朝刊, 社会面, p35
(12) 朝日新聞 2004年7月16日, 朝刊, 埼玉版, p29
(13) 総務省統計局統計調査部国勢統計課：国勢調査報告．www.stat.go.jp/data/nenkan/zuhyou/y0216000.xls
(14) 厚生労働省：平成22年国民生活基礎調査の概況, www.mhlw.go.jp/toukei/saikin/hw/k-tyosa/k-tyosa10/1-2.html
(15) 法務省民事局参事官室：成年後見制度の改正に関する要綱試案補足説明, p39-43, 1998. および小林昭彦, 大門匡編著：新成年後見制度の解説, 金融財政事情研究会, 2000
(16) 水野裕：痴呆性高齢者の医療行為におけるインフォームド・コンセントに関す

る研究．厚生労働科学研究費補助金　効果的医療技術の確立推進臨床研究事業（痴呆・骨折分野）痴呆性高齢者の権利擁護（H13-痴呆・骨折-005）平成13年度〜15年度総合研究報告書, p296-303, 主任研究者：齋藤正彦．2004
(17) 水野裕：痴呆性高齢者の医療行為におけるインフォームド・コンセントに関する研究．厚生労働科学研究費補助金　効果的医療技術の確立推進臨床研究事業（痴呆・骨折分野）痴呆性高齢者の権利擁護（H13-痴呆・骨折-005）平成13年度〜15年度総合研究報告書, p303-314, 主任研究者：齋藤正彦．2004
(18) 齋藤正彦, 犬尾英里子, 小川公啓：痴呆性高齢者の終末期医療の標準化に関する研究―老人病院における痴呆終末期医療の解析―．厚生労働科学研究費補助金　効果的医療技術の確立推進臨床研究事業（痴呆・骨折分野）痴呆性高齢者の権利擁護（H13-痴呆・骨折-005）平成13年度〜15年度総合研究報告書, p7-24, 主任研究者：齋藤正彦．2004 および齋藤正彦：認知症終末期の医療に関する研究．精神医学の方位, p175-181, 坂口正道, 岡崎祐士, 池田和彦編, 中山書店, 2007
(19) Higaki F, Yokota O, Ohishi M : Factors predictive of survival after percutaneous endoscopic gastrostomy in the elderly ; Is there really a risk factor? Am J Gastroenterol, 103:1011-1016, 2008

第 2 編

イギリスとオーストリア・スイスにおける医療代諾権制度

第2編　イギリスとオーストリア・スイスにおける医療代諾権制度

第2編について

　本編では、中堅・若手の研究者に比較法的研究の成果を公表していただいた。最初は、リップ教授の講演（前掲）の際に、新進気鋭の研究者に、補足的に各国の制度を紹介していただいた（その際には、フランスとアメリカの報告もあった）が、本書の出版に際して、それぞれが多忙であるにもかかわらず、原稿を本書の出版に間に合わせてくださった。

　イギリスはコモンロー（判例法重視）の国であり、オーストリアおよびスイスは大陸法系の国であり、制定法主義の国である。そのような意味での比較も興味深い。

　判断能力の不十分な人の医療同意をめぐる法的規制のあり方をめぐっては、アイデアとしては、すでにさまざまな紹介がなされているが、その国の歴史的・社会的実態を踏まえた研究は決して多くはない。日本の新しい立法に際して参考にするには、その国の実態との関係で検証された考え方を知る必要がある。そのうえで、その方法が日本の社会に適用できるか否かを考えるべきであろう。

　また、この問題は、医学はもとより、生命に関する哲学や倫理学にも関連するので、法制度的研究は研究領域の一端を担うにすぎないことはいうまでもない。それを前提としつつ、われわれは、今後とも、この一端を粛々として担って行きたい。

（田山輝明）

第 1 章

イギリス法における
精神能力を欠く成年者の医療の決定

　イギリス[1]には、自己の財産および身上の福祉（personal welfare）に関する事項を自分自身で決定する能力を欠く者[2]のために、それらの事項をどのように決定するべきかを定めた制定法上の枠組みとして、2005年精神能力法（Mental Capacity Act 2005、以下2005年法とする。）[3]がある。本法が適用の対象とする身上の福祉事項には、医療行為も含まれている。そのため判断能力の減退により、必要とされる医療行為に同意することができない者に対して、その行為を実施するか否かは、本法の規定にしたがって決定されることになる。この点においてイギリス法は、判断能力を欠く者の医療の決定について明確な規定を持たないわが国の法制度とは異なっており、注目に値しよう。

　本稿では、2005年法の下で、医療同意に必要とされる判断能力の定義および判定基準を明らかにし（第1節）、患者がその能力を欠く場合、誰が（第2節）、どのような基準にしたがって本人に代わって決定することができるとされているのかを整理する（第3節）[4]。最後に、2005年法について障害者権利条約と

[1]　本稿では、イングランドおよびウェールズを指す。
[2]　2005年法は、16歳以上の者に適用される（2条5項）。なおイギリスにおいては、一般の成人年齢とは関係なく、16歳以上であれば医療同意能力があると推定される（1969年家族法改正法第8条）。したがって、本来であれば単独で有効な医療同意を行うことができる者が判断能力を欠く場合、その医療の決定において2005年法が適用される。
[3]　2005年4月1日国王裁可、2007年10月1日施行。本法の規定および実務規程（Department for Constitutional Affairs, "Mental Capacity Act 2005 Code of Practice", (2007)）の邦語訳として、新井誠＝紺野包子『イギリス2005年意思能力法・行動指針』（民事法研究会、2009年）がある。実務規程とは、法務大臣（Lord Chancellor）の責任の下（2005年法42条）、本法に基づいて諸義務や諸機能を課された者のために提供されたガイダンスである。
[4]　本稿は、イギリスにおける判断能力を欠く成年者の医療の決定に関する現在の法状況を

143

の関連で指摘されている課題を示して、むすびにかえたい（第4節）。

第1節　医療同意能力

　イギリスにおいて、自己の身体に対して何が行われるかを決定することは、自己決定の原則から導かれる基本的な権利とされてきた。判断能力を有する患者は、それがいかに不合理であろうとも、自身の延命のために行われる治療またはケアを拒否することができる。患者のケアに責任を負う医師は、たとえ当該治療拒否が本人の最善の利益であると思われなくとも、その希望を実行しなければならない。患者は、医師が提案する治療を拒否するか、あるいは同意する絶対的な権利を有するものとされている[5]。

　したがって、医師は、倫理的な観点からだけでなく、法の下でも、能力を有する患者に対して処置を施す場合、必ず、事前に患者の同意を得なければならない[6]。ところが、自身が受けるべき医療について決定する能力を喪失している患者からは、同意を得ることができない。そのような場合、いかにして当該患者に適法な医療行為をなすことができるのかが問題となる。その問題を検討する前提として、患者が有効な同意を行うためにどのような判断能力が必要とされるかを考える必要があると思われる[7]。

　　　紹介するにとどめるものである。2005年法制定前の成年者の医療同意に関する判例法理の展開については、三木妙子「イギリス判例法における精神障害者の不妊手術」唄孝一＝石川稔編『家族と医療』（弘文堂、1995年）69-106頁、今井雅子「イギリスにおける患者の治療拒否―帝王切開の事例をてがかりに―」比較法第37巻49-86頁（1999年）等を参照。また、2005年法については、本制度を通じて分析する菅富美枝『イギリス成年後見制度にみる自立支援の法理』（ミネルヴァ書房、2010年）を参照。
〈5〉　Sidaway v Board of Governors of the Bethlem Royal Hospital and the Maudsley Hospital [1985] AC 871, 904F-905A; Re T (Adult: Refusal of Treatment [1992] EWCA Civ 18, [1993] Fam 95, 102D-F; Airedale NHS Trust v Bland [1992] UKHL 5, [1993] AC 789, 864F; Re MB [1997] EWCA Civ 3093, para 17, [1997] 2 FCR 541, 549.
〈6〉　同意を欠いて他人の身体に侵襲する行為は、不法な身体的接触となり刑事上及び民事上の責任を負う可能性がある。適法に他人の身体に触れるには、患者本人もしくは患者の代わりに同意する権限をもつ第三者の同意または必要性の抗弁がなければならない。See for example, Re F (Mental Patient: Sterilisation) [1990] 2 AC 1; Ms B v An NHS Hospital Trust [2002] EWHC 429 (Fam), [2002] 1 FLR 1090.
〈7〉　See, British Medical Association et al., ASSESSMENT OF MENTAL CAPACITY: GUIDANCE FOR DOCTORS AND LAWYERS, (3rd edition, 2009), p 123; Herring, J., MEDICAL LAW AND ETHICS, (5th edition, 2014), p 149.

1　精神能力に関する一般原則

　まずは、2005年法に規定される能力に関する一般的な原則および判定基準をみていこう。この法律が掲げるもっとも重要な原則の1つに、能力推定の原則がある。この原則は、「人は、能力を欠く状態にあることが証明されない限り能力を有すると推定されなければならない」とする本法1条2項にあらわれている。ここでいう、「能力を欠く状態にある」か否かは、さらに2段階の基準にしたがって判定される。

（1）精神または脳の損傷または機能的な障害の有無

　第1に、「精神または脳の損傷（impairment）または機能的な障害（disturbance in the functioning）」があるかどうかが検討される（2条1項）。精神または脳の損傷または機能的な障害には、たとえば、精神障害、認知症、重度の学習障害、長期間にわたる脳の損傷、せん妄、頭部損傷に伴う脳震盪、アルコール・薬物による症状、および精神錯乱、眠気または意識喪失を引き起こす身体的または精神的な状態が該当するとされる[8]。

　その症状が、恒常的であるか一時的であるかは問題ではなく（2条2項）、精神または脳の損傷または障害によって、「ある特定の事項に関して、その決定が必要となるときに（at the material time）、自分自身で決定することができない場合」、人は、問題となっている事項を決定する能力を欠くものとされる[9]。

　能力を欠くことの証明は、「(a) 本人の年齢若しくは外見、又は (b) 本人の能力について第三者に不当な推定を与える状態（condition）若しくは行動の一部」に言及するだけでは、なされない（2条3項）。「自分自身で決定することができない」状態にあるかどうかは、つぎの3条1項に示される「能力の判断基準」にしたがって判定される。

（2）自分自身で決定することができない状態にあるかどうか

　「精神または脳の損傷または機能的な障害」があることが証明されたならば、第2に、自分自身で決定することができない状態にあるかどうかが問題となる。本法が定める能力の判定基準によると、「(a) 当該決定に関連する情報を理解すること、(b) その情報を記憶にとどめておくこと、(c) その情報を当該決定

〈8〉　Code of Practice, op. cit., note (3), para 4.12.
〈9〉　人が、能力を欠くことの立証基準は、蓋然性の均衡基準（on the balance of probability）である。人が、問題となっている決定を行う能力を欠いている可能性が、能力を欠いていない可能性よりも高いことが示されなければならない。

の過程の一部として使用もしくは衡量すること、または、(d) 自らがなした決定を伝達すること（会話、手話、その他あらゆる手段を用いて）」（3条1項）のいずれかができない者は、「自分自身で決定することができない」状態にあるものとされる。

　能力を欠くとする判断は、本人の決定を支援するためのあらゆる実行可能な方法が尽くされて、なおそれらが悉く不成功に終わった場合にはじめてなされるものである（1条3項）。実務規程には、そのような支援の例として、手話やボディーランゲージ等の言葉を使わないコミュニケーション手段を試したり、写真や絵を使って、人が、情報にアクセスしやすいような工夫をしたり、能力を向上させるような治療や教育プログラムを試すことがあげられている[10]。

　また、人は、賢明でない決定を行ったという理由だけで意思決定を行うことができないものと判断されない（1条4項）。これは、自律性を奪うことが避けて通れないものでない限り、人は、自律性を奪われないという理念に基づいた原則である。自律性の中には、賢明でない決定を行う権利も含まれている、と考えられている[11]。

2　医療同意能力

　前述1で明らかにした2005年法の原則を医療の場面にあてはめると、医療同意能力については、次のような一般的な基準が導かれるであろう。すなわち、提案されている治療の決定において、「あらゆる実行可能な方法」による支援を受けたにもかかわらず、「精神または脳の損傷または機能的な障害」によって、自己の受ける医療に関する情報を、理解したり、記憶にとどめたり、決定の過程の一部として使用もしくは衡量したり、自らの決定を伝達したりすることのいずれかができないことが証明された場合、患者は、当該医療について判断する能力がないものとされる。また、このようなプロセスを経て、能力がないことが明らかにされない限り、たとえ賢明でない決定を行っている場合でも、患

〈10〉Code of Practice, op. cit.,note, para 2.7.
〈11〉しかし、自らを重大な損害や搾取の危険にさらすような決定を繰り返したり、明らかに不合理であるかまたは、その者が通常は行わないような決定をしたりしている場合は、慎重な判断が必要とされる。たとえば、その判断能力に影響を与えるような障害や病状が進行していないかどうか、第三者の不当な圧力に影響されやすい状態にさらされていないかどうか、その決定が引き起こす結果に関する情報の提供が不十分でないかどうか等が検討されるべきであるとされる（Code of Practice, op. cit., note (3), para 2.11）。

者は、能力を有する者として扱われなければならない[12]。

　この基準を実際のケースにあてはめる際には、特に次のような事柄が問題となる。

（1）情報の理解の程度について

　まず、患者は与えられた情報をどの程度、理解することが求められるのであろうか。判例は、必ずしも、争点となっている事項の詳細をすべて理解している必要はないものとする[13]。ただし、決定に必要な情報は十分に理解していることが求められる。たとえば、統合失調症の患者が、子宮内膜ガンであるとする医師の診断を作り話と思い込み、自分の生殖器には何らの異常も存在しないとして手術を拒否した事例において、裁判所は、自分がガンであるという情報を理解することができないことを理由に当該患者の医療同意能力を否定した[14]。

（2）情報の衡量について

　つぎに、与えられた情報を衡量することができないとは、どのような状態をさすのかが問題となる。ときに患者は、情報自体を理解する能力を有していたとしても、精神や脳の損傷または障害のためにそれらの情報を用いて決定に達することができないことがある。たとえば、自己に生じている問題は十分に理解することができたとしても、その決定が必要となった時点で、痛みや恐怖、混乱または薬物治療の効果のために、与えられた情報を用いて結論に達することができないような場合がこれに該当するとされる[15]。

　近時の裁判例では、差し迫った死の危険がある深刻な摂食障害（神経性無食欲症）患者に対して、強制的に水分と栄養を摂取させるための処置を施すことの適法性が争われた事案[16]において、当該患者の情報を衡量する能力を検討し

---

[12] この基準は、Re C (Adult: Refusal of Medical Treatment) [1994] 1 WLR 290 および Re MB (Medical Treatment) [1997] EWCA Civ 3093, [1997] 2 FLR 426 の2つの事件判決によって確立されたコモン・ロー上のテストに若干の修正を加えたものである（British Medical Association, et al., op. cit., note (7), p 124.）。

[13] LBL v RYJ [2010] EWHC 2664 (Fam), para 24.

[14] A NHS Trust v K [2012] EWHC 2922 (COP).

[15] Code of Practice, op. cit., note (3), para 4.21. MB 事件判決は、自然分娩では50％の確率で胎児が死亡する、もしくは重大な障害を負う危険があるにもかかわらず、深刻な針恐怖症のために注射による麻酔を許容することができず、さらにマスク麻酔も胎児への危険性があることから、これらを拒否した母について、恐怖によって引き起こされたパニックのために一時的に同意能力を完全に欠く状態にあったとした（Re MB, op. cit., note, para 30）。MB 事件判決については、今井・前掲注〈4〉60-66 頁を参照。

[16] Re E (Medical treatment: Anorexia) (Rev 1) [2012] EWCOP 1639.

たものがある。裁判所は、本件患者が、問題となっている治療に関連する情報を理解し記憶にとどめ、自己の決定を他者に伝達することができることは明らかであるとしつつも、「体重増加に対する強迫観念によって、食べることの利点と欠点を意味がある方法で衡量することが少しもできなくなっている」ことおよび強い鎮静剤の摂取によって「もうろうとした」（drug haze）状態にあることを認定して、同意能力を欠くとした。

（3）賢明でない決定について

　最後に、患者が専門家からみて賢明でない決定を行った場合の対応が問題となる。原則として医師は、患者の決定に対して強い抵抗を覚えたとしても、そのことが患者の判断能力の有無の判定に影響を与えるようなことがあってはならないとされる。専門家からすれば不合理であると思われる決定も、患者の宗教上または個人的な信条においては、理にかなっている場合があるからである。他方、その不合理と思われる決定が、患者が関連する情報を衡量できないために、あるいは自己の決定が引き起こす結果を理解することができないためになされたものである場合は、患者の同意能力が否定されうる。

　たとえば、妄想型統合失調症患者が、壊疽しかかっている足を切断しなければ85％の確率で死ぬという医師の診断を理解しながらも、足の切除は神が望まないことであるという信念に基づいて手術に同意しなかった事案において、裁判所は、当該患者が、提案されている治療の性質、目的および効果を、その者が信じる方法で理解し、記憶にとどめ、明確な決定に至っているとして、当該手術の拒否を認めた。

　これに対して、敬虔なエホバの証人を母にもつ妊婦（本人は非信者）が、交通事故のため搬送された先の病院において母と面会した後に、輸血を拒否するようになったという事案において、患者の医療同意能力が否定されたケースがある。裁判所は、輸血を伴う治療を拒否した時点の患者の精神・身体の状態

〈17〉 裁判所は、本件患者が「知的で魅力的な人間であるとされている」こと、「死を求めているわけではないが、何にもまして食べること、食べさせられることを望んでいない」こと、「食事を拒否することが死を招くに違いないということを自覚しつつも、人生を無意味であると感じ、自分自身の決定に任せてほしいと思っている」ことから、遷延性意識障害者やその他致命的な状態にある患者とは多くの点で異なっており、判断が困難な事例であるとした（Ibid, para 5）。
〈18〉 Ibid, paras 49-51.
〈19〉 Re B (Consent to Treatment: Capacity) [2002] EWHC 429, [2002] 1 FLR 1090, para 100.
〈20〉 Re C (Adult: Refusal of Medical Treatment) [1994] 1 WLR 290, 295E.
〈21〉 Re T op. cit., note (5).

および、母からの強いプレッシャーがあったこと等を考慮して、患者の輸血拒否は有効ではないとした。

このように、患者が専門家からみて不合理と思われる決定をしたからといって、その判断能力が否定されるのではない。その決定が情報を理解したり衡量したりすることができない結果もたらされたものである場合、患者は判断能力を欠くものとされる。重要なのは、情報を理解し、記憶し、衡量するという意思決定の過程が損なわれていないかどうかということになるであろう。

なお、決定に必要とされる能力は、その決定を取り巻く個別具体的な事情によって異なるため、同一の人間でも、ある事項については能力を有するが、他の事項については能力を欠くということが生じうる。したがって、複雑な手術に同意する能力を欠くことが認められたからといって、その者が、より単純な健康診断に関する同意能力を欠くことにはならない。

第2節　決定者

前節で示した能力判定によって、患者には、提案されている医療に同意する能力がないことが明らかになった場合、その者に代わって誰かが決定をしなければならない。その際、次の事項が、順に検討される。

①第1は、本人による有効かつ適用可能な事前決定（advance decision）の存在の有無である。もし、本人の事前決定が存在する場合、これが尊重される。

②そのような事前決定が存在しない場合は、第2に、本人が、永続的代理権授与契約（Lasting Power of Attorney, 以下LPAとする。）を結んでいたか否かが検討される。LPA受任者（donee）がいる場合、その者が決定を行うことになる。

③第3に、有効かつ適用可能な事前決定も、LPA受任者も存在しない場合、裁判所が、法定後見人（deputy）を選任しているか否かが検討される。裁判所選任の後見人が付されているのであれば、その者が決定を行うことができる。

④最後に、事前決定、LPA受任者または後見人のいずれも存在しない場合、そ

〈22〉患者の治療拒否に直面した医師は、本人が、その当時、意図した決定の重大さに見合った能力を有していたかどうかを判定しなければならない。決定の内容が重大であればあるほど、要求される能力も高くなるとされる（Re T op. cit., note (5), 113B）。See also, Herring, op. cit., note (7), p 154.

〈23〉Bartlett, P., BLACKSTONE'S GUIDE TO THE MENTAL CAPACITY ACT 2005, (2nd edition, 2008), p 4; Herring, op. cit., note (7), p 175.

の医療が、本人にとって最善の利益（best interest）であるかどうかが検討される。この場合、問題となっている医療が、患者に重大な影響を与えるケースまたは当事者間で争いのあるケースについては、裁判所で審理される。その他のケースについては、本人の治療またはケアを行う者が、本法に照らして、当該行為が本人の最善の利益であると合理的に信じることができる場合、一定の医療を提供することができるものとされる。

以下では、それぞれの方途について少し詳しくみていくことにしよう。

1　患者本人の事前決定

ある医療の差控えまたは中止について判断が必要となったとき、患者がそのことを決定する能力を欠いている場合でも、本人の意思がその決定に及ぶ場合が存在する。患者が、事前決定を行っていた場合である。

「事前決定とは、18歳に達した者（本条において「P」という。）が、決定能力を有するときに行う決定を意味」し、「(a)　将来において、Pが特定する状況下で、Pに対してヘルスケアを提供する者が、特定の医療の実施または継続を提案し、かつ、(b)　その時点において、Pが当該医療の実施または継続について同意能力を欠く状態にある場合」に、その特定の医療が実施または継続されないように、なされるものである（24条1項）。この事前決定は、本人が「…撤回または変更する能力を有する限りはいつでも、それをすることができる」（24条3項）。基本的には、事前決定は書面で行われる必要はないが、生命維持のための医療を拒否する場合は、例外的に、書面によってなされなければならない（25条6項）。

〈24〉　したがって、本人が能力を有する場合は、以前にした医療拒否の事前決定と異なる決定を行うことができる。

〈25〉　遅くとも1990年代はじめには、判例法上、患者が事前に当該医療を拒否する意思を表明していたことが「明らかに立証され」、かつその意思が「当該状況において適用可能である」場合、当該患者の事前の選択（anticipatory choice）は、医師を法的に拘束するものとされていた（The Law Commission, Mentally Incapacitated Adults and Decision-Making Medical Treatment and Research, Consultation Paper no.129, (1993), paras 3.2-3.7; Re T (Adult: Refusal of Treatment [1992] EWCA Civ 18, para 6, [1993] Fam 95, 103C. And also Airedale NHS Trust v Bland [1992] UKHL 5, [1993] AC 789, 864F). 2005年法の事前決定の規定は、事前選択の要件、適用範囲およびその法的効果を明確にするために、置かれたものである。

〈26〉　事前決定の撤回は、書面によらずして行うことができる（24条4項）。変更によって、生命維持医療に関する事前決定がなされる場合は、書面によらなければならない（後掲注〈27〉参照）が、それ以外の場合は、書面によってなされる必要はない（24条5項）。

〈27〉　書面には、証人1名の面前において自署がなされるか、本人以外の者が署名する場合は、

事前決定が、患者に対する医療の決定において、採用されるためには、「当該決定がまさに問題となる時点において、(a) 有効であり、かつ (b) その医療に適用できるものでなければ」ならない (25 条 1 項)。事前決定が、有効性を有しないとされるのは、Pが「(a) 能力を有していたときにその事前決定を撤回している場合」、(b) その事前決定を行った後に、LPAの契約を締結し、受任者に対して、その事前決定と関連する医療の同意または拒否の権限を付与した場合、または「(c) 事前決定と明らかに相反するその他なんらかの行為をしている場合」である (25 条 2 項)。

これに対して、適用性を有しないとされるのは、「(a) 問題となっている医療が、事前決定において特定されている医療ではない場合、(b) 事前決定において特定された、何らかの状況が生じていない場合、または (c) 事前決定をした時点において、Pが予測しなかった状況が存在し、かつ、その状況を予測していたのであれば、Pの決定に影響を及ぼしたであろうと信じるについて相当の理由がある場合」である (25 条 4 項)。さらに、「決定がまさに必要とされるときにPが能力を有する場合」、事前決定は適用されない (25 条 3 項)。

これらの要件を満たし、事前決定の有効性と適用可能性がみとめられた場合、「その事前決定は、当該医療を実施または継続すべきかどうかが問題となった時点において、Pが決定能力を有し決定を行った場合と同様の効果が伴う」ものとされる (26 条 1 項)。つまり、医療従事者は、事前決定が有効かつ適用可能であると合理的に信じる場合[28]、それにしたがって、問題となっている医療を差控え、または、中止したとしても、そのことによって生じる諸結果について、責任を負わない (26 条 3 項)。反対に、医療従事者が、有効かつ適用可能な事前決定が存在すると確信しない場合には、当該医療を実施または継続したとしても、責任を負うことはない (26 条 2 項)。

本法は、事前決定を尊重した場合に、患者の生命が危機にさらされるようなときは、上記の要件に加えて、次の要件を満たさなければ事前決定を適用しないものとする。すなわち、自己の生命が危機にさらされる場合、事前決定の適

本人の指示によって、本人および 1 名の証人の面前でなされなければならない。さらに、証人の署名又は認証は、本人の面前でなされなければならない (25 条 6 項)。

〈28〉実務規程によると、事前決定の有効性および適用可能性を証明するために、医療従事者は、患者が、事前決定を撤回していなかったかどうか、事前決定後にLPAに対して決定権限を付与していなかったかどうか、事前決定に明らかに反するような何らかの行為を行っていたかどうか、現状についてもっと知り得ていたならば、決定の内容を変えていたかどうかを見極められるよう努めなければならない (Code of Practice, op. cit., note (3), p 159)。

用を望む旨の供述書を作成しており、その供述書の真正性が担保され、かつその供述書が本条の定める要式を満たす形で作成されている場合に限り、生命維持のために必要な医療を差控えまたは中止することができる（25条5項）。

なお、2005年法が規定する事前決定は、医療の拒否という「消極的」な決定にしか用いることができず、特定の医療の提供を要求するために用いることはできない。[29] 立法過程においては、事前の治療要求に関する規定も何らかの形で法案の中に取り入れられるべきであるとする有力な主張があった。[30] この提案は、患者が、将来その死が差し迫り、かつ意識を喪失するまで人工的栄養水分補給（artificial nutrition and hydration、以下 ANH とする。）の継続を希望する旨の決定をしているのであれば、ANH を提供している病院がその継続を拒否することは、患者の欧州人権条約上の諸権利に反するとしたバーク事件高等法院判決[31]（2004/7/30）を根拠として展開された。

バーク事件高等法院判決においてマンビー裁判官（Munby J）は、「患者が能力を有する（あるいは、無能力であっても有効かつ問題となっている治療に関連する事前指示（advane directive）を作成している）のであれば、患者が自己の最善の利益がどこに存在するか、そして、どのような延命治療（life-prolonging treatment）を受けるべきか、あるいは受けざるべきかについてした決定は、原則として絶対的（determinative）なものである」[32] と述べた。国会では、当該判決部分が、患者に対してあらゆる治療を要求する権利を認めたものと解されうるかが議論の焦点となった。[33] 本件は折しも、本法案審議期間中、

---

[29] Herring, op. cit., note (7) pp 175-176.
[30] Hansard (HC), Standing Committee A, Seventh Sitting, cols 199, 204-206 (2004/10/28); Hansard (HL), vol 668, col.46 (2005/1/10); vol 668, col 1232-1233 (2005/1/25).
[31] R (Leslie Burke) v General Medical Council [2004] EWHC 1879 (Admin), [2005] QB 424.
[32] R (Leslie Burke) v General Medical Council [2004] EWHC 1879 (Admin), paras 116, 213.
[33] Hansard (HC), vol 425, cols 49-50 (2004/10/11), Standing Committee A, 7th sitting, cols 205, 206 and 227 (2004/10/28), vol 428, col 1555 (2004/12/14); Hansard (HL), vol 668, cols 46, 58, 100 (2005/1/10); vol 668 cols 1232-1237 (2005/1/25). この問題に対する政府の態度は、アシュトン憲法問題省政務次官の次の発言に端的にあらわれている。「…バーク事件高等法院判決は、患者に対して、その治療がいかに未検証で、不適切であろうとも—あるいは、あえて言わせていただければ—それがいかに高額で、……患者の利益に関する医師の見解を無視したものであろうとも、その者が望むすべての生命維持処置を要求する権利を与えるもののように読める。この判決の結果、実務家には現在の法がどのようなものであるのかが明らかでなくなった。最善のヘルスケアが提供される場合、従うべき明確な原則があることは極めて重要なことである。そこでわれわれは、この問題を明らかにするために、バーク高等法院判決を控訴しなければならないという気持ちになった」(Hansard (HL), vol 668, col 100 (2005/1/10)）。

控訴審に係属しており、患者の治療を要求する権利がどこまで認められるかについて、裁判所の判断が待たれているところであった。

貴族院第二読会において、アシュトン憲法問題省政務次官（Baroness Ashton of Upholland）は、患者が要求した治療を提供するか否かは、医療専門家が患者に対して最善の医療を提供する義務を負っていることを前提として、最終的にその患者を担当する医療専門家の臨床判断（clinical judgement）に従うものとするのが従来の裁判所の判断であったことを述べ〔傍点筆者〕、患者が希望する治療を医師に強制しうるとする立場はとることができないとした[34]。結局、その見解が尊重され、患者が特定の治療を要求するような事前の意思表明を行った場合、その意思表明は、本人の最善の利益を判断する際に、過去の希望および感情を示す資料となりうるが（4条6項、本稿第4節にて後述）、医師に当該治療を強制させる法的拘束力を有するものとはしないという結論に落ち着いた[35]。

2 LPA受任者

問題となっている医療について、有効かつ適用可能な事前決定が見つからない場合、次に決定権者の候補となるのは、LPAの受任者である。LPAとは、委任者が判断能力を有するうちに、その能力の喪失に備えて、第三者に対して自分自身に代わって決定する権限を付与することを可能とする代理権授与契約である。この契約が有効とされるためには、委任者が18歳以上で、かつそのような契約を締結する能力を有していること、公後見庁（Office of the

---

[34] Hansard (HL), vol 668, col 1236 (2005/1/25). 他方、患者が治療を拒否する場合、判例は、本人が同意能力を有する限り、臨床判断にかかわらず医師はその治療拒否の決定を尊重しなければならないとしてきた（前掲脚注〈5〉参照）。

[35] Hansard (HL), vol 668, cols 1235-1237 (2005/1/25). 2005年法成立の約5カ月後に下されたバーク事件控訴院判決でも、「多くの貴族院裁判官は、患者が遷延性意識障害の状態で生きながらえさせられることがないようになされた事前決定を尊重しなければならないと判示してきたが、われわれは当該判決が、患者が生命維持を内容とする事前決定を作成しているという理由だけで、生き続けられるようにすることを求めるものとは解さない」とされ、治療の継続を求める事前決定は認められなかった（Burke, R (on the application of) v General Medical Council & Ors [2005] EWCA Civ 1003, para 57）。

[36] 委任者が、LPAの内容および効果をその締結時に理解することができていたかどうかが問題となる。したがって、LPAの締結に求められる能力は、委任者がどのような代理権を授与するかによって異なる。保護裁判所のラッシュ上席裁判官は、コリス事件判決において、LPA委任者には少なくとも、LPAが公後見局に登録されなければ利用しえないこと、身上の福祉に関する委任は自身が能力を喪失しているときにのみ有効であること、LPAは、能力を有するうちはいつでも撤回可能であることおよび2005年法の規定（1条および4条）に従

Public Guardian[37]が用意する所定の書式に、授与される代理権の内容および効果（nature and effect）の記載と、委任者および受任者の署名がなされなければならない。また併せて、受任者がLPAの目的を理解していること、当該契約が詐欺や不当威圧によって結ばれたものではなく、LPA成立を妨げる事由は何ら存在しないことを保証する第三者の署名も必要とされる。このようにして結ばれたLPAは、受任者が当該契約に基づいて職務を行うために、公後見庁に登録されなければならない[38]。

　このLPAの制度の下で、受任者に授与することができる権限の範囲は、財産に関する事項に限らず、本人の身上の福祉に関する事項にまで及ぶ（9条1項）。さらに、ここにいう「身上の福祉」には、医療に対する同意または拒否が含まれる[39]。委任者（donor）が、これらの事項について代理権を与えないことを明確に表明していない限り[40]、身上の福祉に関する決定権限を授与された受任者は、「P〔委任者〕に対して医療を提供する者による医療の実施または継続に対する同意または拒否を行うことができる」（11条7項c号）。

　ただし、身上の福祉に関するLPAには、一定の制限が課されている。第1に、受任者が、本人に代わって決定することができるのは、「P〔委任者〕が能力を欠く状態にある場合または受任者が、Pが能力を欠く状態にあると合理的に信じる場合」に限られる（11条7項a号）。第2に、委任者が、LPA受任後に医療の拒否に関する事前決定を行った場合、受任者に決定権限は存しない（11条7項b号）[41]。第3に、生命維持のために行われる医療の実施または継続については、当該事項に対する同意権限を授与することを明示した証書がない限りは、LPA受任者に同意または拒否する権限は認められない（11条8項）。

　さらに、LPA受任者が委任者に代わって決定する場合、その決定の方法にお

　　うことを理解し、LPAが締結されない場合に生じうる結果を認識することが求められるとしている（Re Collis (unreported), 27 October 2010, Available at < http://www.justice.gov.uk/downloads/guidance/protecting-the-vulnerable/mca/re-collis.pdf>.）。
[37] 2005年法57条に基づき設置された機関。法定後見人およびLPAの登録の管理および監督ならびにそれらの者の職務行為に対してなされる異議申立を調査する。
[38] Code of Practice, op. cit., note (3), para 7.7. LPAに関する手続のプロセスは、菅・前掲注（3）147-169頁に詳しい。
[39] Code of Practice, op. cit., note (3), para 7.21.
[40] Ibid, para 7.26.
[41] すでにみたように、事前決定がなされた後に、医的処置に関する同意または拒否の権限を認めるLPAの授権がなされた場合は、受任者はその事前決定に従う必要はない（25条2項b号）。

いても守らなければならない手順が存在する。このことについては第4節でふれる。

3　裁判所または裁判所選任の法定後見人（deputy）

　患者が、事前決定またはLPAの委任をせずに能力を喪失した場合、保護裁判所（Court of Protection）[42]が、当該医療に関する命令もしくは決定を行うか、または、本人に代わって決定を行う者（法定後見人、deputy）を選任することになる（16条2項、17条1項d号）。すでに裁判所によって必要な権限を有する後見人が選任されているケースであれば、その後見人が判断することとなるし、選任されていない場合は、裁判所が自ら決定するか、後見人を選任することとなる。まずは、裁判所の権限からみていこう。

　2005年法によって、判断能力を欠く者の身上の福祉に関連する事項のなかでも、特に「医療を提供する者による医療の実施または継続に対する同意または拒否」に関する事項は、保護裁判所の権限が及ぶことが明らかにされた（17条1項d号）。しかし、この法律が制定される前は、裁判所に対して同意能力を欠く者の医療を決定する権限を認めるような法律は存在せず、高等法院が、その固有の管轄権に基づき、提案されている医療行為が適法であるか否かを判断していた。それらの判決の蓄積によって、①遷延性意識障害者に対するANHの中止または差し控え[43]、または、同意能力を欠く者に対する②臓器または骨髄の提供[44]および③非治療的な不妊手術の実施[45]については、裁判所への申立がなされなければならず、④人工妊娠中絶についても、一定の場合、裁判[46]

---

[42] 判断能力を欠くと思われる成年者（まれに未成年）の意思決定をめぐる事件を取り扱う特別な裁判所として、2005年法45条に基づき組織された。高等法院と同等の権限を有する上位裁判所（superior court）である（Code of Practice, op. cit., note (3), para 8.1）。
[43] Re Airedale NHS Trust v Bland [1993] AC 789.
[44] Re Y (Mental Incapacity: Bone marrow transplant) [1996] 2 FLR 787.
[45] Re F op. cit., note (6); Re S (Sterilisation) [2001] Fam 15.
[46] D v AN NHS Trust (Medical Treatment: Consent: Termination) [2003] EWHC 2793 (Fam), [2004] 1 FLR 1110. 人工妊娠中絶の際に、裁判所への申立が必要である場合として次の5つの事項が例示されている(para 34)。(i) 本人の能力の有無につき、争いがある場合、または妊娠期間中あるいは出産後まもなく能力を回復する現実的な可能性がある場合、(ii) 本人の最善の利益につき、医療専門家の間で意見が一致しない場合、(iii) 1967年中絶法1条に規定される手続きに違反する（たとえば二人以上の医師の証明書が発行されない）場合、(iv) 患者、近親者（immediate family）、または胎児の父が人工妊娠中絶に反対する場合、(v) 患者が出産できる最後の機会である等、その他の例外的な事情がある場合。

所への申立がなされるべきであるとする判例法が確立した[47]。

さらに、これらの事項に限らず、患者に重大な影響を与える治療の決定において、本人と周囲の者の意見が一致せず、提案されている医療が患者を抑制するために強制力を用いる必要がある場合、または患者の能力もしくは最善の利益をめぐる判定が困難である場合は、裁判所に申立がなされるべきであるとされるようになった[48]。これら慣行は、2005年法制定後も引き継がれている[49]。

2005年法の下では、基本的に、保護裁判所が自ら決定を行う方が、法定後見人を選任するよりも望ましいとされる（16条4項b号）。しかし、裁判所は、すでにした命令または後見人の選任に関連してさらなる指示を下すことが必要であるか、または有効であると思料する場合、法定後見人に対して必要な権限を委譲したり、義務を課したりすることができる（16条5項）。この法定後見人の権限には、いくつかの制限がなされている。

まず、「後見人に授与される権限の範囲および期間は、合理的に実際的であると認められる限度に限られる」（16条4項b号）。実務規程によると、身上の福祉のための後見人の選任は、裁判所の権限なしには、実施することができない重要かつ必要な行為や、後見人を選任する以外に最善の利益にかなうような処理が行われないような困難事例においてのみ必要とされる[50]。また、後見人には、本人の医療に責任を有する者の交代を指示したり、生命維持のための医療の実施または継続に関する決定をしたりする権限は認められない（20条2項(b)、5項）。さらに、法定後見人は、本人がその関連する事項について

---

[47] Practice Note (Official Solicitor: Declaratory Proceedings: Medical and Welfare Decisions for Adults Who Lack Capacity), (28 July 2006), [2006] 2 FLR 373, para 5.
[48] Ibid, para 6.
[49] 保護裁判所の法廷実務指示（Court of Protection Practice Direction 9E: Applications relating to serious medical treatment）は、必ず裁判所に申し立てなければならない事項として、(a) 遷延性意識障害者に対するANHの中止または差し控え、同意能力を欠く者に対する(b) 臓器または骨髄の提供、(c) 非治療的な不妊手術の実施を挙げる（para 5）。その他、重大な影響を与える医療となりうるものとして、同意能力を欠く者に対してなされる(a) 人工妊娠中絶、(b) 他者への移植を目的とする医的処置、(c) ある程度の強制を伴う医的処置、(d) 実験的な医療および先端医療、および、(e) 未検証の分野において倫理的なジレンマが存在するケースが例示される（para 6）。これらに該当しない場合であっても、患者の状況と当該治療がもたらす結果いかんによっては、重大な影響を与える医療となりうる（para 7）。See also, Code of Practice, op. cit., note (3), paras 8.18-8.24.
[50] たとえば、重度かつ複合的な学習障害を有する者の身上の福祉に関連する諸決定が、繰り返し必要となる場合や、深刻な家庭内紛争が存在し、後見人が選任され必要な決定がなされない限り、その者の将来のケアに対して有害な影響をもたらす場合などが、挙げられている（Code of Practice, op. cit., note (3), para 8.38.）。

能力を欠いていることを知っているまたはそのように信じるにつき合理的な理由が存在する限りにおいて、本人に代わって決定を行うことができるものとされる（20条1項）。

4　ケアまたは治療を提供する者の免責

　本人による事前決定、医療に関する決定権限を有する LPA 受任者および裁判所選任の法定後見人が存在しない場合、先に述べたように、特に患者に重大な影響を与える医療行為の実施・不実施については、保護裁判所で決定されることになる。では、そのような行為に該当しない、他のケアまたは医療については、どのようにして提供の可否が決定されるであろうか。本法は、患者に対してケアまたは医療を提供する者のために、次のような免責規定を置いて対応している。

　すなわち 2005 年法は、「ある者（本条において「D」という。）が、他の者（本条において「P」という。）のケアまたは治療に関連する行為をする場合」、「(a) D は、当該行為の遂行に先立ち、P が問題となっている事項に関する能力を欠く状態にあることを確証するために合理的な手段を尽くし」、「(b) 当該行為の遂行に際して、(ⅰ) P が当該事項に関し能力を欠いており、かつ (ⅱ) 当該行為がなされることが P の最善の利益にかなうであろうと合理的に信じる場合」（5条1項）においては、「D は、P が、(a) 当該事項について同意する能力を有しており、かつ (b) D による当該行為の遂行に同意していたのであれば、当該行為に関し負わなかったであろう一切の責任を免れる」（5条2項）とする。[51]

　この規定によると、同意能力を欠く患者に対して医療を提供する者[52]が、本法にしたがってある医療行為を実施した場合、その行為に対して本人の有効な同意があった場合と同様に取り扱われる。同意能力を有する者が、自己の身体への侵襲行為に対して同意していた場合、その侵襲行為をなした者に民事上の

〈51〉イギリスでは、1990 年代初頭から、判断能力を欠く成年者に対する医療は、当該行為を実施する必要があり、かつ本人の最善の利益にかなうことが認められる場合、適法であるとするコモン・ロー上の必要性の法理（common law doctrine of necessity）が用いられるようになった（Re F op. cit., note (6)）。2005 年法 5 条は、この法理を明文化したものであるとされる（British Medical Association, et al., op. cit., note (7), p 128）。
〈52〉ケアまたは医療に関する行為の主体であるケアラー（有償、無償を問わない。家族も含む）、医療従事者、救急隊員や警察官のような本人の福祉への関与に反復性のない者についても適用がある（Code of Practice, op. cit., note (3), para 6.20.）。

不法行為責任や刑事上の責任は、生じない。つまり、5条2項は、医療提供者が、能力を欠く患者に対して医療行為をなしても、患者の身体侵襲に対する責任を負わない場合があることを明らかにしているのである〈53〉。

本法は、実に幅広い医療行為に適用があり〈54〉、実務指針をみると、健康診断、内科・歯科治療、投薬、検査又は治療のために病院に連れて行くこと、必要な医療の提供、緊急治療が免責の対象として、例示されている〈55〉。したがって、特に重大でなかったり、争いのないケアまたは医療行為の決定については、基本的に保護裁判所に申立てることなく〈56〉、医療行為者を免責するという形で処理される。

第3節　決定基準

患者が、医療に同意する判断能力を欠いていることが証明された場合、有効かつ適用可能な治療拒否に関する事前決定がある場合を除き、本人に代わってなされる行為または決定は、その者の最善の利益にかなうようになされなければならない（1条5項）。

本法がカバーする決定および行為が多種多様であること、事件ごとにかかわる人間も異なれば、存在する事情もさまざまであることから、本法には、何が最善の利益であるかを直接的に定義する規定は用意されていない。しかし、4条において、決定者が、最善の利益を導きだすために、考慮しなければならない諸要素が明らかにされている。決定者は、関連を有する一切の諸事情を考慮し〈57〉、特に次に掲げる手順を踏まなければならないとされる（4条2項）。

1　同意能力が回復する可能性の検討

決定者は、(a) 本人が、問題となっている事項に関連する能力を将来回復する可能性が有るかどうか、そして (b) そのような可能性がある場合は、能力

〈53〉ただし、医師が、当該行為の遂行に際し、自己の過失によって生じさせた損失又は損害を理由とする民事責任又は刑事責任は免除されない（5条3項）。

〈54〉ただし、本人の自由を抑制（restrain）するために行われる行為は、5条1項の要件に加えて、本人を危害から保護するために必要であること、その行為が危害を被る蓋然性と危害の重大性に対して均衡のとれた対応策でなければ認められない（6条2項および3項）。

〈55〉Code of Practice, op. cit., note (3), para 6.5.

〈56〉Bartlett, op. cit., note (23), p 11.

〈57〉決定者が認識している事情および関連すると考えることが合理的であると思われる事情をいう（4条11項）。

の回復の時期について考慮しなければならない（4条3項）。もし、能力がすぐに回復するもので、必要となる治療に緊急性がない場合は、患者が自分自身で決定できるよう決定は延期されることがありうる。また延期することができない場合であっても、今後本人の能力が回復する可能性が有るか無いかは、決定の内容に影響を及ぼしうるものとされる〈58〉。

2　本人を決定に関与させるための支援

次に、「決定者は、本人のためになされるあらゆる行為及び本人に影響を与えるあらゆる決定について、実行可能とみるのが相当である限りにおいて、本人の参加を許容及び奨励し、又は可能な限り、本人の参加する能力を向上させなければならない」（4条4項）とされる。たとえ自分自身で決定する能力を有さないとしても、決定に影響する何らかの希望や意見を有している可能性があり、本人を合理的な範囲で決定に関与させることは、その者の最善の利益を導きだす際の一助となると考えられている〈59〉。

3　本人の希望および感情、信念および価値観に対する考慮

決定者は、合理的に確かめられる範囲において、「(a) 本人の過去および現在の希望および感情（特に、本人が能力を有しているときになされた書面による意思表示のうち関連を有するもの）、(b) 本人が能力を有していたならば、本人の決定に影響を与える可能性のある信念および価値観、および (c) その他、本人が能力を有していたならば、考慮した可能性のある諸要素」を考慮しなければならない（4条6項）。

この規定は、仮に人が自分自身で決定する能力を欠いていたとしても、その嗜好や感情を表明することができることもありうるし、そのようにして表明された希望は、重要なものとして受け止められるべきであるという立法者意思を反映している〈60〉。

このような要件を課している2005年法は、能力を欠く者を意思決定の中心におくものであるが、決定者に対して、本人が判断能力を有していたならば行っていたと予想される決定に従って行動することを求める、いわゆる代行決定基

〈58〉 Department of Health, Mental Capacity Act 2005 Explanatory Notes, para 29.
〈59〉 Code of Practice op. cit., note (3), para 5.22.
〈60〉 Explanatory Notes, op. cit., note (58), para 32.

準（substituted judgment test）とは異なるものとされる[61]。他方、この基準は、本人の客観的利益のみを追求するものでもない。本人の希望や価値観等は、他の諸事情とともにその者の最善の利益を導くための重要な考慮事項の1つとされている[62]。

このとき、最善の利益の判定において本人の希望等がどの程度斟酌されるかは、事件および事実ごとに具体的に決定される問題（case-specific and fact-specific）であるとされる。当該事件の状況によっては、本人の希望および感情が何よりも重要なものとして扱われることもありうるし、逆にそれほど重んじられないこともありうる。本人の希望等にどの程度重きをおくかを検討するにあたっては、①本人の残存能力、②表明されている意見の強さおよび一貫性、③その希望がかなえられないことを知った場合に、本人がショックを受ける可能性、④その希望がどれほど、合理的で、思慮深く、信頼ができ、かつ実現可能なものであるか、⑤その希望が仮に実現されたならば、本人の最善の利益に関する裁判所の判断にどの程度合致しうるか、を考慮にいれるべき事情の例として挙げる判決がある[63]。

なお、患者が提案されている行為に積極的に抵抗しているような場合は、その抵抗の事実が患者の最善の利益の判定においてとりわけ関連性を有するものとされているようである。それは、希望に反するような治療を受ける事によって患者に心理的な負担がかかる可能性があるためであるとされる[64]。このような場合、当該行為によってもたらされる利益と本人の希望に反することによって生じる不利益とが慎重に衡量される[65]。

---

[61] Ibid, para 28. この点を明確にした判決として、制定法上の遺言（statutory will）の作成にあたって、遺言能力を欠く者の最善の利益が検討されたP事件判決（Re P [2009] EWHC 163 (Ch), [2010] 2 WLR 253）がある。ルイソン（Lewison）裁判官は、2005年法制定前は、「患者がもし精神上の障害を有していなかったならば、作成したと予想される」（para 13）遺言を作成することを求める「『代行判断』とも言われるアプローチ」がとられていたが（para 15）が、「2005年法は、Pがもし精神上の障害を有していなかったならば、という事実に反する仮定を求めていない」、「事実は現実にある通りに考慮されなければならない。したがって、Pが一時的に正常な判断力をとりもどし、その後再び無能力の状態に戻るというような頭の体操をする必要はない」と判示した（para 38）。2005年法の最善の利益基準と代行判断アプローチとの相違について、菅・前掲脚注〈4〉129-132頁参照。

[62] Re P [2009] EWHC 163 (Ch), [2010] 2 WLR 253, para 41; HBCC v LG [2010] EWHC 1527 (Fam), para 39.

[63] Re M (Vulnerable Adult) (Testamentary Capacity) [2009] EWHC 2525 (Fam), para 35.

[64] Herring, op. cit., note (7), p 182.

[65] HBCC v LG [2010] EWHC 1527 (Fam), para 39.

4　第三者との話し合い

　決定者は、もし、「(a) 問題となっている事項またはそれと同種の事項について、相談すべき者として本人に指名されている者、(b) 本人のケアに従事している者または本人の福祉に関心のある者、(c) 本人に授権された永続的代理権の受任者、または (d) 保護裁判所選任の法定代理人」と話し合うことが可能であり、かつそれが適切であるならば「本人の最善の利益となりうる事項、および特に前項に規定された事項〔本人の希望・感情および信念・価値観〕について、その者の意見を配慮しなければならない」（4条7項）。たとえ、上記に掲げる者の間で意見の不一致があっても、すべての意見は、等しく重要であり、本人の意見、その他の諸事情と併せて考慮されるべき事項であるとされる[66]。

　上記に掲げる相談者がいない場合、決定者は、IMCA（Independent Mental Capacity Advocate）に通知し、相談することができる。IMCAとは、判断能力を欠く者の最善の利益の決定に際して、その者をサポートする者（家族や友人等）が周囲にいない場合に、本人を代弁する（representation）サービスを提供する者をいう[67]。その職務は、本人に代わって決定者とミーティングし、すべての選択肢が検討されているか、本人の嗜好が考慮に入れられているか、本人の諸権利が尊重されているか等を確認することである。

　とくに、本人に重大な影響を与える医療[68]については、当該医療を提供するNHS（国民医療制度）[69]の諸機関は、緊急の場合を除き、当該医療を実施する

---

[66] Code of Practice, op. cit., note (3), para 5.54.
[67] IMCAの活動が許されるのは、地方当局が選任を認めた者だけである。当局に認可された組織の構成員であり資格を有する者は、IMCAとして活動することができる。地方当局は、通常、独立の擁護組織（advocacy organization）にIMCAのサービスを提供する権限を与える（Code of Practice, op. cit., note (3), para 10.17）。2011年2月時点で、そのような組織は全国に224個存在していた（Department of Health, February 2011: Contact details for IMCA providers, (2011)）。
[68] 重大な影響を与える医療とは、(a) ある医療が実施された場合に、患者にもたらされる利益と患者に課される負担およびリスクのバランスが微妙である場合、(b) 複数の治療のうちどれを選択するかが微妙である場合、または (c) 提案されている治療が、患者に対して重大な結果をもたらす可能性がある場合において実施、差し控えまたは中止される治療のことである（The Mental Capacity Act 2005 (Independent Mental Capacity Advocates) (General) Regulations 2006(as amended by The Mental Health and Mental Capacity (Advocacy) Amendment (England) Regulations 2009), s 4(2)）。
[69] 近年のイギリス医療制度については、横野恵「諸外国の医療法制：イギリス」年報医事法学26号（2011年）66-71頁参照

前にIMCAへ通知し、相談しなければならない（37条3項および4項）[70]。保健省刊行の2012年度の報告書によると、2012年4月から2013年3月までの一年間にIMCAが利用されたのは計12381件、そのうち重大な影響を与える医療のために利用されたのは、1907件であった。中でも、医療研究（338件）、延命治療の中止（264件）、重大な歯科治療（223件）に多く利用されている[71]。

5　考慮してはならない事項

本人の最善の利益を決定する場合、決定者は、「本人の最善の利益について不当な推測をもたらす可能性のある」、「(a) 本人の年齢若しくは外見、または(b) 本人の状態若しくは行動の一部」のみを根拠にすることは、許されない（4条1項）。この規定によって、判断能力を欠く者が、差別されたり、他の者に比して不利益な扱いをうけたりしないよう保障がなされている[72]。

6　生命維持処置に関連する事項

本法は、人の生命維持のために必要な医療に関する最善の利益については、さらに特別な考慮事項を要求する。「決定者は本人に死をもたらしたいという欲求に動かされてはならない」（4条5項）。本条項は、生命維持のための医療が患者の最善の利益になるか否かを判定する際に、決定者の個人的な感情や希望が影響をもたらすことはあってはならないことを規定している[73]。

しかしながら、生命維持処置を継続すること、あるいは実施することが患者にとっての最善の利益とならないと判断され、当該処置が差控えまたは中止される可能性は存在する。実務規程は、ある生命維持処置が無益（futile）で、

---

[70] The Mental Capacity Act 2005 (Independent Mental Capacity Advocates) (General) Regulations 2006, (as amended by The Mental Health and Mental Capacity (Advocacy) Amendment (England) Regulations 2009; Code of Practice, op. cit., note (3), para 10.42.

[71] Department of Health, The Sixth Year of the Independent Mental Capacity Advocacy (IMCA) Service: 2012/2013, (2014), p 25.

[72] Code of Practice, op. cit., note (3), para 5.17.

[73] Department of Health, Mental Capacity Act 2005 Explanatory Notes, para 31.

[74] 終末期医療の決定をめぐって、全国医学協議会（GMC）と英国医師会（BMA）の作成した各ガイダンス（GMC, Treatment and care towards the end life: good practice in decision-making, (2010); BMA, Withholding and Withdrawing Life-prolonging Medical Treatment: guidance for decision-making, 3rd edition, (2007)）が存在するが、それらの内容に齟齬がある場合でも、本実務規程の内容が優先されるといわれる（Aintree University Hospitals NHS Foundation Trust v James [2013] UKSC 67, para 27）。

第 1 章　イギリス法における精神能力を欠く成年者の医療の決定

患者に対して過度に負担で、かつ回復の見込みのないようなケースがこれに該当するとしている(75)。

　この基準について最高裁は、2013 年 10 月 30 日、同意能力を欠く患者の症状が将来悪化した際に、特定の生命維持処置〔循環障害に対する侵襲的な補助(76)、腎機能が低下した際の腎機能代替療法(77)および心肺停止の蘇生救急(78)〕を実施しないことがその者の最善の利益にかなうか否かが争われた事案において具体的に判断した（Aintree University Hospitals NHS Foundation Trust v James 事件判決）(79)。本件は、2005 年法が適用される事案のなかで初めて最高裁にま

〈75〉 Code of Practice, op. cit., note , para 5.3.
〈76〉 危険な低血圧発作に対処するために副作用の強い強心薬または抗低血圧薬を与薬すること。当該治療は、通常針を中心静脈ラインに挿入し、その過程は痛みを伴うものであるとされる（Aintree University Hospitals NHS Foundation Trust v James [2013] UKSC 67, para 8）。
〈77〉 失われた腎機能を補うために、機械を通して血液をろ過すること。この治療もまた、太い管を体内に挿入すること、出血または心臓発作の危険性をもたらす抗凝固薬の与薬を必要とする。患者に非常に不快な思いをさせ、激しい寒気を生じさせる可能性があるとされる（Ibid.）。
〈78〉 停止した心臓を再度機能させることを目的とした治療。与薬、電気ショック療法、心臓マッサージ、肺膨張等、多様な方法が考えられる。効果をもたらすためには、身体への侵襲性が高く、肋骨骨折もありうる（Ibid.）。
〈79〉 Aintree University Hospitals NHS Foundation Trust v James [2013] UKSC 67.
【事案の概要】J 男（68 歳）は、2012 年 5 月よりアインツリー大学病院国民医療制度基金トラスト（原告）の運営する病院に入院していたが、その間に罹患した感染症が、慢性的な閉塞性肺疾患、急性腎損傷および慢性的な低血圧によって深刻なものとなった。J は、集中治療室に移され、人工呼吸器を装着された。その後、右半身の衰弱および両足の拘縮の原因となった発作を複数回起し、心肺蘇生を必要とする心停止を経験し、感染症の再発を原因とする敗血性ショックおよび多臓器不全に陥った。そこで 2012 年 9 月 3 日、原告は、保護裁判所に対して①J が、あらゆる種類の治療について同意または拒否する能力を欠いていること、②J の臨床症状の悪化の際に、（ⅰ）循環障害に対する侵襲的な補助、（ⅱ）腎機能が低下した際の腎機能代替療法、（ⅲ）心肺停止の蘇生救急、（ⅳ）さらなる感染合併症のための抗生物質の静脈内注射を差し控えることは、J の最善の利益であり、合法である旨の宣言を求めた〔後に（ⅳ）のみ、取り下げられた〕。J を担当する臨床チームは全員一致で、上記の治療を必要とするところまで容態が悪化した場合、これらの治療を受けることは J の最善の利益にならないと考えた。これに対して、J の家族は、たとえ J が以前の QOL を回復することができないとしても、彼は家族や親しい友人と接することに喜びを感じているとして、原告の主張に反対した。第一審判決は、申立棄却（An NHS Trust v DJ & Ors [2012] EWHC 3524 (COP)）、控訴審判決は、控訴認容（Aintree University Hospitals NHS Foundation Trust v James & Ors [2013] EWCA Civ 65）。J は、控訴審判決の 10 日後の 2012 年 12 月 31 日、心不全によって死亡したが、最高裁は、争点の重要性および下級審がそれぞれ J の最善の利益について異なるアプローチを採用したことに鑑みて、J の寡婦からの上訴を認めた。最高裁は、第一審裁判官が適用したアプローチを正当とし、これを否定した控訴審のアプローチは誤りであるとしたが、控訴判決時には問題となっている医療行為はもはや J の最善の利益ではなく、その結論自体は妥当であったとして、上告棄却。

163

で係属したケースであり重要であると考えられるため、本件患者の最善の利益の判断において同法廷が全員一致で適用したルール（ヘイル裁判官執筆）を以下に紹介する。

①ある患者の特定の時点における最善の利益を検討するにあたって、決定者は、その者の福祉を、医療上の福祉だけではなく社会的・心理的な福祉をも含めた最も広い意味において検討しなければならない。すなわち決定者は、問題となっている医的治療に含まれる事項およびその成功の見込みといった当該治療の内容、治療の結果を検討し、個々の患者が置かれた立場に立って、本人がその治療に対してどのような態度をとるか、またはとりうるかを問わなければならない。また、患者のケアをする者あるいは患者の福祉に関係する者に対して、特に患者がとりうる態度について相談しなければならない。

②問題となっている医療の無益性は、患者にとってそれが効果的であるかどうか、あるいは利益があるかどうかによって判断する。

③回復可能性とは、完全な健康体に戻る事ではなく、患者自身が価値があると思うであろう生活の質（QOL）を取り戻すことを意味する。

④問題となっている治療が患者にとって過度な負担であるか否かは、その治療によってもたらされる負担と生命の存続によってもたらされる利益とを衡量して導く。

⑤治療の効果は、最善の利益を導くための方程式の一要素にすぎない。本件においては、患者にとって最も身近で意義深い家族生活という要素に重きを置くことが正しい。[80]

以上、本節では、第三者が判断能力を欠く者に代わってその医療について決定する際に基準となる本人の最善の利益をどのような手順によって導きだすかを示した。しかしながら、2005年法はさらに第三者に対して、その「行為または決定が必要とされる目的が本人の権利および行動の自由をより制約しない方法で効果的に達成されうるかどうかにつき配慮しなければならない」（1条6項）ことを求める。したがって、代行決定者は、当該決定が本人の最善の利益になることに加えて、その利益を実現するために本人に対してより制約が少ない方法が他に存在しないことを示さなければならない。

---

[80] Aintree University Hospitals NHS Foundation Trust v James [2013] UKSC 67, paras 39 and 40.

第4節　むすびにかえて

1　まとめ

　以上、本章では、イギリスにおいて、判断能力を欠く者の医療が、どのような場合に、誰によって、どのように決定されるのかということを概観した。

　第1に、患者が、ある医療の実施または不実施について同意することができるか否かは、2005年法2条および3条にしたがって判断される。その判定の手順としては、①精神又は脳の損傷又は機能的な障害の有無を判断し、そのような障害等が認められれば、②当該医療に関する情報を適切に扱い、それを他者に伝達することができるかどうかを判断する。あらゆる支援を尽くしても、そのような能力があると認められない場合、患者は、問題となっている医療行為に対して、有効な同意を行う能力を欠く者とされる。

　第2に、そのような同意能力を欠く患者の医療の決定は、①本人による事前決定、②LPA受任者、③裁判所選任の法定後見人によってなされる決定の順に、尊重される。これらが存在しない場合において、提案されている医療行為の実施または不実施が本人に重大な影響を与える場合や当事者間で意見が一致しない場合は、裁判所に医療の決定に関する申立を行う。その他の医療については、医療提供者は、ある医療を実施することが患者の最善の利益にかなうと合理的に信じる場合には、当該医療行為について免責されるという規定に基づいて、実施されることになる。

　第3に、患者の事前決定が存在しない場合に本人に代わって決定を行う者は、当該医療が、患者の最善の利益に合致するか否かによって、その実施・不実施を決定する。最善の利益の判定においては、①本人の能力回復の可能性を検討し、②本人を決定に関与するための支援を行い、③本人の現在または過去の希望および感情、信念および価値観に対して考慮する必要がある。さらに、④家族やケアラー等、周囲の者に相談しなければならない。最後に、上記の手順を経て導かれた決定を実施する前に、決定者は本人に対してより制約が少ない方法が他に存在しないことを確かめなければならない。

2　課題――障害者権利条約との関連において

　2005年法の導入により、能力を欠く成年者の医療に関して決定権限を有す

る者および決定の手続きが存在しないという法の不備の問題は、解消された[81]。しかしながら、2009年7月、連合王国が障害者権利条約（Convention on the Rights of Persons with Disabilities）を批准したことによって、2005年法は新たな課題に直面することとなった。すなわち、本法が、精神能力と法的能力を連動させているという点で、障害者の「法的能力」の平等を規定する条約12条2項に反するように見られるとの指摘がなされているのである[82][83]。

　条約12条2項が規定する障害者の「法的能力」の平等については、その意義をめぐって条約の起草段階から議論がなされていた。その中で、国連人権高等弁務官は、障害の存在が、法的無能力の宣言の直接的または間接的な理由となるような法は、本条項の規定に抵触すると説明された[84]。さらに、2014年4月に国連障害者権利委員会が採択した障害者権利条約12条に関する一般的意見においては、より明確に、「条約12条においては、精神能力（mental capacity）の欠如あるいは欠如のおそれが、法的能力（legal capacity）を否定するための正当化根拠として用いられてはならない」とされている。この解釈によれば、「精神または脳の損傷または機能的な障害」のために「自分自身で決定することができない」者を能力欠缺者とする2005年法は、大きく見直される必要があるといわれている[85]。

　条約批准当初の政府の見解は、国内法は、障害者が能力を行使する際に支援が必要である場合および、能力を欠く者のために決定が必要である場合において、障害者を保護するための厳格なセーフガードを用意しており、条約12条に反しないとしていた[86]。しかし、この結論に対しては、2005年法が、①精神

---

[81] 1980年代前半から、精神能力を欠く者の保護を目的とする法整備の必要性が提唱されはじめたが、とくに1989年、同意能力のない患者に対する不妊処置の実施をめぐって争われた貴族院判決（Re F, op. cit., note (6)）によって、当時のイギリス法においては、何人も、能力を欠く成年者の医療について決定する権限が与えられておらず、決定の手続きも存在しないという問題が明るみになった。2005年法は、15年以上の歳月をかけて議論を尽くした結果、制定されたものである。

[82] 日本政府仮訳文「障害者の権利に関する条約」第12条2項「締約国は、障害者が生活のあらゆる側面において他の者と平等に法的能力を享有することを認める」。

[83] Halsbury's Laws of England (5th edition, 2013), vol 75, para 605, n 4.

[84] UN High Commissioner for Hunam Rights, Annual Report, A/HRC/10/48 (26 January 2009), para 45. [Available at] < http://www.undg.org/docs/10541/A.HRC.10.48.english.pdf>

[85] Bartlett, P., "The United Nations Convention on the Rights of Persons with Disabilities and Mental Health Law", The Modern Law Review 75(5), (2012), pp.752-778, at p.762. 当該論文は、2013年11月に公表された障害者権利条約12条に関する一般的意見のドラフトに基づいて執筆された。

[86] Office for Disability Issues, UK Initial Report on the UN Convention on the Rights of

能力の有無を区別すること、②最善の利益という基準に基づいて代行決定を認めることが、条約に反しないか否かの検討が欠けており、また③障害者の法的能力の行使が制限されうる場合どのようなセーフガードが必要となるかということについても、何ら検討されていないとの批判がなされている[87]。

2014年2月、貴族院の2005年精神能力法特別委員会が公表した2005年法立法後調査においては、政府が2005年法と障害者権利条約との適合性を判定しているところであり、現段階において障害者権利条約に関する精神能力法の立場は明らかでないと結論付けることが相当であるとされた[88]。

かりに、障害者権利条約が、障害者を判断能力の有無によって区別する二元的なアプローチを全く許容しないとするのであれば、精神能力を欠くことをセーフガードの適用要件とする2005年法は、当該条約に反する恐れがでてくる。この問題に対して、イギリスがどのような答えを出すのか、今後の動向を注視する必要があろう。

　Persons with Disabilities, (2011), paras 104-117. 2005年法を有するイングランド・ウェールズだけでなく、スコットランド法（Adults with Incapacity (Scotland) Act 2000）も問題がないものと考えられている。北アイルランドについては、1986年精神保健命令（Mental Health (NI) Order 1986）に言及があるが、十分な検討はなされていない。

〈87〉Bartlett, op. cit., note (85), p 768.
〈88〉House of Lords, Mental Capacity Act 2005: post-legislative scrutiny, (2014), para 53.

第2章
オーストリアおよびスイスにおける成年者のための医療代諾権

　本章においては、オーストリア法およびスイス法における判断能力が不十分な成年者のための医療代諾権を紹介する。日本では、成年後見制度成立時（1999年）に、一般的な医療代諾権に対する社会のコンセンサスが得られていないとして、成年後見人等の医療代諾権の明文化が見送られ、現在も、明文化されていない。しかし、実務では成年後見人に医療代諾が求められ、社会は法化、高齢化が進んでいる。ここから、判断能力を有しない者のための、法的正当性を有する医療代諾権者が必要とされており、その必要性は今後ますます高まると予想される。その間に、オーストリアおよびスイスでは、医療代諾権者が民法典において立法化された（オーストリア：2007年、スイス：2013年）。両国は、近年、成年後見制度の改正を相次いで行っており、医療代諾権は、これらの改正に伴って定められたものである。現在、日本の成年後見人は医療代諾権を

〈1〉　オーストリア法に関しては、ミヒャエル・ガナー（著）＝青木仁美（訳）「オーストリアにおける医的治療における代弁人の同意権―ドイツ世話法を特別に考慮しつつ」本書86頁以下、拙稿「オーストリア代弁人制度の発展過程における一考察（1）（2・完）」早稲田法学会誌61巻1号（2010）1頁以下、同61巻2号（2011）1頁以下参照。スイス新法（成年者保護法）に関しては、以下の文献がある。松倉耕作「新しいスイスの後見法―二〇〇六年連邦評議会草案」名城ロースクール・レビュー18号（2010）241頁以下、同「新スイス後見法、親子法―二〇一三年一月一日施行法の邦訳―」同25号（2012）81頁以下、ダニエル・ロッシュ（著）＝上山泰（訳）「スイスにおける成年者保護法の改正」法政大学大原社会問題研究所＝菅富美枝（編著）『成年後見制度の新たなグランド・デザイン』（法政大学出版局、2013）395頁以下、拙稿「スイス成年後見法における法定代理権の変遷」五十嵐慶喜＝近江幸治＝棚澤能生（編）『民法学の歴史と未来―田山輝明先生古稀記念論文集』（成文堂、2013）579頁以下。

〈2〉　本稿では触れないが、ドイツにおいても、世話人の医療代諾権に関する規定（ドイツ民法1904条）が2009年に施行されている（第3次世話法改正法）。Bambeger/Roth,

有すると考えられておらず、成年後見人に医療代諾権を認めるには立法的解決が必要となる。このため、医療代諾権を立法化したオーストリア法およびスイス法の検討は、日本の問題点の解決に意義を有するものと考える。また、成年被後見人の被選挙権の回復においてもいえるが、成年後見制度においては、国際的潮流が意識されている。両国の制度は、国際的潮流への適合という側面からも、検討に値するものと思われる。

本稿の検討範囲は、判断能力不十分者のための医療代諾権および精神的障害により措置入院をしている者の医療代諾権とする。両国ともに、前者は民法典において規定しているが、後者はオーストリアが特別法にて、スイスが民法典の中で規定している。検討対象を後者にまで広げることで、成年者のための包括的な医療代諾権を紹介できると考える。

第1節　オーストリアにおける医療代諾権

1　医療代諾権の規定場所

オーストリアの成年後見制度の原語は、「Sachwalterschaft」であり、成年後見人は「Sachwalter」である。本章では、前者を代弁人制度、後者を代弁人と訳す。オーストリアの民法典（以下、一般民法典とする。）において、判断能力が不十分な成年者のための医療代諾権は、代弁人の医療代諾権と親族の医療代諾権の2つの条文において定められている。これらの規定は、どちらも一般民法典第1編「人法」第6章「代弁人制度、それ以外の法定代理および老齢配慮代理権」に置かれている。同章は、「代弁人または特別代理人の任命要件（一般民法典268条から278条）」、「代弁人制度のための特別規定（一般民法典279条から284条h）」の2節に分けられ、医療代諾権は、後者の「代弁人制度のための特別規定」の中に規定されている（一般民法典283条）。

一般民法典は1811年に成立し、1812年に施行された。施行当時から成年

Kommentar zum Bürgerlichen Gesetzbuch (3. Aufl.) Band 3 (2012), S. 1330.
〈3〉　岩志和一郎「医療同意と成年後見」、金川洋「成年後見と医療との関わり」、ともに田山輝明（編著）『成年後見─現状の課題と展望─』（日本加除出版株式会社、2014）72頁、93頁。
〈4〉　老齢配慮代理権（Vorsorgevollmacht）とは、日本の任意後見制度に当たる制度であり、本人は判断能力を有する間に、代理人およびその権限を定めておくことができる（一般民法典284条fから284条h）。この老齢配慮代理権によって、医療代諾権者を定めることが可能である。

者保護制度は存在していたが、1984年7月1日に現行制度である代弁人制度が施行された時点では、代弁人の医療代諾権は明文化されなかった。しかし、実務においては、法的根拠を有しないで親族が医療代諾を行っており、1984年の制度施行後まもなくして、医療代諾権の明文化が望まれるようになっていった[5]。そして、2006年の代弁人法改正時に、実務からの要望に応え、かつ判例を立法化するかたちで、代弁人の医療代諾権が一般民法典に規定された（一般民法典283条）。

一方で、親族の医療代諾権も、やはり2006年の代弁人法改正に際して明文化された（一般民法典284条b第3項）。親族の医療代諾権は、2006年の代弁人法改正時に創設された「近親者代理権制度」という新制度の一内容である。この近親者代理権創設には、代弁人制度利用件数の抑制が期待されていた。1984年に施行された代弁人制度は、予想以上に多くの利用者を得ることになった結果、国の財政負担と裁判所の負担が増加し、代弁人制度の質の低下が問題視されるようになったからである。これ以上の代弁人制度の利用増加を抑制するために、代弁人制度を利用せずに本人を保護する制度が必要となり、近親者代理権が導入されるに至った[6]。

2　オーストリアにおける医療同意能力

オーストリアにおいて、医療代諾は身上監護事務に分類される。身上監護に関する権利を行使する際には、認識能力および判断能力が必要とされる[7]。代弁人の任命と関係なく、治療の際に本人が治療に関する認識能力および判断能力を有していれば、常に本人しか治療に同意できないのが原則である（283条1項）。このため、本人に代弁人が任命されていても、本人に同意に必要な判断能力および認識能力があるかどうかが調査されなければならない[8]。つまり、代弁人が医療代諾権を有するのは、本人が医療同意能力を有しない場合に限定される。オーストリアでは、2001年の親子法改正以降、医療同意能力は、

---

[5]　Forster, Fünf Jahre Sachwalterrecht – Eine Zwischenbilanz aus sozialwissenschaftlicher Sicht, in: Rechtsfürsorge und Sachwalterschaft (1990), S. 127.
[6]　この他にも、老齢配慮代理権が一般民法典に導入された。
[7]　Barth/Ganner, in: Barth/Ganner (Hrsg.), Handbuch des Sachwalterrechts (2010, 2. Aufl.), S. 153. 一般民法典は、14歳以上の未成年者には医療同意に関する認識能力および判断能力の存在を推定している（一般民法典173条）。
[8]　Barth/Ganner, in: Barth/Ganner (Hrsg.), Handbuch des Sachwalterrechts (2010, 2. Aufl.), S. 179.

本人に対して個別かつ具体的に判断すべきとされてきた。より詳しく言うと、医療同意能力は、本人が診療および療法の可能性、代替的措置、治療のチャンスとリスクに関して、関係する法益および利益の価値を理解できるか、またその認識に基づいた行動をとることができるかに基づいて判断される[9]。実務において、この判断が難しい場合には、精神状態を判断するための簡単なテストが行われている[10]。

3　代弁人の医療代諾権

(1) 立法化に至るまでの学説と判例

　代弁人の医療代諾権は、居所決定権とともに、その立法化が2006年の改正前から望まれていた。実務からの要望を受けて、代弁人の医療代諾権は2006年の改正に際して明文化され、2007年7月1日に施行された[11]。もっとも、条文が置かれる以前から、代弁人の医療代諾権は、学説および判例によって認められていた。

(ⅰ) 学説

　行為能力剥奪宣告令（1916年公布）の時代から、後見人（代弁人にあたる）は、本人の財産管理だけでなく、本人を監護するために任命されるのが支配的見解となっていた。ここから、法律行為、訴訟の遂行、官庁における手続だけではなく、医療代諾を含む、人格権の主張および防御が後見人の事務となると考えられており[12]、この見解は、代弁人制度に受け継がれた。

　2006年改正以前における代弁人の医療代諾権の根拠条文は、未成年後見における条文であった。2006年の改正以前に、代弁人法は、旧282条[13]により未成年者後見の条文を広汎に準用していた。未成年後見においては、未成年者

---

[9]　Barth/Ganner, in: Barth/Ganner (Hrsg.), Handbuch des Sachwalterrechts (2010, 2. Aufl.), S. 180.
[10]　インスブルック大学ガナー教授講演会「医的治療に関する代弁人の同意権―ドイツ世話法を特別に考慮しつつ―」（横川敏雄記念講演会、2013年9月28日）による。
[11]　BGBl I 92/2006.
[12]　Barth/Ganner, in: Barth/Ganner (Hrsg.), Handbuch des Sachwalterrechts (2010, 2. Aufl.), S. 45.
[13]　一般民法典旧282条
　「特段の定めがないかぎり、後見人に関する規定が代弁人（特別代弁人）の権利および義務についても適用される。障害者の代弁人は、裁判所が特別な命令を発しない限り、必要な身上監護について、特に医学的世話および社会的世話を確保しなければならない。」

に同意能力がない場合に、その監護人に医療代諾権が与えられる旨の規定が存在していたため（一般民法典173条、旧146条 c）、代弁人制度においても、当該条文を根拠条文として、代弁人は医療代諾権を有すると考えられてきたのである。

しかし、未成年後見と成年後見を分けて規定することが主張され続けてきた結果、2006年の代弁人法改正によって、未成年後見と代弁人制度の切り離しが実現された。この結果、代弁人制度の枠組みにおいて、代弁人の医療代諾権の規定が置かれることとなった。

(ⅱ) 判例

2006年の改正以前から、最高裁は、代弁人に医療代諾権を認めてきた。〈14〉ここでは、それらの判例のひとつを紹介する。本件は、本人が代弁人の医療代諾権を拒否したケースである。この中で、最高裁は、代弁人が医療代諾権を有する旨を判旨した。

【最高裁1987年10月21日判決〈15〉】

【事案の概要】

裁判所は、代弁人に対して、壊死している本人（1919年生まれ）の左腕切断の同意権を与える決定をした。しかし、本人は、夫と息子に先立たれており、もはや生きる望みはなく、死んでもいいとの理由から、代弁人への医療代諾権付与に対して異議申し立てを行った。

【最高裁の判決要旨】

最高裁は、本人の精神状態の鑑定が不十分であるとして破棄差戻しとしたが、代弁人の医療代諾権に関しては、次のように述べて肯定した。ここでは、本人の同意の代替は、代弁人の任命以外にないと述べられている。

「成年で心的病気または精神的障害によってその行為能力を侵害されていない者は、身体への侵襲について基本的に自ら決定しなければならず、その決断は尊重されなければならない。もっとも、本人が心的病気または精神的障害により、手術を行う必要性および手術を拒否する意味を判断することができない場合には、これに限られない。このような場合には、そしてこのような場合にのみ、法律は一般民法典273条1項にお

〈14〉この他にも、オーストリア最高裁判所は、本人の不妊手術（OGH 12.12.1977(1 Ob 735/77)、OGH 30.4.1991(5 Ob 518/91)、中絶措置（OGH 11.11.1997(7 Ob 355/97z)）のケースにおいて、代弁人の医療代諾権を肯定している。

〈15〉8 Ob 652/87.

いて、法定代理人を、つまり代弁人を任命し、その事務（これには必要な身上監護も含まれる）処理に際し、本人の意思形成を代理する可能性を有している。手術に対する本人の同意を代替するには、代弁人の任命以外の可能性は、法律からは導かれえない。」

（2）条文内容

2006年の改正により、2007年7月1日から、代弁人の医療代諾権を定める283条が施行された。同条は、本人に認識能力および判断能力があれば、本人だけが治療に同意できるという原則を定めてから、代弁人が代諾できる場合を規定している。283条は、次のとおりである。

一般民法典283条

「（1）医的治療において、認識能力および判断能力を有する限り、障害者は、自らによってのみ同意できる。それ以外では、任務範囲が当該事務の処理〔医療代諾〕[16]を包括する代弁人の同意が必要となる。

（2）通常、身体の完全性または人格の重大な障害または持続的な障害を伴う医的治療に対し、診察した医師から独立している医師が、診断書において、障害者が必要な認識能力および判断能力を用いることができず、治療を行うことがその福祉の保持に必要であると証明した場合にのみ、代弁人は同意することができる。そのような診断書が存在しない場合、または障害者がその治療を拒否することを明らかにした場合には、同意は裁判所の許可を必要とする。代弁人が医的治療に同意せず、そのために障害者の福祉が危険にさらされる場合には、裁判所は、代弁人に代わって同意でき、また代弁人職を他の者に委託できる。

（3）治療が緊急を要するため、〔本人の〕同意、〔代弁人の〕同意または裁判所の決定に伴う延期が、障害者の生命を危険にさらすであろう場合、または健康への重大な損害の危険を伴うであろう場合には、認識能力および判断能力を有する障害者の同意、代弁人の同意および裁判所の決定は必要とならない。」

（i）本人が判断能力を有する場合

オーストリアでは、行為能力と医療同意能力は別のものとして考えられているため、代弁人が任命されたとしても、本人の医療同意能力は制限されない。つまり、本人が医療同意できるかどうかは、代弁人の任命に関係なく、個別に

---

[16] 本稿では、訳注を〔　〕で示す。

判断される。もし、本人に医療同意能力があると判断されれば、医療同意権は、本人にのみ認められる（一般民法典 283 条 1 項）。この点は改正前から通説とされており、判例は、親子法の旧 146 条 c を準用して、本人が同意能力を有する限り、代弁人が任命されていても、本人のみが治療に同意でき、また拒否できると判示してきた。[18]

(ii) 本人が同意能力を有するかどうか不明な場合

　治療に対する本人の同意能力を個別に判断するという方向性が定まったのは、2001 年に行われた親子法改正においてであった。[19] 本人の同意能力の有無を判断する際に、立法者は、ドイツの刑法学者アメルング（Amelung）が発案した認定方法を採用した。アメルングは、認定方法の発案に際し、「同意した者に対して不法行為は生じない（Volenti non fit iniuria）」という原則がもはや時代に即していないことを出発点とした。アメルングは、1992 年に公表した論文において、同原則はもはや時代遅れであるにもかかわらず、被侵害者の同意に関する制度はいまだ発展途上であるとし、議論の必要性を指摘した。[20] この中で、アメルングは、同意はドイツ民法典 104 条以下の意思表示とは異なるとして、同意するには、次の 3 つの能力が必要となるとした。[21] ①事実および因果関係を認識するための能力、②評価するための能力、③認識に従った自己決定能力である。[22] それぞれの能力は、具体的には次の事項を理解できるか

〈17〉 一般民法典旧 146 条 c
　　「(1) 医的治療への同意は、認識能力および判断能力のある子は、自らによってのみ与えることができる。疑わしい場合には、分別のある未成年者の場合には、認識能力および判断能力が推定される。必要な認識能力および判断能力が存在しない場合には、監護および教育を委託されている者の同意が必要となる。
　　(2) 通常、身体の完全性または人格の重大な侵害または持続的な侵害を伴う治療に、認識能力および判断能力を有する未成年の子が同意する場合には、治療は、監護および教育を委託されている者も同意する場合にのみ、行われることが許される。
　　(3) 治療が非常に切迫して必要であり、そのため、〔本人の〕同意または〔監護または教育を委託されている者の〕同意を得ることによって生じる遅延が、子の生命を危険にさらすか、または健康の重大な損傷を伴う場合には、認識能力および判断能力を有する子および監護および教育を委託されている者の同意は、必要とならない。」
〈18〉 インスブルック州裁判所 2006 年 9 月 26 日判決（51 R 84/06m）、iFamZ (2007), S. 141.
〈19〉 Barth/Dokalik, in: Barth/Ganner (Hrsg.), Handbuch des Sachwalterrechts (2010, 2.Aufl.), S. 179.
〈20〉 Amelung, Über die Einwilligungsfähigkeit (Teil 1), ZStW(1992) S.525ff.
〈21〉 Amelung, Über die Einwilligungsfähigkeit (Teil 1), ZStW(1992) S.551ff.
〈22〉 Barth/Dokalik, in: Barth/Ganner (Hrsg.), Handbuch des Sachwalterrechts (2010, 2.Aufl.), S. 180f.

によって判断される。[23]
① 事実および因果関係を認識するための能力
  ・本人は、自分が心的病気または精神的障害を有することを知っているか。
  ・その病気または障害に関する医師からの情報を理解できるか。
  ・どこに予定された措置があるかを理解できるか。
  ・措置を行わない場合に生じうる結果およびリスクを理解できるか。
  ・代替策があること、代替策がどこにあるか、その結果およびリスクを理解できるか。
② 評価するための能力
  ・本人は、病気と関係する法益（健康、生命）の価値を理解できるか。
  ・本人は、（失敗および後遺症の可能性も考慮した）治療によって侵害される法益の意味を理解できるか。
  ・本人は、病気によって生じる法益侵害と侵襲に伴う利益を比較することができるか。
  ・代替策があること、代替策がどこにあるか、その結果およびリスクを理解できるか。
③ 認識に従った自己決定能力
  ・本人は、その認識に基づいて行動できるか、または本人が抗えない誘惑または不安のもとに置かれているか。

（ⅲ）本人が同意能力を有していない場合

　本人が医療同意に関して認識能力および判断能力を有しない場合に、代弁人は初めて同意できる。代弁人の同意権とは、同意だけでなく、拒否することも包括している。[24] しかし、同意の前提として、代弁人は裁判所から医療代諾権を与えられていなければならない（一般民法典283条1項）。同意する際には、代弁人は、医師から、侵襲に関して、診断、治療の経過、リスクおよび後遺症などに関する説明を受けなければならない。

　一方で、本人は、法律により、その身上および財産事務について代弁人が計画している重大な措置について知らされ、適切な期間を置いて発言する権利を有している（一般民法典281条2項）。このため、本人の希望が措置よりも本

---

[23] Barth/Dokalik, in: Barth/Ganner (Hrsg.), Handbuch des Sachwalterrechts (2010, 2.Aufl.), S. 182.

[24] Barth/Dokalik, in: Barth/Ganner (Hrsg.), Handbuch des Sachwalterrechts (2010, 2.Aufl.), S. 183.

人の福祉に資する場合には、その希望の方が考慮されなければならない。代弁人は、裁判所から代諾権を与えられれば治療に同意または拒否することになるが、その前に、本人の「希望を突き止める義務」を負う。

また、代弁人は、身体拘束に関する権限を有していない。このため、本人の治療に身体拘束が必要である場合には、措置入院法に基づく手続がとられる。これについては後述する。

(ⅳ) 侵襲が重大な場合

代弁人の代諾権の行使は、治療に伴う侵襲の程度によって要件が異なる。侵襲が重大な場合に代諾権を行使する場合には、法が規定する特別な要件を満たしていなければならない（一般民法典283条2項）。重大な侵襲とは、刑法典84条1項の要件が満たされている場合となる[25]。例えば、侵襲が生命にとって重要な器官に関係する場合、または侵襲が行われる結果、働けない状態が24日を越えて継続する場合には、「重大な侵襲」に当たる。具体的には、心臓といった生命にとって重要な臓器への医的侵襲は、その重大な結果または高いリスクのために、重大な侵襲となる[26]。胃ろうも、抵抗する患者の固定を必要とすることが頻繁に生じること、とりわけ患者が高齢の場合に、自然な栄養摂取を回復させることが非常に困難であるという理由から、通常は重大な医的侵襲に含まれる[27]。四肢の切断、化学療法および放射線療法ならびに激しい痛みを伴う治療も、重大な侵襲になると考えられている[28]。

このように侵襲が重大な場合には、医師は代弁人の代諾だけで治療を行えず、治療は代弁人の同意に加えて、治療医以外の医師の診断書または裁判所の許可を必要とする。治療医以外の医師の診断書とは、診断書において、本人が同意するための認識能力および判断能力を用いることができないこと、および治療が本人の福祉に資することを証明するものである。また、代弁人が診断書を提示できない場合には、同意は裁判所の許可を必要とする。もっとも、費用がかからないという理由から、代弁人が初めから裁判所に許可を求める場合もある。

---

[25] オーストリア刑法典84条1項
　「(1) 行為が24日間より長く続く健康損害または稼働不能を結果としてもたらすか、もしくは侵襲または健康損害がそれ自体重い場合には、行為者は3年までの自由刑に処せられる。」

[26] ErlRV 1420 BlgNR 22. GP, 20.

[27] Barth/Dokalik, in: Barth/Ganner (Hrsg.), Handbuch des Sachwalterrechts (2010, 2.Aufl.), S. 186.

[28] ErlRV 1420 BlgNR 22. GP, 20.

(ⅴ) 緊急の場合

　緊急の場合には、代弁人の代諾および裁判所の許可は必要とならない。緊急の場合とは、代弁人の同意または裁判所の許可を待つ間に、本人の生命が危険にさらされるか、健康に深刻な障害が生じる場合である（一般民法典283条3項）。これ以外にも、緊急の場合として、代弁人が代諾を拒否し、他の者を代弁人として任命するのに時間を要する場合（通常2週間）、および本人が激しい痛みに苦しんでおり、直ちに鎮痛剤の服用または投与を行う必要がある場合があげられる[29]。このような場合には、治療は、本人の承諾、代弁人の代諾および裁判所の許可なしで実施される。本項も、未成年後見の規定である、旧146条c第3項に基づいて作成された。

4　近親者の医療代諾権

　2006年の改正により、代弁人制度の利用増加を抑制するために、新制度である近親者代理権制度が民法典に規定された（一般民法典284条bから284条e）。この制度は、本人が判断能力を有しなくなると、一定の親族に一定の範囲の事務に関する代理権が法律により自動的に発生する制度である。当該制度の導入により、家族間の連帯の強化、およびそれに伴う国の負担軽減が図られた[30]。

　本制度では、代理権者として、両親、成人した子、配偶者、登録されたパートナーおよび配偶者と同視されるべき同棲相手が規定されている（一般民法典284条c第1項）。配偶者には、本人と同居している場合にのみ、代理権が生じる。同棲相手には、本人がすでにその者と少なくとも3年間同じの家計の下で生活した場合に代理権が認められる。代理権は、成年者がその心的病気または精神病のために、もはや日常生活の法律行為を処理することができない場合および年齢、病気、障害または貧困が原因で認められる一定の請求権を主張することが自らできない場合に生じ（一般民法典284条b第1項）、この代理権の一内容として、近親者の医療代諾権が規定された（一般民法典284条b第3項）。284条b第3項は次のとおりである。

　　一般民法典284条b第3項
　　「(3) 近親者代理権は、通常、治療が身体の完全性もしくは人格の重大な侵害または持続的な侵害を伴わない限り、かつ被代理人に必要な認識能

---

[29] ErlRV 1420 BlgNR 22. GP, 21.
[30] ErlRV 1420 BlgNR 22. GP, 3f.

力および判断能力が不足している限り、医的治療に関する同意も包括する。」

　同項に基づき、本人が同意に関する認識能力および判断能力を有しない場合には、治療が身体および人格に重大な侵害を生じさせるものでない限り、親族は治療に対する代諾権または拒否権を有する。治療による侵襲が重大であれば、代弁人または老齢配慮代理権者のみが代諾できる。つまり、老齢配慮代理権がなければ、侵襲が重大な治療の代諾には、誰かが（親族を含む）本人の代弁人として任命されなければならない。ここから、オーストリアでは、包括的な医療代諾権を有するのは、原則的に代弁人であるといえる。

5　措置入院における医療代諾権

（1）措置入院法とは

　一般民法典だけでなく、措置入院法（Unterbringungsgesetz）[33]も、医療代諾権に関する規定を置いている。措置入院法は、精神病院への措置入院に関する事項を定めている。もともと、行為能力剥奪宣告令には、後見制度とともに強制収容に関する規定も置かれていた。しかし、後見と強制収容には別の根拠規定が必要であるとして、代弁人法（1984年7月1日施行）には強制収容に関する規定は設けられなかった。1991年に精神病院への強制収容を定める措置入院法が施行された後、代弁人による本人の自由制限を否定する最高裁判決が相次いで出され、代弁人が本人の自由を制限できない点が明確になった。[34]

　措置入院法によれば、本人は、精神病に罹患し、それが原因で自己の生命または健康もしくは他者の生命または健康を深刻かつ著しく危険にさらし、他の方法では医師による治療または世話が十分になされえない場合に限り、精神病院または精神科に収容される（措置入院法3条）。[35]

〈31〉侵襲の重大性は、代弁人の代諾の場合と同様に判断される。
〈32〉ErlRV 1420 BlgNR 22. GP, 23.
〈33〉BGBl 155/1990.
〈34〉OGH 22.5.1992(7 Ob 555/92), OGH 12.11.1992(6 Ob 601/92), OGH 30.5.1994(1 Ob 561/94).
〈35〉措置入院法3条
　「『精神科』には、次の者のみを収容することが許される。
　1　心的病気に罹患しており、この関係で自己の生命もしくは健康または他者の生命もしくは健康を深刻に危険にさらすおそれがあり、
　2　他の方法で、特に『精神科』の外部において、医師によって十分に診察されえないか、または世話されえない者」

（2）医療代諾権
（ⅰ）患者の同意能力

　医療代諾権に関する規定は、措置入院法36条および37条に置かれているが、後者は緊急ケースを規定しており、一般民法典と類似するため、ここでは36条を中心に考察する。36条は、措置入院法2条に基づいて収容された患者の治療に適用される。したがって、精神病院に入院している患者すべてに措置入院法が適用されるわけではない。36条は次のとおりである。

措置入院法36条
「(1) 患者が認識能力および判断能力を有している限り、患者は、その意思に反して治療されてはならない。通常、身体の完全性もしくは人格の重大な侵害または持続的な侵害を伴う医的治療（特別な治療）は、患者の文書による同意によってのみ実施されることが許される。

(2) 患者が認識能力および判断能力を有しない場合には、患者が未成年の場合、患者に代弁人が任命されていて、その任務範囲に患者の治療のための意思表示が含まれている場合、または老齢配慮代理権者が存在する場合には、患者の教育に関して権限を有する者、代弁人または老齢配慮代理権者の意思に反して、患者は治療されてはならない。特別な治療は、患者の教育に関して権限を有する者、代弁人または老齢配慮代理権者の書面による同意によってのみ実施されることが許される。

(3) 患者が認識能力および判断能力を有さず、かつその教育に関して権限を有する者、代弁人または老齢配慮代理権者を有しない場合には、裁判所は、患者またはその代理人の要請に基づき、治療の許容性について遅滞なく決定しなければならない。特別な治療は、裁判所の許可を必要とする。」

　本条の施行は1991年である。未成年者の医療代諾権（一般民法典旧146条c）

〈36〉 措置入院法37条
　「同意または裁判所の許可に伴う延期が、患者の生命を危険にさらすか、または患者の健康に重大な損害をもたらしかねないほどに、治療が緊急に必要である場合には、同意または裁判所の許可は必要とならない。治療の必要性および緊急性は、その科の責任者が決定する。当該責任者は、教育権者、代弁人または老齢配慮代理権者、もし患者がこれらの者を有していなければ、患者代弁人に治療に関して事後的に知らせなければならない。」

〈37〉 措置入院法2条
　「当該連邦法の規定は、人が閉鎖的空間に収容されるかその動きの自由を制限される精神病院および精神科（以下、psychiatrische Abteilung とする）に適用される。」

〈38〉 Kopetzki, Grundriss des Unterbringungsrechts(2005) Rz 583.

が施行されたのが2001年であり、代弁人法改正法の施行が2007年であるから、本条は、代弁人法より前に医療代諾の基本方針を表した条文といえる。実際に、特別な治療の際に同意が文書で行われるという以外は、規定内容は代弁人法に受け継がれている。ここでも、患者が認識能力および判断能力を有する場合には、患者は、その意思に反して治療されてはならない（措置入院法36条1項）。同意能力の有無は、患者が診察、療法的可能性、治療に代わる措置、決定と関係する法益および利益の価値を理解し、その認識に基づいて行動できるかどうかに基づいて判断される[39]。認識能力および判断能力を確定する権限は、治療医が有する[40]。治療の説明が十分になされ、患者が強制されておらず、かつ患者が治療を拒否する可能性を認識している限り、患者が異議を申立てずに治療を受ける場合には、治療への同意があると推定される[41]。

　これに対して、患者が治療の理由および異議を理解できず、その認識に基づいて自らの意思を決定できない場合には、患者が未成年か、成年かで医療代諾権者が異なる（同36条2項）。「意思に反して」という文言は、治療に同意が必要という意味に解されているので、患者の法定代理人[42]または教育権者が治療に対する同意または拒否を行うことになる[43]。患者が認識能力を有さず、かつ法定代理人または教育権者もいない場合には、患者またはその代理人の申請に基づき、裁判所が治療の許可を判断する。（同36条2項2文）。

(ⅱ) 特別な治療

　特別な治療には、書面による同意または裁判所による許可が必要となる（同36条1項）。もっとも、措置入院法の中に特別な治療に関する明確な定義はなく、その意義は判例よって解釈されてきた[44]。具体例として、手術による侵襲は常に特別な治療と解されている[45]。この手術とは、注射や血液採取を超えた、典型的な外科的侵襲と理解される。これ以外では、患者の身体の完全性を集中的にまたは継続して侵害する治療、痛みを伴い、重い後遺症が残る可能性のある治療、麻酔、電気療法（電気ショック）、その他のショック治療および睡眠

---

[39] Kopetzki, Grundriss des Unterbringungsrechts(2005) Rz 622.
[40] Kopetzki, Grundriss des Unterbringungsrechts(2005) Rz 628.
[41] Kopetzki, Grundriss des Unterbringungsrechts(2005) Rz 640.
[42] Kopetzki, Grundriss des Unterbringungsrechts(2005) Rz 643.
[43] 代弁人は、医療代諾権を裁判所から与えられることが必要となる（一般民法典268条）。
[44] Kopetzki, Grundriss des Unterbringungsrechts(2005) Rz 632.
[45] Kopetzki, Grundriss des Unterbringungsrechts(2005) Rz 634.

薬の投与などが特別な治療とされる。[46]

　患者が認識能力および判断能力を有しない場合には、治療は、法定代理人[47]または教育権者の書面による同意が得られる場合に限り有効となり、同意が不可能であれば裁判所の許可を必要とする。(同36条2項)。特別な治療の場合でも、患者に認識能力および判断能力があれば、治療には常に本人の同意が必要となる。

第2節　スイスにおける医療代諾権

1　医療代諾権の規定場所

　スイスでは、後見法が改正され、「成年者保護法（Erwachsenenschutzrecht）」が2013年1月1日に施行された。この改正で、老齢配慮委託制度（日本の任意後見制度にあたる。）といった成年者保護のための複数の制度とともに、判断能力が不十分な者のための医療代諾権が民法典に初めて規定された。同じ民法典の中でも、オーストリアが代弁人法（日本の成年後見法）の枠組みにおいて医療代諾権を規定したのに対し、スイスは、医療代諾権を成年後見制度の中に規定していない。ここに、オーストリアとスイスの立法の差異が見受けられる。成年者保護法は、スイス民法典の第2編「家族法」の中に、第3章「成年者保護」として規定された。同章は、「自らによる配慮および法定措置」、「官庁的措置」、「組織」に分かれており、さらに「自らによる配慮および法定措置」は、「自らによる配慮」と「判断能力を有しない者のための法定措置」に分けられる。医療代諾権は、後者の「判断能力を有しない者のための法定措置」において、配偶者および登録されたパートナーの法定代理権とともに定められた。

　なお、スイスにおける成年後見制度は、言語を「Beistandschaft」といい、成年後見人は「Beistand」という。本稿では、成年後見制度、成年後見人とする。スイスの成年後見制度は、「官庁的措置」において定められている。

2　医療代諾権の立法化のきっかけ

　スイスにおいても、2013年の改正によって初めて医療代諾権が民法典に規

〈46〉Kopetzki, Grundriss des Unterbringungsrechts(2005) Rz 638.
〈47〉代弁人の同意は重要な事務となり、裁判所の許可が必要となると考えられる（一般民法典275条2項）。

第2編　イギリスとオーストリア・スイスにおける医療代諾権制度

定された。その際、医療代諾権の明文化に対する躊躇は見受けられなかった。スイスには26の州（カントン）が存在するが、複数の州は、民法典に統一規定が置かれる前に、州法において医療代諾権の規定を設けていた。この州法の規定内容が、医療代諾権の民法典における明文化の契機となったのである。

　改正前において、すべての州が医療代諾権の規定を有していたわけではない。たとえば、ジュラ州、ティチーノ州およびノイブルク州では、本人の身近にいる者、家族関係にある者が判断能力を有しない成年者のために、治療への代諾を行うことを許可する旨が規定されていた。また、アーガウ州、アッペンツェル・アウサーローデン州、ベルン州およびルツェルン州では、緊急を要するケースではなくても、医師が治療を実施する決定権を有する旨が定められていた。この中には、医師が親族と話し合うことを義務として課さない州もあった。この規定内容が、連邦法における医療代諾権の立法化の要因のひとつとなった。医師が親族と話し合わずに本人の治療を決定することは、「人権と生物医学に関する条約（Übereinkommen über Menschenrechte und Biomedizin）」6条に抵触するとの指摘がなされたのである。[48] 同条約は1997年4月4日にスペインのオヴィエド（Oviedo）で成立しており、1条は次のように規定している。「同条約の締約国は、すべての人の尊厳とアイデンティティーを保護し、かつすべての人に対し差別することなく生物および医学の適用に関して、そのアイデンティティー、その他の基本権および基本的自由の保持を保障する。」スイスは、同条約に1995年5月7日に署名し、2008年7月24日に批准した。なお、オーストリアおよびドイツは同条約に署名も批准もしていない。

　同条約6条は、次のとおりである。

人権と生物医学に関する条約　6条　同意能力を有しない者の保護
「1．同意能力を有しない者の場合には、侵襲（Intervention）は、その者の直接的な利益のためのみに行うことが許される。17条および20条は、留保される。
　2．未成年が法律により、侵襲に同意する能力を有しない場合には、この侵襲は、その法定代理人または法秩序によって、医療代諾のために定められている官庁、人物または官署の同意によって行うことが許される。未成年者の意見は、その加齢および成熟にともない、常により重視され

---

[48] Botschaft zur Änderung des Schweizerischen Zivilgesetzbuches (Erwachsenenschutz, Personenrecht und Kindesrecht) vom 28.Juni 2006, BBl 2006 S. 7013. 以下、Botschaft とする。

182

ていく。
　３．成年者が精神障害、病気またはこれに類似する理由がもとで法律により、侵襲に同意する能力を有しない場合には、この侵襲は、その者の法定代理人、または法秩序によって、医療代諾のために定められている官庁、人物または官署の同意によって行うことが許される。本人は、可能な限り、この同意手続に参加するべきである。
　４．２項および３項による代理人、官庁、人物および官署は、５条において規定されている方法において説明を受ける。
　５．２項および３項の同意は、本人の利益において、いつでも撤回することができる。」

　スイスは、成年者保護法を改正している段階で、同条約を批准する意向を示していたことから、国内法を同条約に適合するよう統一する必要があった。ここから、本改正における医療代諾権の立法化に対しては、「法の欠缺が埋められた」という表現がなされた[49]。

　明文化のもうひとつの理由として、家族の連帯の強化があげられる[50]。後述するが、2013年の新法により、スイスでも、法律によって自動的に一定範囲の家族・親族に医療代諾権が与えられるようになった。これまで、判断能力が不十分な成年者を保護する制度として、後見制度のみが存在した。しかし、家族・親族にとって官庁における手続は敷居が高く、実際に彼らは、法的手続なしに本人の代理人として行動していた。新法によって、このような代理行為に対し、法的正当性が与えられることとなった。

3　医療代諾権の法内容

　このような経緯を経て、判断能力の不十分な者のための医療代諾権は、スイス民法典377条から381条までに規定された（2013年1月1日施行）。以下では、その内容を概観する。

（1）医療代諾権者
（ⅰ）医療代諾権者
　スイスでは、代諾権者は代諾を医師と協力して行うことが想定されている。

---

[49] Kostkiewicz/Nobel/Schwander/Wolf (Hrsg.), Kommentar Schweizerisches Zivilgesetzbuch (2013, 2. Aufl.), S. 1691.
[50] Botschaft, S. 7013.

スイス民法典は、医療措置の代諾権者を定める規定を378条として置き、代諾権行使の前提となる医師の役割を377条に規定している。[51]
　まず、医療代諾権者は378条において、次のように規定された。
　スイス民法典　378条　代諾権者
　「（１）次に掲げる者は、その序列に従い、判断能力を有しない者を代理し、予定されている外来措置または入院措置に同意し、またはこれを拒否する権限を有する。
　　1. 患者配慮処分または老齢配慮委託（Vorsorgeauftrag）において挙げられている者
　　2. 医療措置の際の代理権を有する成年後見人
　　3. 判断能力を有しない者と家計を共にするか、またはその援助を行っている配偶者または登録されたパートナー
　　4. 判断能力を有しない者と家計を共にし、かつその結果その者に定期的かつ個人的に援助を行う者[52]
　　5. 判断能力を有しない者の子孫がこの者を定期的かつ個人的に援助している場合には、その子孫
　　6. 判断能力を有しない者の両親がその者を定期的かつ個人的に援助している場合には、その両親
　　7. 判断能力を有しない者の兄弟姉妹がその者を定期的かつ個人的に援助している場合には、その兄弟姉妹
　（２）複数の者が代理権を有する場合には、善意の医師は、それぞれが他の代諾権者の同意を得て行動していることを前提とできる。
　（３）患者配慮処分に指示がない場合には、代諾権者は、判断能力を有しない者の推定的意思および利益に従い決断する。」

　今回の改正は自己決定の尊重を目的としているので、最も優先順位の高い者は、患者配慮処分および老齢配慮権者に挙げられている者である（同条１項１号）。その次に代諾権者となるのが、成年後見人（同条１項２号）である。成年後見人が代諾権者となるためには、裁判所または成年後見の管轄官庁（両方

〈51〉ここでの医療措置には、診断のための血液採取および日常的な身体のケアは含まれず、外来および入院による医療措置のみが含まれる。Fassbind, Erwachsenenschutz (2012), S. 206.
〈52〉本号の対象者は同棲相手に限られず、個人的に援助しあう友人同士で共同生活を送る場合には、その友人も含まれる。Botschaft, S. 7037.

合わせて成年者保護官庁という。）から、医療代諾権を付与されていなければならない。

　実務において問題となるケースは、上述以外の、本人が事前に自己決定を行っておらず、かつ成年後見人が任命されていない場合となる。スイスは、改正において、一定要件を満たした家族・親族に医療代諾権を認める立法を行った。その要件とは、本人と家計を同一にするか、または本人を定期的かつ個人的に援助していることである。これらの要件を満たしている者は、配偶者または登録されているパートナー、同棲相手、子孫、両親そして兄弟姉妹の順に優先的に医療代諾権を有する（同条１項３号から７号）。この順序は、本人との距離および本人の推定的意思に合致するとされた。[53] 複数の者が同時に代理権を有する場合には、代諾権は原則として共同で行使される必要がある。[54] しかし、代諾権者が共同で代諾権を行使していなくても、善意の医師は、共同で行使されたものとして治療できる（同条２項）。

　本条によれば、ここに列挙されている親族であったとしても、本人と同じ家計のもとで生活していないか、または本人に対して個人的な援助を行っていない場合には、代諾権を行使しえない。代諾権者も患者配慮処分も存在しない場合には、医師は、治療方法を一人で決定する。[55]

(ⅱ) 医師による治療計画

　医療代諾権者が民法典に規定されたが、代諾権者は本人の治療に関して１人ですべてを決定できるわけではなく、医師との協力関係において代諾権を行使しなければならない。本改正により、医師の代諾権者への情報提供および[56]本人の可能な限りの治療決定への参加が規定された（スイス民法典 377 条）。[57]

---

[53] Fassbind, Erwachsenenschutz (2012), S. 209.
[54] Botschaft, S. 7036.
[55] もっとも、代諾権者として該当しない親族の発言も考慮されるべきであるとされる。Fassbind, Erwachsenenschutz (2012), S. 210.
[56] 文言上は代諾権者となっているが、ここには本人に対する説明も含まれる。
[57] スイス民法典　377 条　治療計画
　「(1) 判断能力が不十分である者が患者配慮処分（Patientenverfügung）において治療に関して述べていない場合において、治療医は、医療措置の代諾権者による代理との関係において必要な治療を計画する。
　(2) 医師は、代諾権者に対して予想される医療措置に関して本質的に存在するすべての事情について、とりわけ、その理由、目的、種類、方法、リスク、後遺症および費用、治療を行わないことの結果、ならびに代替的治療の可能性について代理権者に情報を提供する。
　(3) 可能である限り、判断能力が不十分な者も決定に参加する。

同条の規定内容は、人権と生物医学に関する条約6条に合致するものであり、また医師からの希望に沿うものでもあった[58]。医師による代諾権者への説明は、その後の代諾権行使に必要な要件である。とりわけ、治療の理由、目的、種類、方法、リスク、後遺症および費用、治療を行わないことの結果およびその代替的治療が説明されなければならない。代諾権者は、医師からの説明を十分に受けたうえで、本人の名前で、予定されている医療措置に関して同意または拒否の決定を行う[59]。

同条3項は、憲法7条[60]に基づいて、可能な限りの本人の治療決定への参加を定めている。本人の不参加が認められるのは、その参加が明確に不可能と認められる場合のみである。

したがって、親族は、たとえ代諾権を有していたとしても、1人で医療措置を提案したり、決定したりできるわけではなく、治療への代諾は医師との協力関係のもとで行われる。医師および代諾権者は、第一に本人の推定的意思に基づいて、第二に本人の客観的利益のために決定を行う（スイス民法典378条3項）。代諾権者が代諾を拒否し、本人が危険にさらされる場合には、医師は、381条1項に基づいて成年者保護官庁に介入を求めることができる。

4　代諾権以外の条文

一般的な医療代諾権が置かれている箇所には、代諾権の行使以外にも、医療措置に関する複数の規定が置かれている。（1）緊急の場合、（2）監護的措置入院規定の優先および（3）成年者保護官庁の介入である。

（1）緊急の場合

緊急を要する場合には、医師は、本人の福祉のために、その推定的意思と客観的利益に基づいて自ら医療措置を行うことができる（スイス民法典379条[61]）。つまり、医療措置が緊急を要し、代諾権者に情報を提供し、その代諾を得ているだけの時間がない場合には、医師は自ら治療措置を行うか、または措置を命

　　（4）治療計画を進行中の経過に合わせる。」
[58] Botschaft, S. 7036.
[59] Botschaft, S. 7036.
[60] スイス憲法典　7条
　　「人の尊厳は、尊重され、保護される。」
[61] スイス民法典　379条　緊急のケース
　　「緊急ケースの場合には、医師は、判断能力を有しない者の推定的意思および利益に従い、医療措置を行う。」

じる権限を有する。同条は、「人権および生物医学に関する条約」8条に合致している[62][63]。

代諾権者が不明であり、成年者保護官庁の決定まで患者の福祉のために医療措置を延期できない場合においても、同条が適用される。

(2) 監護的措置入院に関する規定の優先

オーストリアにおいて、措置入院の患者に対する治療代諾が措置入院法に定められていたように、スイスも、当該患者への治療に関する特別な規定を置いている。このような入院は、監護的措置入院と呼ばれ、特別法ではなく、民法典の中に定められている（スイス民法典426条以下）。前述の医療代諾権者は一般的な入院には代諾できるが、患者の入院が監護的措置入院による場合には、監護的措置入院の規定が適用される（スイス民法典380条）[64]。監護的措置入院の規定に関しては後述する。

(3) 成年者保護官庁の介入

代諾権者がいないか、いても代諾権を行使する意思がない場合には、成年者保護官庁は、代理権を主たる権限とする成年後見を開始するか、または代諾権者を定める（スイス民法典381条）[65][66]。介入する場合には、成年者保護官庁は、

---

[62] 人権と生物医学に関する条約8条　緊急事態
「緊急事態であるために、同意を得ることができない場合には、本人の健康の利益に医学上必要不可欠となるすべての侵襲は、同意を回避して行うことができる。」

[63] Botschaft, 7037.

[64] スイス民法典380条　精神障害の治療
「精神病院における判断能力を有しない者の精神障害の治療は、監護的措置入院の規定に従う。」
本条により、スイス民法426条以下の監護的措置入院における医療措置の規定は、377条以下の規定に優先して適用される Fassbind, Erwachsenenschutz (2012), S. 206.

[65] スイスの成年後見には、成年後見人に原則として代理権のみを与える類型が存在する（スイス民法典394条および395条）。詳細は、拙稿「スイス成年後見法における法定代理権の変遷」五十嵐慶喜＝近江幸治＝椻澤能生（編）『民法学の歴史と未来—田山輝明先生古稀記念論文集—』（成文堂、2013）600頁参照。

[66] スイス民法典　381条　成年者保護官庁の介入
「(1) 成年者保護官庁は、代諾権者となる者が存在しないか、または〔代諾権者となる者が〕代諾権を行使する意思がない場合には、代理を主たる任務とする成年後見を開始する。
(2) 成年者保護官庁は、以下の場合において、代諾権者を定め、代理を主たる任務とする成年後見を開始する。
　1．誰が代諾権者か不明である場合
　2．代諾権者が異なる意見を有する場合
　3．判断能力が不十分な者の利益が危険にさらされているか、またはもはや保持されていない場合
(3) 成年者保護官庁は、医師または他の身近な者の申請により、または職権により行動する。」

378条1項の序列に拘束されることなく、代諾権を有することができる者の中から、代諾権を適切な人物に与えることができる。

5 監護的措置入院における医師の治療命令

(1) 監護的措置入院とは

監護的措置入院（Fürsorgerische Unterbringung、スイス民法典426条1項）[67]とは、精神障害者または著しく荒廃している者に対して、これ以外に治療および世話の方法がない場合に実施される施設への収容である。これは、オーストリアの措置入院に類似する制度である。スイスでは、監護的措置入院は、民法典第2編「家族法」第3章「成年者保護」における「官庁的措置」の一内容として規定されている。

監護的措置入院においては、自己決定権および家族の連帯性は重視されておらず、患者配慮処分および老齢配慮委託は、有効な治療を阻害しない程度において考慮されるにとどまる。本人の精神状態を理由に入院させるのであるから、代諾権者が本人の精神状態を理由として入院に同意するケースは、常に監護的措置入院とみなされる。監護的措置入院は、本人の同意なしに手続が進められるため、親族を介護から解放するという側面も併せ持つ。さらに、監護的措置入院の規定が適用されることによって、病院が従う規定が統一されるといった効果も生じる。

(2) 監護的措置入院の歴史

スイス民法典の施行は、1912年である。施行当時は、後見官庁の同意とともに後見人が成年している被後見人を「緊急の場合に」施設に入所させる規定があるのみで、これ以外に、監護的理由から成年者をその意思に反して入院させる可能性は、連邦法レベルにおいては存在しなかった。このため、措置入院に関する法的保護が不十分であり、このような法状況は欧州人権条約にも適合していなかった。そこで、連邦法レベルの後見法の部分的改正が

〈67〉スイス民法典426条
　「(1) 心的障害もしくは精神障害を有する者または著しく荒廃している者は、これ以外に必要な治療または世話がなされえない場合には、適切な施設への収容が許される。
　(2) 親族および第三者の負担および保護が考慮される。
　(3) 措置入院の要件が消滅する場合には、本人は解放される。
　(4) 本人または身近な人物は、いつでも解放を請求できる。この請求は、遅滞なく決定される。」

必要とされた結果、1978 年 10 月から、「監護的自由剥奪（Fürsorgerische Freiheitsentziehung）」（旧 397 条 a から旧 397 条 f）が民法典に導入された。当該規定は、2013 年の改正により再び改正され、「監護的措置入院」となった。ここには、官庁を通さない治療のための措置入院（426 条）、自由意思で入所した者の引き留め（427 条）、医療的措置入院（429 条以下）、精神障害がある場合の医療措置（433 条以下）、事後的世話と外来的措置（437 条）および動きを制限する措置（438 条）が規定されている。これらの規定は、本人に対して身上監護を保障し、世話または治療によってふたたび自立した生活を取り戻すことを目的としている。本稿では、医療代諾というテーマに基づいて、精神的障害がある場合の医療措置の規定を検討する。

（3）本人が同意できない場合における医師の命令権限

　措置入院の枠組みで行われる精神的障害の治療に対しても本人が自ら同意することが前提となるが、本人が同意しない場合には、433 条から 436 条の規定が適用される。これらの規定は、精神的障害を治療する場合に限らず、身体的病気の治療を行うのに、精神的障害が理由で入院が必要となる者にも適用される。また、適用されるのは、本人が治療に同意しないか異議を唱えているにもかかわらず、自由を制限された状態で治療または世話を実施するすべての施設となる。つまり、精神病院に限られず、高齢者施設にも監護的措置入院の規定が用いられる。

　この監護的措置入院においては、医療代諾の規定は置かれていない。本人が同意できない場合には、要件を満たした場合にのみ、代諾権者ではなく医師が権限に基づいて治療を命令する（スイス民法典 434 条）。もちろん、監護的措置入院により入院している患者が判断能力を有するのであれば、本人が同意するべきであり、このために本人が同意するよう説得が試みられる。しかし、通常の治療と比較すると、本人意思は重視されていない。患者配慮処分が存在していたとしても、監護的措置入院においては、重要な治療は本人の意思を尊重せずして実施される。

〈68〉 Tuor/Schnyder/Schmid/Rumo-Jungo, Das Schweizerische Zivilgesetzbuch(2009, 3. Aufl.) S. 579.
〈69〉 Botschaft, S. 7038.
〈70〉 Fassbind, Erwachsenenschutz (2012), S. 337.
〈71〉 Fassbind, Erwachsenenschutz (2012), S. 315.
〈72〉 Botschaft S. 7068.
〈73〉 Fassbind, Erwachsenenschutz (2012), S. 341.

本人から治療同意を得るための前提として、医師は治療計画を作成し、本人およびその信頼する者に提示する（スイス民法典433条）[74]。本人から同意が得られない場合に、医師は、434条1項各号の要件を満たせば、治療を命じることができる。434条は次のとおりである。

スイス民法典434条
「(1) 本人の同意が得られない場合には、科の責任者である医師は、次の場合に、治療計画において定められた医療措置を書面によって命じることができる。
　1．本人を治療しないと、著しい健康上の損害が迫っているか、または第三者の生命または身体的完全性が著しく危険にさらされる場合、
　2．本人が自分の治療必要性に関して判断能力を有しない場合、
　3．程度の低い適切な措置が用いられない場合
(2) 命令は、本人およびその信頼する者に対して、法的手段の指示により書面で伝えられる。」

　本条に基づいて、医師は治療を命じる権限を有する。しかし、本人が判断能力を有しない場合には、医療措置は代諾権者が同意してのみ実施されるのが原則であり（スイス民法典378条）、監護的措置入院は例外的な措置となる。このため、医師の権限は、列挙された要件を満たした場合にのみ、行使可能となる。
　まず、緊急性が要件とされているが（同条1項1号）、これによれば、危険が第三者にのみ及ぶ場合にも、医師は治療を命じることができる。医師の治療命令の権限を自傷の場合に制限すると、本人が治療同意できず、かつ他害の危険がある場合には、病院は、治療を実施できないまま本人を長期間収容しなければならない。これでは、病院が行政施設と変わらなくなるとの理由から、医師の権限は他害の場合にまで拡張された[75]。
　また、草案作成の前段階までは、「判断能力」（同条1項2号）の代わりに「治

---

[74] スイス民法典433条
「(1) ある者が精神的障害の治療のために施設へ措置入院させられた場合には、治療医は、本人または信頼する者がいれば信頼する者に対して、書面による治療計画を作成する。
(2) 医師は、本人および信頼する者に対し、予定されている医療措置に関して本質的なすべての事情を、とりわけ、医療措置の理由、目的、種類、方法、リスクおよび後遺症について、治療を行わないことの結果について、ならびに代替的な治療の可能性について情報を提供する。
(3) 治療計画は、本人に対して同意のために提出される。
(4) 治療計画は、症状の進行に適合する。」
[75] Botschaft S. 7069.

療に関する認識能力」という語があてられていた。しかし、立法段階において、この表現は不明確であり、自己決定という観点からみると、医師の裁量が大きくなることが懸念された。そこで、民法16条に定義が規定されており、より理解しやすいという理由から、「判断能力」という文言が規定された[76]。判断能力を有しないとは、治療に対する判断能力を有しない者をいい、たとえば、認知症、知的障害または意識障害などにより、認識能力がなく、同意も拒否もできない者である[77]。

さらに、医師による命令は、より重大でない適切な手段が存在しない場合に認められるものであり、比例原則に即して最終手段として用いられる（同条1項3号）。医学的に疑義が生じているか、争いがある場合には、本人の同意がなければ治療は実施されない。

これらの要件を満たすと、医師は、本人または信頼する人物に対して書面で治療を命じる（同条2項）。この厳格な要件によって医師の権限を制限することは、人権と生物医学に関する条約7条に合致すると考えられている[78]。

おわりに

ここまでの検討から、まず指摘できるのは、治療同意に関して判断能力を有しない者の治療代諾は、法定代理人が行うという両国の共通した姿勢である。たしかに、医療代諾権の明文化の契機は、オーストリアでは実務からの要請であり、スイスでは条約への適合であったように、それぞれ異なる。しかし、判断能力が不十分な者に対しては、法定代理人が医療代諾を行うことによって、本人を保護するという点は、両国において確立されたといえる。また、法定代理人に医療代諾権を与えることで、医師の権限を抑制するという点も共通点していた。スイスでは、州法において定められた医師の権限の強さが、民法典レベルにおける医療代諾権の明文化の契機となっていた。オーストリアにおいても、治療に関する自己決定権が強化され、法定代理人に代諾権が与えられた背

---

[76] スイス民法典16条
　「本法の意味における判断能力を有するとは、その年齢の低さのため、精神的障害、心的障害、酩酊状態または類似する状態によって、理性に従い行動する能力を欠如していない、すべての者をいう。」
[77] Botschaft S. 7069.
[78] Botschaft S. 7069.

景には、医師の権限を抑制するという意図が働いていたとされる。〈79〉

　相違点として、その規定箇所および法内容を挙げることができる。オーストリアは医療代諾権を成年後見制度（代弁人制度）の枠組みで規定しており、親族の代諾権はあくまでも補充的な役割を果たすに過ぎない。親族の代諾権は、簡単な医療措置にしか及ばず、重大な医療措置に同意するには、親族は代弁人として裁判所から任命される必要がある。これに対して、スイスは医療代諾権を成年後見制度の枠組みを超えて規定した。つまり、医療代諾権者を規定し、その中に成年後見人を挙げたのである。オーストリアと異なり、スイスにおいては、代諾権者は治療が重大な侵襲を伴うものであっても、１人で同意または拒否をすることができる。その理由として、スイスは医師による治療計画に基づく代諾が原則とされていることが考えられる。〈80〉つまり、オーストリアでは、医師に関する規定はなく、医療代諾は原則的に代弁人が行うべきことであり、したがって、裁判所による関与の程度が強い。一方で、スイスでは、親族の権限が広く設定され、かつ医師と代諾権者の協力関係が重要となる。

　このような差異は、措置入院における治療の実施要件においても見受けられた。すなわち、オーストリアにおいては、法定代理人または裁判所の判断が重視されるのに対し、スイスでは、要件が満たされた場合には医師が治療命令を行うのである。この措置入院という領域においても、オーストリアでは裁判所の判断、スイスでは医師の判断が重視されるという、それぞれの特色が反映されている。

　今回の検討から、本人が意思を表明できない以上、判断能力不十分者のための医療代諾権の立法化は、本人保護のために必要であると考える。立法化することで、本人の意思が可能な限り述べられるだけでなく、社会の法化に対応し

〈79〉この点は、インスブルック大学ミヒャエル・ガナー教授にご教示いただいた。
〈80〉ドイツ民法典においても、医師と世話人との間に協力関係が規定されている（ドイツ民法典1901条b）。このため、親族は、代諾権者になったとしても、１人で本人の治療を決定することにはならない。
ドイツ民法典1901条b
　「(1) 治療医は、その医療措置が患者の健康状態および症状に関して適切であるかを吟味する。治療医と世話人は、1901条ａに基づいてなされた決断の基礎として、患者意思を考慮しながら、この措置を検討する。
　(2) 1901条ａ第１項に基づいた患者意思の確定または1901条ａ第２項に基づいた治療希望または推定的意思の確定の際に、被世話人の近親者およびそれ以外の信頼する人物は、これが著しい遅滞を生じさせない限り、発言する機会を与えられる。
　(3) １項および２項は、老齢配慮代理権に準用される。」

て実務の混乱を回避し、複数の者による（医師および法定代理人、必要があれば裁判所）、より本人の福祉に沿う決断が可能となるからである。ここから、次の２つの課題が生じる。まず、医療代諾権をどのように規定するかの検討である。日本では、成年後見人を中心に明文化するのか、親族も含めた包括的な医療代諾権者を規定するのかが検討されなければならない。また、医療代諾権を明文化する以上、本人が判断能力を有している間に示した意思を法的に尊重することが重要となる。このような意思が存在していれば、法定代理人は本人の意思を代弁すればよいからである。オーストリア、スイスおよびドイツにおいては、当該制度は患者配慮処分として制度化されている。自己決定権の尊重のために、日本においても当該制度の設立が検討されるべきと考える。これらの課題は別稿に譲り、ここで今回の検討を終える。

第3編

日本の成年後見制度と医療代諾権

第1章

成年後見人の医療代諾権をめぐる問題点
――その考え方と立法上の課題

第1節　日本における現行制度の運用上の限界

　医療は、本質的には、私たちの身体に対する侵襲を意味するから、治療を受ける本人の同意が必要である。これによって医療行為の違法性がなくなるのであるが、より本質的には人権が尊重されるのである。それが困難な場合には、一定の要件の下で、本人に代わって他の者が同意する必要があるが、本章では、これを「代諾」と呼ぶことにする。

　高齢者に成年後見人がついている場合には、上記の「本人に代わる他の者」は成年後見人であろう。成年後見人には身上監護の権利義務があるが、現行制度における成年後見人の権限（特に医療代諾権）の限界はどのあたりにあるのであろうか。成年後見人は身上監護の権限と義務を有するから、成年被後見人について、その健康状態を含めて「見守る義務」を負っている。したがって、軽い風邪を引いた場合に医師の診察を受けて薬を処方してもらう程度のことは、成年後見人の権限というよりも、むしろ義務であると解すべきである。

　しかし、必要とされる治療に多少のリスクを伴うような場合になると、その代諾が成年後見人の権限に含まれるか否かが問題となる。もちろん、本人がかろうじて同意できる程度の判断能力を有していれば、時間をかけて説明し、成年後見人や親族がサポートすることにより、そのハードルを越えることができる。そして、それに必要な治療費等は、成年後見人の権限（財産管理権）で支払うことに問題はない。

　では、上記のような同意能力を有しない成年被後見人について、現行法制度の下で、医師から「親族または成年後見人の承諾がなければ、緊急に必要な手

術ですが、行いません」と言われてしまったら、成年後見人としては、どうしたらよいのであろうか。現行法上は、成年後見人には医療代諾権はないのであるから、そのことを医師に対して明確に述べたうえで、「代諾はできないが、自分としてはこの手術に賛成である」と述べることは許されるのではないだろうか。

　もちろん、親族や成年後見人の代諾がなくても、成年被後見人にとって、その手術に緊急の必要性があれば、医師の判断でそれを実施しても、通常、違法性は阻却されると解すべきである。しかし、それに関連して事後的判断から生じるリスク(場合によっては訴訟)をすべて医師に押し付けてしまうことになってしまうので、一般的には、到底妥当な方法であるとは思われない。

　そこで、以上のような日常的に生じる事例を前提にして、本書第1編においては、成年後見人の医療同意権（代諾権）について、主として比較法的研究の観点に立って検討したのである。

第2節　本人以外の者による医療同意（代諾）を認めるべきか

　まず、医療に関する同意権ないし代諾権について、その本質の把握から始めたい。その意味でまず、きわめて示唆に富む内容を含む「欧州生命倫理条約」の検討から始めたいと思う。

　この問題に関する限り、前述のように、権利条約の規定よりも、欧州生命倫理条約（以下、倫理条約という）の規定の方が、以下に紹介するように、具体的であり、かつ分かりやすい。この問題を考えるには、健康をめぐる人権に関する前提的認識が必要であるが、以下のような関連する規定がある。

1　人間の尊重と人権の尊重

　倫理条約では、以下のように、人間の尊厳および人権の尊重が、社会のみの利益に優先することが宣言され、この問題を考察する際の基本的視点が示されている。まず、関連する条項を紹介しておこう〔条文は文部科学省仮訳を参照した〕。

　第3条においては、「人間の尊厳および人権」と題して、「 a）人間の尊厳、人権および基本的自由は十分に尊重される。b）個人の利益および福祉は、科学または社会のみの利益に優越すべきである。」と定めている。

さらに、第4条においては、「利益および害悪」と題して、「科学知識、医療行為および関連技術を適用し推進するに当たり、患者、被験者およびその他の影響がおよぶ個人が受ける直接的および間接的利益は最大に、また、それらの者が受けるいかなる害悪も最小とすべきである。」として、医療に伴う「害悪」を最小にすべき旨を定めている。

2　医療行為における原則

以上のような人権尊重の原則に立ったうえで、医療行為については、当該個人の決定に基づいて行われるという原則が示され、具体的には、個人の同意を要件とすることの基礎ないし前提が示されている。すなわち、医療行為におけるいわゆるベストインタレストの思想が示されている。関連条項は、以下の通りである。

第5条では、「自律および個人の責任」と題して、「意思決定を行う個人の自律は、当人がその決定につき責任を取り、かつ他者の自律を尊重する限り、尊重される。自律を行使する能力を欠く個人に対しては、その者の権利および利益を守るための特別な措置が取られる。」として、個人の「自律」を他者の自律の尊重との関連（バランス）でとらえたうえで、「自律を行使する能力」（自己決定能力）を欠く者について、特別の措置をとりうる可能性を示している。

一般的には、ある者が権利を主張すれば、他者の権利との衝突が生じうるから、権利主張には、他者の権利の尊重が前提となることは、当然である。そのうえで、自己決定能力を欠く者のための特別な措置が規定されているのである。

第6条では、「同意」と題して、「a）いかなる予防的、診断的、治療的な医療的介入行為も、関係する個人の、十分な情報に基づく、事前の、自由な同意がある場合にのみ行われる。同意は、適当な場合には、明示的でなければならず、また、いつでも、いかなる理由によっても、その個人に損失または不利益をおよぼすことなく撤回されるべきである。」として、インフォームドコンセントの原則と同意撤回の自由が定められている。これが、人権の尊重に関連して、基本的・本質的に最も重要な具体的規準である。この場合の同意には、本人の判断能力の存在が前提になることは当然である。

そのうえで、直接的には医療（治療）の問題ではないが、医学の発展のためになされる「研究」に対する同意の要件とその撤回の自由が、以下のように定められている（同意能力を有しない者については次項参照）。

「b）科学的研究は、関係する個人の、事前の、自由な、明示のおよび情報

に基づく同意が得られた場合にのみ実施されるべきである。情報は、十分で、わかりやすい形で提供され、同意を撤回する方法も含むべきである。同意は、いつでも、いかなる理由によっても、その個人に損失または不利益をおよぼすことなく撤回することができる。この原則の例外は、この宣言に定める原則および規定、特に第27条〔犯罪捜査等のための例外—著者注〕、並びに国際人権法に適合し、各国により採択された倫理的、法律的基準に従う場合にのみ認められるべきである。」とし、さらに「c) 集団または地域社会などを対象とした研究につき、適当な場合には、その集団または社会を法的に代表する者の追加的同意も求められることがある。いかなる場合にも、集団的な地域社会の同意または地域社会の指導者その他の権限ある機関の同意が個人の情報に基づく同意に代替されるべきでない。」と定めている。

3　同意能力を有しない個人

　前述（第5条）のように、同意能力を有しない個人については、特別な配慮が必要となる。まさに後見法との接点ないし重複領域の問題である。後見法の領域では、アメリカ法やイギリス法等の影響の下で、「最大の利益」（しばしば、ベストインタレストと呼ばれる）概念が用いられるが、これを本人の意思の客観化であると解することが許されるならば、それをいかにして実現するか、が問題となる。

　わかりやすく、かつ十分な情報提供は、本人のみならず代諾権者に対しても絶対に必要である。その際に、後の撤回の自由が保障されている点も、重要である。人間の判断は、さまざまな前提状況等によって変化し得るからである。

　そこで、**第7条**では、「同意能力を持たない個人」と題して、「同意能力を持たない個人には、国内法に従い、特別な保護が与えられる。　a) 研究および医療行為の実施の許可は、関係する個人の最大の利益にかなうかたちで、国内法に従って、取得されるべきである。しかし、関係する個人は、同意の意思決定過程および撤回過程に最大限可能な限り関与すべきである。　b) 研究は法律によって定められた許可および保護条件に従い、関係する個人の直接の健康上の利益のためにのみ実施され、その研究と同等の価値を持ち被験者が同意し得る実効的代替研究が他に存在しない場合に行われるべきである。直接の健康上の利益をもたらす可能性のない研究は、最大限の抑制をもって、この個人の危険性および負担を最小にし、同等の人々の健康上の利益に貢献するとされる場合に、法律に定める条件に従い、関係する個人の人権の保護と両立するかたちで、

例外としてのみ実施されるべきである。そのような個人の研究への参加の拒否は尊重されるべきである。」と定めている。

私たちは、関連する分野で、このような「特別な保護」の実現に努めなければならないだろう。

さらに、第8条では、関連して、「人間の脆弱性および個人のインテグリティの尊重」について、次のように定めている。

「科学知識、医療行為および関連する技術を適用し、推進するにあたり、人間の脆弱性が考慮されるべきである。特別に脆弱な個人および集団は保護され、そのような個人のインテグリティは尊重されるべきである。」と。

「個人のインテグリティは尊重され」とは、個人が個人として可能な限り尊重されるべきであるという意味ではないかと思われる。

4 プライバシーと守秘義務

障害者のプライバシーに対する配慮も重要である。障害者一般についてはもとより、認知症患者や知的障害者についても、この面での配慮は重要である。知的障害者に関する個人情報が漏えいされたというような事件を時々耳にするので、これらの人たちと接する機会が多い者は、特に注意しなければならない。倫理条約では、この点について、次のように定めている。

第9条において、「プライバシーおよび秘密」と題して、「関係する個人のプライバシーおよび個人情報に関する秘密は尊重されるべきである。そのような情報は、国際法、特に国際人権法に適合して、最大限可能な限り、その情報が集められ、同意を得た目的以外に使用されまたは開示されるべきでない。」と。この点は、日本においては関係者の努力により、相当程度に実現されているが、さらに充実されなければならない。

5 平等、正義および衡平や差別の禁止

これらの点も、差別禁止との密接な関連のもとで、以下のように確認されている。

第10条では、「平等、正義および衡平」と題して、「すべての人間が公正かつ衡平に扱われるために、人間の尊厳および権利における基本的な平等は尊重される。」とされている。

第11条では、「差別の禁止および偏見の禁止」と題して、「個人および集団は、いかなる理由によっても、人間の尊厳、人権および基本的自由に反して差別さ

れ、偏見を持たれるべきでない。」とされている。

6　倫理条約の意義

　このような内容を有する倫理条約は、障害者権利条約とは異なり、その正式名称の通り、欧州を適用範囲とするものであり、日本に直接適用されるものではないが、医療同意に関する問題の本質を考察する際の判断基準としては、われわれ日本人にとってもきわめて重要かつ本質的な内容を含んでいる。医療行為に関連して問題となるべき事柄（問題点）のほぼすべてを網羅し、その解決の方向付けを行っているからである。

　最も重要な点は、重大な医療行為に対する同意権者は、原則として、本人のみであるということを明確にしている点である。すなわち、周辺の者によるサポートによっても本人の医療同意が不可能である場合にのみ、例外として、代諾的なサポートが認められるべきであるとされている。これは成年後見人の医療代諾権の問題を考察する場合には、最も大切な観点である。前述のように、その際、判断能力の不十分な本人にとっての「最大の利益」とは何か、が常に問われなければならない。

第3節　立法論上の課題

1　医療代諾が必要になる場合につき、後見人に関する法改正を先行させるべきか

　2000年の成年後見法の改正に際しては、成年後見人に医療代諾権を与えるべきかについては、世論の成熟を待つべきであるとし、時期尚早として見送られた。その後、特に医療代諾権の問題が集中的に議論されてきたとは思われないが、一般的に議論は継続されてきたと言えよう。

　成年被後見人のために成年後見人に医療代諾権を与えるべきか、という点に絞って考えるならば、日本弁護士連合会の意見（医療同意能力がない者の医療同意代行に関する法律大綱、2011年）や、リーガルサポートの意見（医療行為における本人の意思決定支援と、代行決定に関する報告および法整備の提言、2014年）等を含めて、いくつかの見解が示されるに至っている。

　そこで、本書全体においては、成年後見人の代諾権に焦点を合わせて、比較法的に議論してみたのである。成年後見人は成年被後見人の身上監護を任務と

しているのであり、成年被後見人については、一般の成年者に比べて、医療代諾の必要性が特に高いからである。比較法的に見る限り、多くの国において、成年後見人等の医療代諾に関する一定の法規制がすでになされている（本書第1編、2編参照）。以下においても、これを前提とすることにする。

2 成年後見人に関する法規制は、民法改正によるべきか、特別法によるべきか

(1) 裁判所の利用を前提とする方法

　成年後見制度は、民法上の制度であるから、その権限についての規制は、民法によるべきである、という考えは、原則的には正しい。しかし、医療に関する代諾は、単なる代理権の問題ではないので、私法の枠を超えていると考えることができる。つまり、代諾が本人の意思に基づくことなく、法定代理の要素を含むことになると、権利者による濫用を含むさまざまな問題が生じうる。その際、代諾権の行使のために、医学的判断をも要するのであれば、本人のベストインタレストを確保するために、司法の枠内での、すなわち、裁判所の手続きを前提とした制度とすること等が考えられる。

　その場合でも、基本的要件を民法で定めて、手続きを家事事件ないし非訟事件手続法にゆだねることが考えられる。この場合には、問題は裁判所の所管になるが、どの裁判所が所管するかによって、裁判所の財政を含むさまざまな問題を生じさせる。家庭裁判所の所管とする場合でも、事務量の観点から、人的・物的両面からの配慮が必要となろう。それは、裁判所にとって、単にオーバーワークになりうるという問題ではない。結果的に、医療に関連して裁判所による権利擁護が十分になされないような状態を招来しかねない点が心配なのである。

(2) 行政機関を利用する場合

　さらに、家庭裁判所などの手続きではなく、裁判所外の手続きを新たに設置することも考えられる。例えば、医療代諾に関する、一種の行政機関を新たに設置する方法である。この場合には、医学の専門家を中心とした専門家を組織の構成員として必要とするから、事務局を含めた設置・維持の費用等を考えると各都道府県に設置できるか否かを含めて、慎重な議論が必要になろう。その際には、医療をめぐる裁判外の紛争処理機関ではなく、原則として、事前手続（審査）機関とすべきである。

（3）ドイツにおける規定の仕方と内容――同意の拒絶と同意の撤回

ドイツにおいても、医的治療が必要である場合には、まず、はじめに患者が認識能力および判断能力または同意能力を有しているかどうかを常に調査しなければならない、とされている。

さらに、本人の同意能力が前提にされるだけではなく、この分野における一種のリビィングウイル制度が法的に認知されたのである。例えば、医療措置における同意がドイツ民法典1904条において規定されていたが、これに加えて2009年の改正により、一定の治療に対して同意しないことおよび同意の撤回に関する規定が導入された。

（4）オーストリアにおける規定の仕方とその内容

オーストリアの一般民法典〔以下、一般民法典とする。〕は、通常の成長を遂げた14歳以上の者は、適切な分別能力（Diskretionsfähigkeit）および裁量能力（Dispositionsfähigkeit）を有しているという法的推測を前提としている（一般民法典146条c）。ドイツにおいては、法律がこれほど明確に述べていないが（ドイツ民法典1626条参照）、これに関する法的状況は非常に類似している。分別能力とは、およそどのような利益および不利益が医的治療に伴いうるのかを認識できる能力である。裁量能力とは、この認識にしたがって行動もできる能力と解されている。もっとも、実務においては、特定の人物がある特定の瞬間において認識能力および判断能力を有しているかどうかを確定するのが、難しいことがしばしばある。そこで、人間の一般的な認識能力を確定するために、このようなケースにおいては、いわゆる「簡易な精神状態テスト（Mini-Mental-Status-Test）」が頻繁に用いられている（本書第1編第4章のガナー論文および第2編第2章の青木論文を参照）。

以上述べたことを総合すると、患者は、具体的な医的治療に関連して、治療内容、その治療の可能性および可能な代替策ならびにこれらに伴うチャンスとリスクに関し、決定に関係する利益を患者が理解できるかどうか、そしてこれらの認識に基づいた適切な態度をとることができるかどうか、ということが問題となる。ここでは、3つの重要な疑問が出されている。すなわち、①患者は、事実と因果関係の経緯を認識できる能力を有しているか、②患者は、事実と因果関係の経緯を評価できるか、そして、③患者は認識に基づいた自己決定を行う能力を有しているか、である。かなりの判断能力であると思われるが、実際の例をさらに調査し、研究を重ねたい。

第4節　本人の意思をいかにして手続きに組み込むか

1　本人の意思と医学的判断

　いずれの場合にも本人の意思（その客観化としての「リビングウイル」等）と裁判所の判断を結合させる制度とするか、などが問題になる。リスクをほとんど伴わない治療の場合と、生命の危険を伴う手術や重大な後遺症の危険がある手術等の場合とがあるが、特に後者が問題となる。

　上記のような困難な場合に、成年後見人の判断のみに任せることは成年後見人の責任が重くなりすぎるので、好ましくないという点では、大方の意見が一致しているが、裁判所の許可があればよいかというと、心配な点が残る。裁判官は医学的には専門家ではないということが1つの心配要素ではあるが、その点は医学的な鑑定意見を求めることにより、相当程度カバーできるとしても、その手続きには時間がかかる。その結果、判断に緊急性を要する場合には、ほとんどが事後手続きになってしまうと思われるからである。

　そこで、その点に関して、本人のリビングウイルが存在する場合には、それと、医師の判断および成年後見人の判断とが一致すれば、裁判所の許可は必要としない、とする方法などが検討されるべきである（2(2)参照）。しかし、このような効力を有するリビングウイルの要件を如何に定めるか、我が国のようにそれ自体の制度化が不十分な場合には、それを社会的・公的制度とする方向での議論が大いに必要になろう。

2　ドイツにおける健康関連事務における配慮代理権

（1）自己の将来の事態への配慮

　人間は、その事務処理に際して相談に乗ったり、支援をしてくれたりするキーパーソンを契約により任命することがある。当該合意は、その目的のゆえに、しばしば老齢配慮委任と称せられる。そのための権限は、無償委任（民法典662条）または有償の事務処理契約（民法典675条）ないし雇用契約（民法典611条）の形式で授与される。包括的な配慮規制とするためには、つまり単なる事務処理以上にキーパーソンが必要な場合には、本人に代わって行為しかつ代理することができるということが要件となる（民法典164条第1項第1文）。そのためには、その目的達成のために配慮代理権と称せられる代理

権が補足的に授与されなければならない。
 (2) 配慮代理権に関する書面等
　上記のような配慮代理権が健康関連事務における代理権を含むべき場合には、書面でかつ医師の処置について明確に授与されなければならない。明確性の要件の範囲と同時に必要な書面形式については争いがある。すなわち、一部の見解では、民法典1904条第1項・2項により許可義務に服する医師の処置に限定されるとし、他の見解では、この処置は補足的に明確に記述されるべきであるとする。しかし、この両見解は、規範目的と立法者の意思に反しているという見解もある（本書第1編第3章リップ論文参照）。これによれば、立法者および規範目的は、健康関連事務の代理権は意識して授与されるということを要求しているからである。したがって、それは、明確にかつ書面で医師の処置について授与され、かつこれが合理的なものとして表示されていれば、必要にして、十分なのである（例えば、医師の、もしくは医学的な処置として、健康配慮もしくは類似のものとして）。しかしながら、一定の種類の医師の処置が補充的に記述されていることまでは要請されていない。他面において、許可義務に服する危険な決断のみが明示されているだけでは不十分である、とされている（リップ前掲論文参照）。

3　医療に関するリビングウイルの充実

　このような考え方を前提として、法制度の整備をはかるべきである。これは主として認知症高齢者や精神障害者の場合に問題になるが、重度の知的障害者の場合には、利用は困難又は不可能であろう。
　これに対して、認知症高齢者の場合には、医療行為の時点で本人の意思が確認できなくても、判断能力を有していた過去の時点での本人の意思が確認できれば、原則としてそれに従うべきである。そのためには、まず、医療行為に関するリビングウイル制度の整備から開始しなければならない。
　認知症高齢者をめぐる問題が深刻な社会問題となっている昨今ではあるが、かなり絞り込んだ一定の医療行為（具体性が問題となる）の場合には、予めリビングウイルでカバーしておくことが可能である。

4　まとめ

　新たな立法の前提として、成年被後見人が軽い風邪を引いたに過ぎない場合のように、現行制度の後見人でも解釈上可能な程度の医療代諾を行う場合と、

生命身体の危険を伴うような医療行為の場合とは、区別して検討すべきである。前者は解釈論として大いに展開し、後者については、可及的速やかに、立法論を前提として研究を深める必要がある。そのためには、諸外国の法的経験が大いに参考にされるべきである。

第3編 日本の成年後見制度と医療代諾権

第2章
医療における代諾の観点からみた成年後見制度

第1節 本章の趣旨とその背景

　20世紀後半からの、特にここ十数年の科学技術の発達には目を見張るものがあり、このことは医療においても例外ではない。不治の病と言われた病気が治療可能となったことはいうに及ばず、人工授精に代表される不妊治療の技術など、医学および医療技術の進歩・発達が人類にもたらした福利は絶大なものであったということができよう。

　しかし、その一方で、例えば、生命維持治療の発達は、尊厳死の問題、さらには脳死者からの移植用臓器摘出の問題を引き起こし、本来患者の病気を治すことによってその生命を救うことを究極の目的とするはずの医療において患者の死をもたらすための議論がなされるという、実に皮肉な状況を作り出しているのであり、「死の方向」での議論が強調される中、特に「死の選択」において、患者本人以外のもの（社会をも含む）の「意思」が大事にされ過ぎているようにも思われる。特に脳死者からの臓器移植に関する議論においては、2009年7月の「臓器の移植に関する法律」（平成9年法律第104号、以下「臓器移植法」という）の改正にみられるように、受容者の生命を救うということを強調するあまり、そのために死を宣告されなければならない者がいるということが蔑ろにされている感は否めない。この改正臓器移植法では、"生前の"意思表示が決定的に重要となるが、これができない者こそより保護されるべきであるにもかかわらず、マスコミ等で大きく取り上げられていた小児の場合はもちろん、たとえ未成年者でなくとも、承諾能力を欠く提供予定者たる患者本人について、その「意思」は、ガイドラインで一定の配慮がなされているとはいえ、

事実上、無いに等しい扱いを受ける場面が出てくることも想定される。

　そもそも、現行の法制度下では、通常の医療行為についてさえ、患者本人の保護が十分とは言い難い状況にある。例えば、胃瘻や経鼻経管等の人工的水分・栄養補給の導入ないし中止・差控え等をめぐっては、近時、患者本人のみならず、その家族の当事者性を強調した上で、患者本人の意思確認ができる場合であっても、また、それが患者の生死にかかわるような決定であっても、患者の家族を当該意思決定プロセスに参加させるべきとの見解が主張されるようになっており、ここにも、ともすれば、医療行為を受ける患者本人よりも周囲の者の"都合"を優先させようとする傾向が見て取れる。

　こうした点についての抜本的な解決を図ることのないまま、言わば"場当たり的"に個別の問題の解決のみを図ろうとする態度は、広く患者本人の保護という観点からみて、将来に禍根を残すものと考えられるのであり、平成25年法律第47号による今般の「精神保健及び精神障害者福祉に関する法律」(昭和25年法律第123号、以下「精神保健福祉法」または「法」という)の改正も決して例外ではない。そこで、本稿では、紙数の関係もあり、承諾能力のない成人に対する医療における代諾に関する諸問題のうち、精神保健福祉法改正による保護者制度廃止とその影響を中心に、民法上の成年後見制度との関係性という観点から、代諾権者となるべき者の範囲如何に的を絞り、論じることとしたい。

第2節　医療における代諾の必要性

　医師と患者との関係において、患者が「主体性を有する自律的な尊厳ある個人」として医師と対等の地位に立つことにより、真に「患者のため」になる医療を実現するためには、患者に医療における意思決定過程への参加を保障し、その最終決定権(自己決定権)を尊重しなければならないのであり、医療行為を行うにあたって、医師は患者の同意を得なければならず、これを欠いて行われた医療行為は違法であり、患者の同意を実質的なもの足らしめ、患者がその

〈1〉　日本老年医学会「高齢者ケアの意思決定プロセスに関するガイドライン」および指針1.3-5並びに同註8-10および12、清水哲郎「テーマ別報告③『高齢者ケアの意思決定プロセスに関するガイドライン』について」医療と法ネットワーク第2回フォーラム「高齢者医療における患者の判断能力と医療決定 ―医と法の対話と協働―」(2012年4月22日)配布資料2頁以下(同フォーラム当日配布資料は http://www.kclc.or.jp/medical-legal/public/files/kenkyu_forum/dai2_haifushiryou_web.pdf)等参照

最終決定権（自己決定権）を真に有意義に行使し得るよう、医師は患者に対し、当該医療行為について意思決定をするのに必要かつ十分な説明をする義務を負うという、医療における「患者の承諾と医師の説明義務（いわゆるインフォームド・コンセント）の理論」は、それ自体としては、判例上も学説上も、ほぼ異論なく承認されるに至っているといってよい。

　しかし、いかに医療行為を行うには患者の承諾が必要であると言い、そのために医師が説明義務を負うといっても、それはあくまで、患者が承諾能力、すなわち、医師の説明を理解した上でその理解に基づく判断および意思決定をなす能力を有している、ということが前提となる。いくら患者の最終決定権（自己決定権）を尊重するとはいっても、理解力、判断能力ないしは意思決定能力を有しない患者に十分な情報を与えた上でその同意を得るといっても無意味であろう。しかし、だからといって、当該能力を欠く患者に対する医療行為に関する決定については専ら医師の判断に委ね、医師の裁量権行使を全面的に認めてしまったのでは、患者に最終決定権（自己決定権）を承認・保障することによって、従来のような医師に服従すべき医療の客体としてではなく、医師と対等の医療の主体としての患者の地位を確立しようとする当該理論の趣旨に悖ることとなる。また、家族等、普段から患者の身近にいて患者と接している者の方が、医師よりも、患者本人にとっての最善の利益とは何かということを知り得る立場にあるということができる。さらには、医師と医師に対向するものとしての患者側に立つ者とが、何が患者にとって最善の利益となるかについて議論を尽くすことによって、医師のみによる決定の場合に起こり得る偏ったものの見方が是正され、医療の真にあるべき姿がみえてくるのではないか、とも考えられる。以上のことから、患者本人に承諾能力がない場合には、患者本人に代わって、医師以外の第三者が患者本人のために判断・意思決定しなければならないと解されることとなるのであり、ここにおいて、代諾権者による承諾、すなわち「代諾」の必要性が肯定されることとなる。

　なお、代諾に関しては、代諾権者となり得る者の範囲の他にも、承諾能力を

――――――――――――――――――
〈2〉　東京地判昭和46年5月19日判時660号62頁、最二判昭和56年6月19日判時1011号54頁、最三判平成12年2月29日民集54巻2号582頁等
〈3〉　橋本雄太郎＝中谷瑾子「患者の治療拒否をめぐる法律問題―『ｴﾎﾊﾞの証人』の信者による輸血拒否事件を契機として―」判タ569号11頁、新美育文「医師と患者の関係」加藤一郎＝森島昭夫編『医療と人権』105頁等参照
〈4〉　承諾能力（判断能力）の有無を自己決定・代行決定の分水嶺とすべきではないとする見解として、町野朔「自己決定と他者決定」日本医事法学会編『年報医事法学15号』48頁

意思能力という民法の基本概念との関係でどう捉えるのか、承諾能力の有無の判断基準、代諾権行使の限界等が問題となるし、代諾権者となり得る者の範囲如何についても、未成年者の場合と成人の場合、同じ成人の場合でも、当該患者につきどのような状況下でどのような医療行為が行われようとしているか等により分けて考察する必要があるが、本稿は、あくまで、2014年04月01日を以って改正精神保健福祉法が施行されたことを受けてのものであり、承諾能力のない成人に対する医療行為に係る代諾をなし得る者の範囲如何につき、前述の観点から論じるに止めることとする。〈5〉

第3節　承諾能力のない成人に対する医療行為と代諾権者となり得る者の範囲

1　総説

すでに述べたように、医療行為を実施する際に患者本人に承諾能力が認められない場合には、患者本人に代わって有効な承諾をなし得る者による代諾が必要となる。ここにおいて、代諾権者となり得る者の範囲が問題となる。

この点に関し、患者に民法上の法定代理人ないしは法律上の保護者がいる場合に、これらの者を代諾権者とすべきことについては、従来、大方の見解が一致していたようである。〈6〉なぜなら、これらの者は、患者本人にとって最善の利益となる意思決定をなすことによって当該患者本人の保護を図ることをその職務とする者だからである。したがって、行為能力の制限に関する民法の法定代理等の規定の適用の是非につき、これを肯定する方向で――条文の文言だけ

〈5〉　医療における代諾をめぐる諸問題と、その前提となる医療における「患者の承諾と医師の説明義務（いわゆるインフォームド・コンセント）の理論」については、本稿中に掲げたものをはじめ多くの文献が発表されている。

〈6〉　新美・前掲論文144頁、西野喜一「説明義務、転医の勧奨、患者の承諾、自己決定権」判タ686号82頁、石川稔「親権と子どもの保護」法教125号27頁以下、神谷遊「未成年者への医療行為と親権者による同意の拒否」（後掲名古屋家審平成18年評釈）判タ1249号59頁以下、鈴木伸智「未成年者に対する医療行為への同意拒否が親権濫用に該当するとされた事例」（後掲津家審平成20年解説）新・判例解説Watch（法セ増刊）10号104頁等。なお、未成年者（小児）に対する医療行為に係る前掲最二判昭和56年、横浜地判昭和54年2月8日判時941号81頁、名古屋家審平成18年7月25日家月59巻4号127頁、大阪家岸和田支審平成17年2月15日家月59巻4号135頁(前掲名古屋家審平成18年「〔参考2〕類似事案」)、津家審平成20年1月25日家月62巻8号83頁参照。

からいえば必ずしも不可能ではないと思われるが、法務省の見解として示されているように、現行法の解釈として無理であるならば、立法政策としても——考える場合にも、患者本人の保護にとって必要とする限りでのみ類推適用される、と解すべきこととなる。また、患者に法定代理人等がいない場合に代諾権者となり得るのは誰かという問題については、ほとんど論じられていないといってよい。もし、現行法による解決が不可能あるいは不十分ということであれば、患者本人を保護するために何らかの制度を創設することの可能性まで含めて考える必要があろう。

2　承諾能力を有しない精神障害者[9]の場合

(1) 序

　患者本人が精神障害者であっても、承諾能力の有無は精神障害を有することとは切り離して判断しなければならず、承諾能力ありと認められる場合には、当該患者本人の承諾だけで十分であり、代諾は不要と解すべきである。しかし、医療行為が実施される際に精神障害者たる患者本人に承諾能力がない場合には、医師の自由裁量に任せるのではなく、やはり代諾権者による当該医療行為に対する代諾を必要とすべきこと、一般の患者の場合と何ら異なるところはない。そして、この場合においては、従来、精神保健福祉法旧20条による保護者が代諾権者となる、と解されてきた。なぜなら、保護者制度は、精神障害者に必要な医療を受けさせるとともに、その財産の管理も行うなど、精神障害者の私生活一般における保護を図るため、1950年、旧精神衛生法が制定さ

---

[7]　岩志和一郎「医療同意と成年後見」田山輝明編著『成年後見 現状の課題と展望』64頁以下および注欄に掲げられた文献参照

[8]　唄孝一『医事法学への歩み』15頁（ただし、成年後見制度導入前の記述である）

[9]　本稿において「精神障害者」とは、精神保健福祉法旧20条に規定されてきた保護者をその代諾権者とする者を中心に論じることから、精神保健福祉法5条において定義されている通り、統合失調症・精神作用物質による急性中毒またはその依存症・知的障害・精神病質その他の精神疾患を有する者をいうこととする。

[10]　唄・前掲書14頁、拙稿「代理判断はどこまで患者を守れるか」法と精神医療学会編『法と精神医療 第10号』78頁以下および85頁注(8)参照。なお、この点に言及した判例として、札幌地判昭和53年9月29日判時914号85頁および名古屋地判昭和56年3月6日判タ436号88頁参照。

[11]　橋本＝中谷・前掲論文12頁、新美・前掲論文144頁、新美「医療関係の法的性格」莇立明＝中井美雄編『医療過誤法入門』56頁、熊倉伸宏「精神障害者の人権と法制度（臨床精神医学の立場から）」松下正明総編集／松下正明＝斎藤正彦責任編集『臨床精神医学講座22 精神医学と法』23頁

れた際、「保護義務者制度」（当時）として特に設けられ、スタートした制度であって、そもそも保護者というもの自体が精神障害者の保護を図るべき職務であるとともに、保護者となり得る者として、精神障害者の後見人・保佐人・配偶者・親権者および扶養義務者が定められてきたのであり（旧同条1項）、普段から精神障害者の傍らにあってこの者を理解することができ、したがって当該精神障害者にとっての最善の利益が何であるかを最もよく知り得る立場にあるこれらの者ならば、当該精神障害者が患者となった場合にも、患者の側に立って患者本人の保護のために最も適切な判断・意思決定をなし得る、と考えられたからである〈12〉。しかし、同時に、同条に基づいて保護者となる者の多くが当該精神障害者の近親者であろうことを考えると、精神障害者が近親者から疎んじられるのが実情であるとするならば、近親者による承諾を直ちに全面的に信頼することはできない〈13〉という一面があったこともまた、否定し得ない。そして、この点につき、精神保健福祉法は、その前身である旧精神衛生法や旧精神保健法同様、患者たる精神障害者の保護のための配慮に著しく欠けているように思われる、との批判がなされてきた。

　しかも、旧精神衛生法から旧精神保健法へ、そして精神保健福祉法へと改正を重ねていく中で、当該制度に関しては、当初より、その職務の内容等をめぐるさまざまな議論や、さらには根強い廃止論がありながら〈14〉、半世紀以上に亘っ

〈12〉新美・前掲論文［加藤＝森島・前掲書］144頁、同・前掲論文［莇＝中井・前掲書］56頁、橋本＝中谷・前掲論文12頁、精神保健福祉研究会監修『改正精神保健福祉法の概要 改正事項の説明と検討の経緯』159頁、拙稿「医療における代諾に関する諸問題（上）」早研第60号268頁以下、同「医療上の代諾と保護義務者制度に関する法的考察」精神神経学雑誌第95巻第8号623頁以下等。なお、全家連保健福祉研究所編『全家連保健福祉研究所モノグラフ増刊NO.2 保護者（代替）システム研究会報告』30頁以下参照。

〈13〉新美「ロボトミーと民事責任」ジュリ767号179頁

〈14〉第145回国会参議院国民福祉委員会における渡辺孝男発言および小池晃発言（同委員会会議録第8号）、第145回国会衆議院厚生委員会における衛藤晟一発言および石毛えい子発言（同委員会会議録第11号）、広田伊蘇夫「精神保健福祉法概論」松下総編集／松下＝斎藤責任編集・前掲52頁以下、白石弘巳「保護者制度の諸問題」松下総編集／松下＝斎藤責任編集・前掲書277頁以下、横藤田誠「精神医療における自己決定と代行決定」日本医事法学会編・前掲書70頁以下、（財）全国精神障害者家族会連合会『'99精神保健福祉法改正に向けての全家連意見書』4頁および6頁以下並びに25頁以下（池原毅和「保護者制度はなぜ撤廃すべきなのか〜保護者制度を考えるための全家連の視点〜」）、全家連保健福祉研究所編・前掲書1頁以下、日本弁護士連合会「成年後見法大綱（最終意見）」126頁以下。なお、1995年改正時の衆議院厚生委員会平成7年4月26日付附帯決議および参議院厚生委員会平成7年5月11日付附帯決議並びに1999年改正時の参議院厚生委員会平成11年4月27日付附帯決議および衆議院厚生委員会平成11年5月21日付附帯決議参照。

て抜本的な改革は行われないままであった。そのため、当該制度については、各方面から引き続き検討が加えられてきていたのであり、特に民法を研究する立場からは、同様の社会的弱者保護として民法上の後見制度が設けられているにもかかわらず、わざわざ精神保健福祉法（旧精神衛生法・旧精神保健法）の中で精神障害者について改めて保護者（旧保護義務者）制度を設けていることの必要性についての疑問が提起されていたところ[15]、改正法では、医療保護入院や後述する民法上の成年後見制度との非整合性に係る問題につき何ら解決策を示さぬまま、突如、これを廃止するに至ったのであり、とりわけ前者については、厚生労働省精神障害保健課が主催した「新たな地域精神保健医療体制の構築に向けた検討チーム」の構成員や作業チーム構成員から、むしろ完全な逆コースであり、現在の精神医療福祉の矛盾をさらに拡大するものである旨の批判がなされている[16]。

　そこで、以下では、改正精神保健福祉法が抱える問題点について、現行成年後見制度との関係性をも含めて考察する前提として、改正前の精神保健福祉法の下で保護者を代諾権者とすることの是非につき検討されてきたところを、今一度、振り返っておきたい[17]。

（2）改正前精神保健福祉法下における代諾権者としての保護者

　精神保健福祉法旧20条1項本文に明らかなように、保護者となり得るのは

〈15〉星野茂「精神保健法上の保護義務者制度をめぐる諸問題―後見制度の再検討を踏まえて―（上）」法律論叢第63巻6号116頁以下、日本弁護士連合会・前掲大綱（最終意見）126頁以下、第145回国会衆議院厚生委員会における石毛えい子発言（同委員会会議録第11号）、調一興「障害者福祉と精神保健福祉法〔発表要旨〕」精神神経学雑誌第100巻第12号1030頁、白石「成年後見制度と保護者制度の問題点」精神神経学雑誌102巻10号107頁以下。なお、1999年改正時の参議院厚生委員会・前掲附帯決議および衆議院厚生委員会・前掲附帯決議参照。

〈16〉町野代表「精神保健福祉法改正案に関する意見書（厚生労働大臣宛）」（平成25年5月17日付）http://www.yuki-enishi.com/ninchi/ninchi-17.pdf

〈17〉なお、法旧20条2項各号の保護者がないときや、当該保護者がその義務を行うことができないときは、市町村長も保護者となり得たが（法旧21条）、その場合には、代諾権者としてふさわしいとされるための「（家族等近親者は）普段から精神障害者の傍らにあってこの者を最もよく理解できる者である」という前提そのものがあてはまらないことに加え、実際問題としても、十分な調査等は行われないまま、保護者たる市町村長によって医療保護入院への同意等がなされるのが実情であると思われるのであり（東京地判平成2年11月19日判タ742号227頁および東京高判平成8年9月30日判タ944号205頁参照）、医療における代諾という観点からみる限り、保護者たる市町村長に対し、その職務ないし義務を十二分に果たすことを期待することは、現実には、家族等近親者に対する以上に、難しいようである。そして、この問題は、後述するように、保護者制度を廃止した改正法においても、その33条3項に引き継がれている。

精神障害者の後見人・保佐人・配偶者・親権者および扶養義務者であった。このうち、後見人となり得る者および保佐人となり得る者については、かつて民法旧840条が、旧禁治産者の後見人の任務は夫婦間の愛情に基づいて行われることが適切であると考えられることから、旧禁治産宣告により後見が開始すると（同旧838条2号）、配偶者が当然に後見人となる旨を規定し（法定後見人）、同旧847条が保佐人にこれを準用していた。しかし、本人保護の観点からみると、配偶者が後見人として適切でない場合もある。例えば、被後見人となるのが認知症となった高齢者である場合には、その配偶者も相当高齢に達している場合が多く、配偶者が十分に後見人の役割を果たすことができない場合が少なくない。そこで、家庭裁判所が個々の事案に応じて最も適切な者を成年後見人として選任することができるようにするため、成年後見制度導入にあたって配偶者法定後見人制度を廃止するとともに、保佐人および補助人についても同様のことが言えることから、民法旧840条を準用していた旧847条の内容を、成年後見制度導入後の民法には規定しないこととした[18]。したがって、後見人となり得る者については、現行法上、特段の定めはないが、実際には家族等近親者から選ばれるのが通常であろうと思われる[19]。他方、改正前精神保健福祉法上の保護者については、このような民法改正の動向にあわせ、同法においても、配偶者を優先的に保護者となるものの対象から外し、扶養義務者と同等の

〈18〉原司「後見体制・監督体制の充実及び経過措置」新井誠編『成年後見 法律の解説と活用の方法』77頁以下、法務省民事局参事官室「成年後見制度の改正に関する要綱試案の概要［平成10年4月14日付］」5頁、法務省民事局参事官室「成年後見制度の改正に関する要綱試案補足説明［平成10年4月14日付］」2頁および37頁

〈19〉最高裁判所事務総局家庭局「成年後見関係事件の概況」平成12年4月以降のデータにつき裁判所ホームページ http://www.courts.go.jp 参照。ただし、当該データによれば、平成24年には、制度開始以来、初めて、親族以外の第三者が成年後見人等に選任されたケースの割合が、親族が成年後見人等に選任されたケースの割合を上回っており（「同概況 ―平成24年1月～12月―」10頁）、申立ての主たる動機として財産の管理・処分に係るものが身上監護よりも圧倒的に多い（同8頁）ことをも併せ考えると、今後も当該分野の専門家である弁護士や司法書士（それぞれ法人を含む）が成年後見人等に選任されるケースが増えることが予想され得る（「同概況 ―平成25年1月～12月―」9頁以下参照）。もっとも、他方では、弁護士会の元副会長を務めた弁護士による成年被後見人の財産横領事件が発覚、実刑判決を受けたことをも含め、大々的に報じられるなどしたことや他の同種の事件が顕在化していることがいかなる影響を及ぼすか、むしろ親族による同様の事案の方が水面下で起こりやすいと思われることをも視野に入れつつ、慎重に見極める必要があろう（なお、志村武「成年後見人の権利義務と民事責任 ―成年後見人による横領の事例を中心として」田山編著・前掲書189頁以下参照）。

扱いにするか否かが問題とはなったが、結局は見送られたことから[20]、配偶者が後見人・保佐人に次いで保護者となる者として規定されたままとなったのである。このことは、本節2(3)において後述するところと併せて、実態はともかく、少なくとも制度上は、民法と精神保健福祉法との非整合性を示すこととなったといえよう。また、扶養義務については、民法877条により、原則として直系血族および兄弟姉妹がこれを負うことが規定されている。こうして、先にも若干触れた通り、精神保健福祉法旧20条に基づいて保護者となるのは当該精神障害者の近親者である場合が多くなるであろうことに鑑みると、そこから、医療上の代諾権者としての保護者について、以下にみられるような、さまざまな問題が生じることが考えられてきたのである[21]。

　精神障害者の近親者が保護者として医療上の代諾をなすに際して最も懸念されるべきは、精神障害者とその保護者との間で利害が対立し得る場合が決して少なくなかったことである。すなわち、これまで、精神障害者家族の多くは実際に疲弊し幾多の職務の下に喘いできたと言われており[22]、ただでさえ身内に精神障害者を抱えているということで家族等近親者にとっては、①経済的・精神的・肉体的負担、②世間体が悪いといった不利益が考えられる。しかも、入院していた精神障害者の病状が回復し退院してくるといった事態となった場合には、これらの面での不利益が増す上に、③居住空間が狭くなる等の点で当該精神障害者との間で利害が対立する可能性を有しているということができる。さらに、④財産のある精神障害者については当該財産の管理・処分や相続等をめぐり両者の間で利害が対立し得るのであり、特に患者たる精神障害者に対する医療行為について生死の選択が問題となるような場合には[23]、相続をめぐって被相続人たる精神障害者本人とその相続人となり得る近親者との間における利害の対立がより顕著な形で現われることとなろう。また、このような「利害の対立」という側面以外にも、⑤過大な事務を家族に代替させているといわざるを得ない従来の保護者制度は、戦前の家制度を前提とした親族による監置主

---

[20] 精神保健福祉研究会監修・前掲書［概要］169頁
[21] 滝沢武久「シンポジウム補足発言」日本医事法学会編『年報医事法学5』114頁以下、（財）全国精神障害者家族連合会編『（財）全国精神障害者家族会連合会保健福祉研究所年報1』18頁以下、西原道雄「保護義務の法的性格と実質的機能」法と精神医療学会編『法と精神医療第4号』2頁以下、精神保健福祉研究会監修『改訂精神保健福祉法詳解』158頁以下、全家連保健福祉研究所編・前掲書2頁以下
[22] （財）全国精神障害者家族連合会編・前掲年報18頁
[23] 日本精神神経学会「成年後見制度の改正に関する要綱試案について（意見）」精神神経学雑誌第100巻第10号915頁

義の考え方を引きずったものであり、社会的受皿の不備という問題をも含めて、個人でできないことは国および地方自治体で行うべきとする近代以降の考え方に反していたこと[24]、さらには、法制度が十年一日のごとく家制度的発想を前提としていることとは対照的に、特に現代的な家族形態から生じる問題として、⑥核家族化によって[25]、家族等近親者が代諾権者として相応しいとされるための「近親者は普段から精神障害者の傍らにあってこの者を最もよく理解できる者である」という前提そのものが崩壊しつつあり、特に事件数の増加や法定代理人ではないことなどから以前ほど十分な調査はなされず誰がなるのかもあまり重視されないといわれていた保護者選任手続の実務の実情に鑑みれば[26]、普段あまり交際のない近親者が保護者となる可能性も十分あり得たこと[27]、⑦夫婦共働き家庭の増加や保護者となるべき者の高齢化等によるいわゆる社会的入院の問題等[28]、実に多くの難点が指摘されてきたのである[29]。

　以上のことに鑑みるならば、少なくとも医療上の代諾という視点からみる限り、今般の改正前の精神保健福祉法とその下での保護者制度は患者たる精神障害者の保護のための配慮を著しく欠いていたと思われる。それでは、成年後見制度との関係においては、保護者が代諾権者となること、ひいては保護者制度が存在すること自体がいかなる問題をはらんできたのか、確認しておくこととしたい。

〈24〉（財）全国精神障害者家族連合会編・前掲年報 19 頁、精神保健福祉研究会監修・前掲書（概要）7 頁以下並びに 156 頁および 171 頁、第 145 回国会参議院国民福祉委員会における入澤肇発言（同委員会会議録第 8 号）、秋元波留夫「精神障害者と人権」日本医事法学会編・前掲書（年報 5）7 頁以下、星野・前掲論文 118 頁以下、町野「保護義務者の権利と義務──同意入院と監督義務をめぐって──」法と精神医療学会編『法と精神医療第 3 号』19 頁以下、中谷陽二「精神医療法制史から見た保護者制度」法と精神医療学会編『法と精神医療第 10 号』58 頁以下、西原・前掲論文 2 頁以下、白石・前掲論文（松下総編集／松下＝斎藤責任編集・前掲書）277 頁、西園昌久「日本の精神医学・医療の回顧と展望（2）」日本精神神経学会編『精神神経学雑誌第 102 巻第 8 号』684 頁、全家連保健福祉研究所編・前掲書 15 頁、平野龍一『精神医療と法 新しい精神保健法について』37 頁以下
〈25〉滝沢・前掲補足発言 115 頁、（財）全国精神障害者家族連合会編・前掲年報 18 頁
〈26〉安倍晴彦「後見・保佐と保護義務者」法と精神医療学会編『法と精神医療第 7・8 号』112 頁以下
〈27〉新潟家佐渡支審判平成 12 年 3 月 7 日家月 52 巻 8 号 53 頁参照
〈28〉全家連保健福祉研究所編・前掲書 9 頁
〈29〉全家連保健福祉研究所編・前掲書 7 頁、精神保健福祉研究会監修・前掲書（詳解）158 頁以下、同監修・前掲書（概要）157 頁、第 145 回国会参議院国民福祉委員会における渡辺孝男発言（同委員会会議録第 8 号）。なお、これらの詳細については、前掲拙稿、拙稿「医療における代諾の観点からみた保護者制度」『早稲田大学比較法研究所講演記録集（Vol.4）』329 頁以下等参照

（3）承諾能力を有しない精神障害者に対する医療行為と成年後見制度

　医療における代諾という観点からみたとき、民法上の成年後見制度とは別に保護者制度を設けたことから生じ得る問題点としては、次のようなものが挙げられる。すなわち、まず、①成年後見制度の立法化にあたっては、成年後見人の職務の範囲は、たとえ身上監護に関するものであっても、契約等の法律行為に限られるのであり、患者たる本人に対して実際になされようとしている個々の医療行為への代諾の権限はないとされたが[30]、それにもかかわらず、成年後見人が保護者となった場合には、これを保佐人や配偶者・親権者とことさら別異に解する合理的理由はないことから[31]、成年後見人であっても、少なくとも保護者としては、代諾権者たり得ると解されることとなり（精神保健福祉法旧33条1項1号参照）、両制度間で大きな矛盾を抱えることとなった[32]。しかも、②このように制度間の整合性を欠くだけでなく、そもそも、現実には、後見開始の審判の申立がなされないために成年後見人が選任されない場合が少なくない。従来、その最大の原因とされてきたのが、ⓐ戸籍記載その他本人家族の不名誉・不利益、ⓑ身分上・職業上の資格や許認可の支障であった。このうち、ⓐについては、成年後見制度導入にあたり、公示方法が戸籍記載・官報公告から成年後見登記に変わったが、このことが当該制度施行後1年間における後見開始の審判の申立の著しい増加に繋がったといわれており[33]、その後の動向をみても、本人や家族等近親者の抵抗感がかなり薄らいできていることが窺える。また、ⓑについては、これまでにも、旧厚生省中央障害者施策推進協議会「障害者に係る欠格条項の見直しについて（平成10年12月15日付）」およびこれを踏まえた内閣府障害者施策推進本部「障害者に係る欠格条項の見直しについて（平成11年8月9日付決定）」を経て、2002年に関係諸法律が改められるなど、大幅な見直しが行われている。したがって、これらの点については今後も改善が期待されるが、成年後見人が選任されない事態を招く要因としては、他にも、ⓒ現行法によると申立権者がいない場合が生じ得ることが挙げられる。すなわち、後見開始の審判の申立権者は、民法上は本人・配偶者・4親等内の親族・未成年後見人・未成年後見監督人・保佐人・保佐監督人・

---

[30] 法務省民事局参事官室・前掲補足説明48頁以下
[31] 保護者となり得る後見人（精神保健福祉法旧20条）には任意後見人は含まれないと解されてきた（精神保健福祉研究会監修・前掲書（詳解）159頁参照）。
[32] 上山泰「身上監護に関する決定権限─成年後見制度の転用問題を中心に」成年後見法研究7号45頁以下
[33] 最高裁判所事務総局家庭局・前掲概況データ（平成12年4月～平成13年3月）参照

補助人・補助監督人または検察官(民法7条)、「任意後見契約に関する法律」(平成11年法律第150号。以下、「任意後見契約法」という)上は任意後見受任者・任意後見人または任意後見監督人(10条2項)であり、精神障害者の場合は、これらに加えて、市町村長による審判の申立が可能である(法51条の11の2)。このため、事前に任意後見契約が締結および登記されていればともかく(任意後見契約法第10条1項)、近親者がいなかったり、いても関わりを嫌うなどさまざまな理由から申立をしようとしない場合には、検察官による申立の途か、市町村長による申立の途しか残されていないこととなる。しかし、市町村長による申立は年々増加傾向にあるものの、検察官に期待することは現実には特に難しいようである〈34〉。そのため、裁判所の職権行使による後見開始の審判が認められていない我が国においては、後見人が選任されず精神障害者の保護に悖る結果を招く可能性があるのである。そして、ⓓ人権擁護のため当然である鑑定その他の厳重かつ慎重な手続も、5〜10万円近くかかる費用等〈34〉が、ある所得者層にとっては決して軽くはない負担となろう。この点に関しても、場合によっては30万〜50万円かかるといわれた旧制度下と比べれば、かなり低額化し利用しやすくなったとはいうものの、公的な扶助の制度が充実していない現状においては、精神障害者の近親者に後見開始の審判の申立を躊躇させる一因になり得るものと思われる。そして、③成年後見人が選任されず、代理権を有しない配偶者や保佐人等が保護者となった場合には、法律的な意味での財産管理(処分・運用など)を行うことができるのはあくまで法定代理人たる成年後見人であるため(民法858条・859条)、保護者としては、精神保健福祉法旧22条1項に基づいて後見人の選任が間に合わないなど緊急の必要がある場合に一定の行為(財産保全行為)ができると解する余地があるに過ぎないこととなっていた〈35〉。また、④実際上、選任等され、その職務についている(そう扱われている)保護者がいるのに、後で別人の成年後見人が選任されたり現われる場合もあるため、財産を有する精神障害者の奪い合いが起こったり(近時、精神障害者の財産の支配権をめぐる親子間・兄弟間等の争いが多い)、複数の者が成年後見人になろうと争う、あるいは後見開始の審判の是非で争う、改めて後見開始の審判がなされ成年後見人が選任されても保護者から成年後見

〈34〉最高裁判所事務総局家庭局・前掲概況データ参照
〈35〉精神保健福祉研究会監修・前掲書(詳解)171頁、厚生省精神保健福祉法規研究会監修『精神保健福祉法詳解』書145頁、大谷實『精神保健福祉法講義』77頁、安倍・前掲論文110頁以下、大谷編集代表『条解精神保健法』95頁、大谷『精神保健法』62頁、精神保健法規研究会編『精神保健法詳解』96頁、西原・前掲論文2頁以下

人への引継ぎがうまくいかないなど、さまざまな紛争が生じていた。さらには、⑤成年後見制度の導入にあたっては、財産管理と療養看護は別人があたるのが適当な場合があることなどから、後見人を1人に限っていた民法旧843条が改められたが、成年後見人が複数選任されている場合に、成年被後見人に対する医療行為について代諾をなし得る者は誰なのか、成年後見人の間で意見が対立した場合はどうするのかといったことについては、先にみたように、成年後見人には医療行為への代諾の権限はないとされたため、民法859条の2は適用できないこととなって、少なくとも法文上は不明なままであること、しかも、⑥既に触れたように、保護者となり得る後見人（法旧20条）には任意後見人は含まれないと解されていたため、精神障害者の場合には、能力を有しているうちに任意後見契約の制度を利用することにより事前の意思を表示しておいて、精神障害によって能力が不十分となった後、自らが予め選んでおいた任意後見人に保護者になってもらって当該意思を実現してもらう、という途が断たれてしまったこと、⑦成年後見制度導入にあたっては、後見人が禁治産者を精神病院等の施設に入れるには家庭裁判所の許可が必要であるとしていた民法旧858条2項が廃止されたが、このことは、精神障害者の入院措置に対する家庭裁判所によるチェック機能という観点からは後退したといわざるを得ない

〈36〉 安倍・前掲論文111頁以下
〈37〉 民法旧843条は、後見人を複数にすると意見の統一を欠き、責任が分散して事務が停滞するといった弊害が生じるなどの理由から、後見人は1人でなければならないと規定していた。しかし、成年後見人のあり方をめぐっては、近年、本人の状況によっては、例えば、財産管理については法律実務家が、身上監護については福祉の専門家が、その他の日常生活については家族が、それぞれ分担したり、チームを組み協力して、これら後見等の事務を遂行することが効果的な場合や、本人の入所施設における日常生活に関する財産管理等を担当する成年後見人とは別に、遠隔地所在の財産の管理の事務を担う成年後見人が必要となる場合など、後見等の事務の遂行のために複数の成年後見人を選任した方が、本人保護のため適切な場合があり得ると考えられるようになった。そこで、成年後見制度導入にあたって、民法は、認知症高齢者・知的障害者・精神障害者等の多様なニーズに対応するために後見等の態勢についての選択肢を広げるという観点から、以上のような現実のニーズを考慮して、成年後見人については人数の制限を廃止した。これによって、家庭裁判所は、後見開始の審判と同時に数人の成年後見人を選任することができ（同条1項：人数が規定されていないので、文理上当然に数人を選任できることとなる）、成年後見人が選任されている場合においても、家庭裁判所が、必要があると認めるときは（数人の成年後見人を置く必要がある場合、既に数人の成年後見人が選任されていたがその一部が欠けた場合が考えられる）、既に選任されている成年後見人または成年被後見人もしくはその親族その他の利害関係人（退任した成年後見人を含むと解される）の請求によって、または職権で、さらに成年後見人を選任することができることとされた（同条3項）（原・前掲論文79頁以下、法務省民事局参事官室・前掲概要5頁、同・前掲補足説明2頁および37頁以下）。

と考えられることなどが指摘され得る。特に⑦については、1950年の精神衛生法の制定により、精神病院その他これに準ずる施設への非任意の入院については、都道府県知事の行政処分による措置入院および保護（義務）者の同意による医療保護入院（旧同意入院）の制度が設けられ、民法旧858条2項は保護者が後見人である場合における医療保護入院手続の特則的な規定となっていたところ、後見人以外の者が保護者である場合には保護者の同意のみで医療保護入院手続をなし得るのに対し、保護者が後見人である場合にのみ家庭裁判所の許可を得なければ医療保護入院手続をなし得ないとする合理的理由は見出し難いとの指摘もあり、同条1項とともに削除すべきとの意見が強かったことから、精神障害者の入院措置に関しては、私法法規である民法ではなく、精神保健福祉法において統一的に取り扱うことが相当であるとの判断に立って同項を削除することとされたものであり、その他の点では両法それぞれにおける取扱いを必ずしも一にしていないにもかかわらず、このような判断に基づき、後者における制度的担保がないまま、ただ同項を廃止したことは大いに疑問である。そして、このように、成年後見制度とは別に保護者制度を設けていたことがかえって、解釈論の上でも実際の運用面でも、問題を徒に複雑化していると考えられてきたのである。

　以上のことに鑑みるならば、確かに、精神保健福祉法の保護者制度は廃止すべきであり、その上で、財産管理に重きをおいている民法上の成年後見制度そのものの、さらなる改正を図る方向で考えるべきこととなろう。なぜなら、精神障害者の保護ということを出発点にそのような抜本的な見直しを行うことによって、ひいては、例えば植物状態にあるような、精神障害者ではないが承諾能力を有しない成人の患者に対する医療行為が問題となっており、かつ、法定代理人もいないという場合にも、制限行為能力者の身上保護という枠組の中で対処が可能になると思われるからである。したがって、民法上の制度はそのままに、精神保健福祉法の範囲内でのみ保護者制度の改善を図ろうとする説もないわけではなかったが、オーストリアやドイツ等諸外国が民法をも含めた

〈38〉新美・前掲論文［ジュリ］179頁、安倍・前掲論文111頁以下参照
〈39〉原・前掲論文86頁以下
〈40〉安倍・前掲論文111頁以下、星野・前掲論文125頁以下、調・前掲論文1030頁
〈41〉第145回国会衆議院厚生委員会における石毛えい子発言（同委員会会議録第11号）参照
〈42〉新美「保護義務者制度の再検討（1991年度・中間報告）」主任研究者・藤縄昭『厚生科学研究費補助金（精神保健医療研究事業）精神障害者の医療及び保護の制度に関する研究　平

積極的な改革を行っていることに鑑みても、筆者自身としては、我が国においても、やはり、保護者制度は廃止した上で、民法をも含めた見直しを考慮すべきであると考えてきた。しかし、それはあくまで、保護者制度が廃止されても精神障害者たる患者の保護を充分に担保し得る制度が、別途、整えられていることが大前提となる。そして、今般の精神保健福祉法改正は、そのような担保を欠いたまま、ただ拙速に保護者制度を廃止したこと、さらには、医療保護入院をめぐる改正によって、これまで少しずつでも進められてきた精神医療をめぐる法体制改善への歩みを大きく後退させてしまったものと言わざるを得ないものと考える。

(4) 改正精神保健福祉法における医療保護入院の見直しについて

医療保護入院をめぐっては、前記検討チームによって、まず、精神保健福祉法改正にあたって、保護者制度は残しつつ、その義務規定を全て削除すべきとの結論が出され、その上で、さらに、強制入院としての医療保護入院をも維持すべきだが、それを保護者の同意を要件としない制度に改めるべきとの結論が採られていたにもかかわらず、実際に第183回国会(常会)に提出された法案は、保護者制度を全面的に廃止し、なおかつ、医療保護入院の同意者を

成3年度研究報告書』59頁以下(旧精神保健法下での記述)、町野「保護者制度の改革と精神医療」法と精神医療学会編『法と精神医療第27号』43頁以下参照

〈43〉新井誠「ドイツ成年者世話法の運用状況」ジュリ1011号60頁以下、ドイツ成年後見法研究会「ドイツ成年後見制度の改革—世話法(Betreuungsgesetz)注解—(一)」民商法雑誌第105巻4号572頁以下、同「同(二)」同第105巻6号850頁以下、菱木昭八朗「スウェーデンにおける成年後見制度について」法と精神医療学会編『法と精神医療第7・8号』72頁以下、岡孝「フランス、ドイツ、オーストリアにおける被保護成年者制度の改正」法と精神医療学会編『法と精神医療第7・8号』61頁以下、田山「ドイツにおける行為能力剥奪宣告の廃止—行為(無)能力と世話制度」『民法学の新たな展開 高島平蔵先生古稀記念』31頁以下、田山「オーストリア法における成年後見制度」『現代家族の諸相 高野竹三郎先生古稀記念』383頁以下、須永醇編『被保護成年者制度の研究』所収の小林秀文(109頁以下)・新井(149頁以下および297頁以下)・須永(179頁以下および219頁以下)・奥山恭子(237頁以下および341頁以下)・岡(267頁以下)・菱木(309頁以下)・伊藤知義(367頁以下)各氏の論稿、田山「成年後見法の課題と障害者権利条約—成年後見法の課題と展望」田山編著・前掲書289頁以下および302頁以下等

〈44〉保護者制度が廃止されてしまった現在では、成人の精神障害者については、後述するように、成年後見人等が選任されていれば格別、そうでもない限り、法的に患者たる当該精神障害者の保護をその職務とする者自体がいないこととなりかねない状況が生まれている。

〈45〉厚生労働省障害保健福祉部「精神障害者の地域生活の実現に向けて」(平成23年10月付)27頁以下、町野代表・前掲意見書参照

〈46〉前掲検討チーム「入院制度に関する議論の整理」(平成24年6月28日付)1頁以下、町野代表・前掲意見書参照

「家族等のうちいずれかの者」とし（33条1項）、この「家族等」として当該精神障害者の配偶者・親権者・扶養義務者・後見人・保佐人を挙げており（同条2項）、これらについては原案のまま可決・成立、2014年4月1日より施行されている。

　そもそも医療保護入院は、自傷他害のおそれはないが本人に病識がないなどのために入院の必要性について本人が適切な判断をすることができず、任意入院（法22条の3）が行われず、自己の利益を守ることができないような場合に、保護者の同意というチェック機能を通して、もっぱら当該精神障害者本人の利益を図ろうとする趣旨の下、設けられた制度である〈47〉にもかかわらず、医学的な理由ではなく社会的な理由等により適用されている不適切な事例が生じたり、〈48〉入院への同意をきっかけの1つとして精神障害者が保護者に対し反発感情を抱くなどした結果、家族関係がこじれる基となったりしてきたものである〈49〉。このような制度が、少なくとも入院に係る同意に関してはほとんどそのままの形で―保護者制度が廃止されたことに伴い、保護者となるべき者として精神保健福祉法旧20条に掲げられていた者が、改正後は同意者として挙げられているに過ぎない―残存し（したがって、本節2（2）で述べたところも未だあてはまる）、しかも、他方では、同法旧20条による保護者となるべき者の法定順位もが撤廃されたことで、本節2（3）④⑤のような問題が改正法の「家族等」の間で生じることが懸念される〈50〉。こうしたことに鑑みても、やはり、保護者制度を撤廃するのであれば、医療保護入院については本節2（3）⑦で触れた民法旧858条2項のような裁判所によるチェック機能を―「家族等」による同意ではなく―用意するといった、より抜本的な制度改革が必要であろう。

3　承諾能力を有しない成人（精神障害者を除く）の場合

　当該医療行為を実施するか否かが問題となっている患者本人が承諾能力を欠いている場合であっても、当該患者が未成年者であるならば―たとえ、保護者

〈47〉精神保健福祉研究会監修・前掲書（詳解）297頁以下、大谷『新版精神保健福祉法講義』98頁、太田順一郎「精神保健福祉法改正　―保護者制度がなくなったときに」太田＝岡崎伸郎責任編集『精神医療』71号［第4次］3頁、横浜地判平成21年3月26日判タ1302号231頁等

〈48〉精神保健福祉研究会監修・前掲書（詳解）297頁、東京地判平成22年4月23日判時2081号30頁、大阪地判平成25年7月5日LEX/DB25501586等

〈49〉町野・前掲意見書、名古屋高判平成22年4月15日LEX/DB25442166

〈50〉山本輝之「精神保健福祉法の改正について　―保護者の義務規定の削除と医療保護入院の要件の変更について」太田＝岡崎責任編集・前掲書41頁以下

制度が廃止された現在、精神障害者であったとしても―法定代理人たる親権者（民法824条・820条）や未成年後見人（民法859条・857条）が、これらの規定を類推適用することにより代諾をなし得ると解することは可能である。[51] 同様に、患者本人が成年に達しており、かつ、承諾能力がない場合でも、法定代理人がいて当該患者の保護にあたることができる場合（民法8条・858条）には、既に触れたように、これらの規定を類推適用することによって当該法定代理人が代諾をなし得ると解することが絶対にできないというわけではないと思われるし、任意後見人がいれば、この者が登記された任意後見契約に則り、本人の意思を尊重しつつ、当該患者の保護にあたればよい（任意後見契約法2条1号・6条）が、このような代理権を有する者がいない場合には誰が代諾権者となり得るか、問題となる。患者本人に承諾能力がないからといって、医師の裁量権行使に全てを委ねてよいということには決してならない。患者を保護するためには、主体性をもって医師と対等の立場に立ち得る者による、医療における意思決定過程への患者の側からの参加が保障されなければならないということは、法定代理人等がいる場合といない場合とで何ら異なるところはないというべきである。[52]

しかし、では医師以外の者で患者に代わってそのような意思決定をなし得る者は誰かということになると、現行法では成年後見人等が選任される場合は限られており、これらに該当しない場合には、成人については、法的に当該患者の保護をその職務とする者がいないこととなってしまうのである。

そこで、成人たる患者に承諾能力がなく法定代理人も任意後見人もいない場合の1つの方法として考えられるのは、法定代理人を選任したならば法定代理人に選任されるであろう者を代諾権者とすることであるが、この方法の最大の難点は、誰が法定代理人となるのかを予め想定することが不可能なことである。[53] また、実際の医療の現場では家族や近親者による代諾がなされているという現実を踏まえて、当該患者に配偶者がいれば、民法旧840条の趣旨も加味して配偶者を、配偶者がいない場合でも親がいれば、当該患者自身は承諾能力を失っていて自分自身では判断・意思決定をなすことができず保護を必要とするという点において承諾能力を欠く未成年者と変わるところがないということから親を、その他の場合には扶養義務者を、代諾権者と解することも考えら

---

[51] 本章脚注〈6〉参照
[52] 新美・前掲論文［加藤＝森島・前掲書］145頁以下
[53] 新美・前掲論文［加藤＝森島・前掲書］146頁（但し、成年後見制度導入前の記述である）

れなくはない。

　しかし、成年後見人が選任されている場合についてさえ医療における代諾が─少なくとも公的な見解としては─否定される現行法の解釈としてはかなり無理があることを否定し得ないし、これらの者は、日頃から患者本人をよく知っており何が患者本人にとって最善の利益であるかを最もよく知り得る立場にある者であると同時に、相続等において患者本人と利害が対立する関係に立ち得る者でもある。また、現在の医療上の慣行に鑑みてこれらの者を代諾権者として認めるとしても、この者達の間での順位付けをどうするか、家庭内の複雑な人間関係が絡むこともあり、難しいところであると思われる。そして、患者に全く身寄りがない場合には、問題が解決されないまま残ることとなる蓋然性は、決して低くはない。

　以上のことから、成人たる患者本人に承諾能力がなく、法定代理人等もいない場合には、このままでは代諾権者を選任することができず、結局は患者の周辺にいる者の中から誰かが意思決定をなすか、あるいは、医師の全面的裁量に任せるということになってしまうものと思われる。医療という、財産行為とは異なる特別な場合であることを考慮した上で、やはり、例えば裁判所の職権による後見開始の審判を認める等、民法上の成年後見制度をはじめとする現行各法制度のさらなる整備を含めた立法上の解決を図ることが必要であろう。[54]

おわりに

　近時の、精神障害者をはじめとする承諾能力を有しない成人たる患者に対する医療行為に係る代諾を取り巻く状況は、冒頭で述べたところの、患者本人以外のもの（社会をも含む）の「意思」を尊重し、ともすれば、患者家族という、医療行為を受けるか否かが問題となっている本人ではない者の当事者性を認めるかのような、関連各法の改正や学説の動向がみられる一方で、裁判において、重度の認知症を患った高齢者（民法7条に基づく後見開始の審判ないしその申立手続はなされていない）が線路内に立ち入り、列車と衝突、死亡した事故に関し、当該高齢者の、同じく高齢であり要介護1の認定を受けていた配偶者につき、精神保健福祉法旧20条1項の保護者として民法714条1項にいう監督義務者に該当するなどとして、鉄道会社に対する損害賠償責任を認める

---

[54] 岩志・前掲論文66頁以下および注欄に掲げられている文献、金川洋「成年後見と医療との関わり」田山編著・前掲書103頁以下参照

という、成年後見制度導入に伴う民法改正や精神保健福祉法が改正されてくる中で保護者の義務（職務）から精神障害者による自傷他害防止義務が削除された趣旨に明らかに反する、あるいは逆行する判断が下されるなど（名古屋高判平成 26 年 04 月 24 日判時 2223 号 25 頁）、混乱の様相を呈しているように思われる。

　医療行為の諾否・選択といった局面に限らず、より俯瞰的な視点をもって関連する諸制度そのものやその解釈・運用全体を見直すべき時期にきているのではないだろうか。

第4編

障害者による選挙権行使の保障

補章

オーストリアにおける被代弁人の選挙権

第1節　選挙権の原則

　選挙権の原則は、オーストリア連邦憲法26条1項に規定されており、そこでは、連邦大統領、国民議会、州議会、市町村参事会およびヨーロッパ連合（以下、EU）が、男女による平等、直接、自由および秘密選挙によって選ばれることが定められている。

　ヨーロッパ選挙は、1979年から5年ごとにEUにおいて行われている、一般、直接、自由および秘密選挙であり、ここではヨーロッパ議会の議員が決められる。しかし、オーストリアは、1995年にようやくEUの加盟国となったために、そのころから、この選挙に参加している。直近のヨーロッパ選挙は、2007年6月4日から7日に行われた。

　今日、オーストリアでは、1992年の国民議会選挙令が適用されている。

　2003年に、国民議会選挙令の改正において、選挙年齢が19歳から18歳に引き下げられた。

　2007年には、選挙年齢は18歳から16歳に引き下げられ、郵便投票と外国における選挙が簡易化され、選挙周期が4年から5年に延長された。

　さらに、2007年には、選挙され得る者の年齢が、―大統領選を例外として―、19歳から18歳へと引き下げられた。

第2節　個人的な選挙権の原則

　個人的な選挙の原則は、選挙権の行使にとって本質的に意義がある。ここで

は、一身専属的で代理に親しまない選挙権が問題となっている。これと比較可能なのは、例えば、婚姻または遺言の作成である。本人は、これを自らによってのみで行うことができ、そしてその際に、誰かに（例えば代弁人に）代理させることはできない。このことは、全ての身体的障害者または精神的障害者(例えば認知症患者）にも言える。選挙権にとって、このことは、投票が個人的な投票行為によって行われなければならず、このために代理人（代弁人）による選挙が排除されるということを意味する。個人的な選挙権の原則は、選挙管理委員の前に身体的に存在するということを内容とする。唯一の例外は、郵便投票である。

第3節　自由選挙権の原則

　さらに重要なのは、投票の自由に関する自由選挙権の原則である。つまり、有権者は、選挙の自由において、法的観点においても事実的観点においても侵害されることを許されない。このため、有権者の真意が表現されるために、投票手続は、有権者の決定が影響され得ないように準備されるべきである。
　しかし、身体障害者または精神的障害者は、自ら選任し、選挙責任者に対して承認する1人の者によって、先導され、投票の際に援助されることが許される。したがって、このための前提は、有権者がこれに関して自己の意思（選挙に関する意思）を把握することができ、これに従って表明できることである。
　いまや連邦全土において、選挙義務は存在しない。2004年までは、少数の州において、大統領選の際の選挙義務がまだ存在していた。

第4節　選挙権および被選挙権

　選挙権は、選挙の際に有権者として参加する権限である。
　被選挙権は、選挙の際に、選挙される候補者として参加する権限である。
　選挙権は、遅くとも選挙日の満了において満16歳である全てのオーストリア国籍の者に与えられる（21条）。
　被選挙権は、期日においてオーストリア国籍を有し、遅くとも選挙日の満了において満18歳である者で、かつ選挙権を排除されていない者(41条)である。大統領選においては、候補者は、満35歳でなければならない。これは、被代弁人などにも言えることである。したがって、このことは、被代弁人は、国民

議会、ヨーロッパ議会または大統領に、他者と同様に選ばれることができることを意味する。しかし、これまで政党は、被代弁人を候補者として擁立していないために、このようなケースはこれまで生じていない。

第5節　選挙権の排除

　選挙権の排除は、次の場合および確定力のある裁判所の判決によってのみ可能である。

　選挙と関連のある犯罪行為により、1年より長い絶対的自由刑を科された場合、または他の犯罪行為が理由で、5年より長い絶対的自由刑を科された場合、そして裁判所が追加的に選挙権の排除を定めた場合（国民議会選挙令22条に関連して連邦憲法26条5項）である。

　故意により行われた、1つのまたは複数の可罰的行為のために1年より長い絶対的自由刑の確定力を伴う判決を下された者は、被選挙権を排除される（国民議会選挙令41条）。

　1987年までは、被代弁人は、オーストリアにおいて選挙権を自動的に排除されていた（1971年国民議会選挙令24条）。これは、全ての事務に代弁人を任命された者だけでなく、単に個々の事務についてのみ、または一定の範囲の事務について代弁人が任命された者にも適用された。しかしながら、この規定は、憲法裁判所により、1987年10月7日の判決によって、平等違反を理由に削除された。

　1985年に、州都ザルツブルクに住んでいたD（男性）に、ザルツブルク地区裁判所によって代弁人が任命された。これに引き続き、Dは、州都ザルツブルクに常置されている選挙人名簿から削除された。これに対して、本人は、その代弁人を通じて異議を申し立てたが、市町村選挙官庁は、これを認めなかった。これに対して、Dは、代弁人の援助により、再び異議を申し立てたが、これは、ザルツブルクの地区選挙官庁によって、理由がないとして棄却された。これに対して、Dは、憲法裁判所に訴えたのである。

　主張されたのは、次の権利が侵害されているということであった。すなわち、全ての国民の法の前に平等である権利（連邦憲法7条1項）、選挙権行使の権利（連邦憲法26条）および法定裁判官の面前での手続に関する権利（連邦憲法83条2項）である。

　憲法裁判所は、次のような理由によって異議を認めた。

つまり、選挙権の排除は、この際に、代弁人を任命する理由および選挙権を自ら決定して行使するという本人の実際の精神状態が配慮されることなしに、唯一、官庁の形式的行為に、つまり代弁人の「任命」にのみ結び付けられている。代弁人によるのでない他の援助（例えば、公的施設、親族などの援助）を受け、このために代弁人制度の「補充性の原則」を理由に代弁人を任命されない、心的病気の者または精神的障害者は、その選挙権を有したままである。同じ健康障害およびとりわけ精神的障害を有しているが、代弁人制度の代替肢が存在しないために、代弁人を任命される者は、選挙権および被選挙権を自動的に喪失することになる。これが、平等違反であり、このために憲法違反とされたのである。

　このため、この規定は、憲法裁判所によって削除された。例えば、適合する、憲法に適う内容を伴う新規定は、これ以降、もはや設けられていない。被代弁人の選挙権制限の撤廃に関する有名で否定的な経験も存在しない。このため、類似する規定を再び設ける、または何らか方法によって、障害者の選挙権を制限するといった意向も存在しない。

第6節　補助（国民議会選挙令66条）に関する規定

　身体障害者および精神的障害者が実務において選挙権を行使できるために、補助に関するさまざまな可能性が存在する。

　例えば、盲目または重度の視覚障害のある有権者のために、選挙官庁は、投票用紙の雛形を、独立した選挙権行使を可能にするための援助手段として使用可能にしておかなければならない。これにより、手で触ることによって、本人が×印をつける投票用紙の場所が見つけられ得る。

　身体障害者または精神的障害者は、これが投票用紙の記入に必要である場合には、1人の者に援助されることができる。本人は、この援助者を自ら選任でき、かつ選任しなければならず、選挙責任者に対し、援助者を明確に承認しなければならない。投票直前の選挙責任者に対する援助者の承認は、この援助者も自由に選任されたということを保障することに資する。したがって、これによって、障害者の自由な選挙決定が保護されることになる。

　援助者は、障害者とともに選挙ボックスに入ることが許され、そして投票用紙に記入際に障害者を援助することができる。例えば、援助者は、その政党のためにどこに×印をつけなければならないかを示したり、×印をする際に手を

動かすのを手伝ったりする。

　援助者の要求の許容性は、疑わしい場合には、選挙官庁が決定する。援助者の助けを伴った全ての投票は、記録されなければならない。

　このような場合を除いて、選挙ボックスでは、その都度、1人の者のみが入ることが許される。

　通常、選挙ボックスも、障害者および車椅子に対応する入り口を有しなければならない。

第7節　選挙カードによる選挙

　選挙当日に、訪れるべき選挙会場に行くことができないと予想される有権者は、その投票を国内外で郵便投票によって行うという可能性を有する。不在の理由は、重要ではない。例えば、休暇のために、健康上の理由で、または外国に滞在していることが理由での不在が考えられる。

　選挙カードは、申請されなければならず、この際、用紙は、選挙公示の日にはじめて使用可能となる。申請は、口頭によっても行われ得るが、電話は許されない。申請者の同一性が証明されなければならない（例えば証明書によって）。実務では、選挙カードは、非常に迅速に、同一性について大掛かりに調査することなしに、発行される。

　このシステムは、濫用の危険も生じやすい。例えば、オーストリア東部の州であるブルゲンラントでは、例えば、市長が2年前に、高齢で病気であり、選挙会場へ来ることが期待できない者のために自ら選挙カードを発行し、また自ら投票用紙に自分の政党を記入した。しかし、この本人は、選挙カードの申請を全くしていなかった。

　選挙カードの送付は、基本的に、選挙日の約3週間前になされる。連邦選挙の際には、申請は、書面によって遅くとも選挙日の4日前まで行うことができる。口頭では（しかし電話ではなく）、申請は遅くとも選挙日の2日前まで（期限：12時）行うことができる。申請者によって代理権を授与された者への選挙カードの引渡しが可能である場合には、同様に、前述した時点まで、申請を書面によって行うことができる。

　申請について管轄を有している官署は、有権者が選挙人名簿に記入されている市町村である。

　2010年3月1日に、全ての選挙のために、選挙カードを自動的に送達する

申請の可能性が設けられた。しかし、これは、身体的障害のために選挙会場を訪れることができない者にのみ、適用される。

国内での選挙カードによる投票は、次のように行われる。

・選挙官庁の面前で：

投票用紙を受領するその選挙会場において。これは、全ての選挙官庁ではなく、少数の選挙官庁にすぎない（例えば、グラーツは100万人の有権者あたり4か所である）。全ての市町村は、少なくとも、投票会場を1つ設けなければならない。または、特別な選挙官庁（「移動する選挙管理委員」）による訪問の際において。

・郵便投票による（選挙官庁なしで）：

外国では、投票は郵便投票によってのみ可能である。

選挙カードを申請していたが、選挙当日に選挙権を有する郷里の市町村にいる場合には、その管轄区域において普通に選挙に行くことができる。しかし、このために、選挙カードを一緒に持参し、選挙会場で渡さなければならない。

第8節　選挙カードによる郵便投票

選挙カードを申請する場合には、選挙カード以外に、投票用紙と封筒および郵便投票の説明書が送られる。

有権者は、投票用紙および封筒を選挙カードから取り出し、公の投票用紙を個人的に、監視されず、影響を受けずに記入し、封筒に入れ、のりをし、選挙カードに戻し、選挙カードに署名することによって、公の投票用紙が個人的に、監視されず、かつ影響を受けずに記入されたということを、宣誓と同様に証明し、最後に選挙カードにも封をしてポストに入れることによって、有権者は郵便投票を行うことができる（連邦憲法26条6項）。ここでも、本人は他者によって助けられ得る。特に、もちろん他者（使者）が投票用紙とともに選挙カードを、ポストに投函できる。また、投票用紙が個人的に、監視もされず、影響も受けずに記入されたかを、誰も調査しない。

2011年の選挙改正法以降、全ての連邦選挙において、選挙カードは、遅くとも選挙日の17時には、管轄の選挙官庁に到着するか、または選挙日に自ら開場している選挙会場に提出されなければならない。以前は、郵便が投票用紙とともに、選挙の8日後までに到着すれば十分であった。このために、郵便投票者は、選挙日後も、なお投票できていた。

第9節 「移動する」選挙管理委員

　本人が、もはや歩行できないか、移動できないか、またはこの他に（病気、年齢またはこの他の理由で）寝たきりであり、このために自ら選挙会場へ行くことができない場合には、「移動する」選挙管理委員によって自宅を訪問されるという可能性を有する。

　移動する選挙管理委員は、いわゆる「特別な選挙官庁」であり、そして、その都度市長に任命される1人の責任者と3人の委員によって構成される。

　「移動する」選挙管理委員の訪問は、本人の申請によってのみ行われる。有権者は、移動選挙管理委員の訪問に関する申請を、その個人的データとともに自ら行わなければならず、このために、ここでも原則的に、自らの意思を形成し得るという前提が存在しなければならない。ここでも、本人は、他者によって助けられ得る。したがって別の人が、選挙カードの申請のための用紙を調達し、申請を記入することができる。自らの署名のみが必要となる。しかし、ここでも、本人は誰かに助けてもらうことが可能である。移動する選挙管理委員の訪問が望まれている場合には、この要請は、選挙カードの発行の申請に関して行われなければならず、移動する選挙管理委員の訪問が予期される部屋の情報（例えば、住居、介護ホームの部屋または病院）が伝えられなければならない。このため、移動する選挙管理委員会では、選挙カードによってのみ選挙され得る。

　介護ホームおよび高齢者ホームは、管轄区域選挙委員によって訪問される、（例えばインスブルックでは）「特別な選挙区」にまとめられる。したがって、これらのホームのために、移動する選挙管理委員会訪問のための特別な申請は、必要ない。

　病院、ホームおよび類似施設のために形成される選挙区において、有権者は、これについて可能である限り、その選挙権をこの選挙区の選挙会場において行使しなければならない。担当である管轄区選挙官庁は、その援助組織および信頼できる人物とともに、寝たきりの部屋においても、これ以外の有権者による投票という目的に取り掛からなければならない。したがって、誰かがその病院の自分の部屋を出ることができない場合には、選挙官庁の者が、選挙を可能にするために、そこへ赴かなければならないだろう。

　選挙の実施の際に、適切な設備によって、有権者が監視されずに投票用紙に

記入し、封筒に入れることができるように配慮されなければならない。投票の経緯 Vorgang は、文書によって明らかにされなければならない。

通常、病院は、常に独自の選挙区として設定されている。これ以外に、全てのホームが選挙区を形成するか、またはいくつかのホームのみかは、主たる選挙官庁の区分に左右される。

主たる選挙官庁は、選挙権が行使できる期間も定める。選挙期間は、公的な通知によって公示される。通常、管轄区域選挙管理委員会は、より長い時間いなければならない（例えば、2004年の大統領選挙では、9時から14時まで）。ここでも、選挙カードが必要となる。

以前は、歩行不可能な者または移動不可能な者が選挙権理委員を申請するために、ベッドに寝たきりの有権者がいる部屋に同時に居合わせる者に、移動する選挙管理委員の面前で同様に選挙することが許されていなかったので、2007年の選挙法改正は、特別な選挙官庁の面前でも選挙について、この点において新規定を置いた。改正後、今は、親族、医師、介護者および監督者のような本人以外の者も、特別な選挙官庁を利用することができ、投票することができる。唯一の要件は、選挙カードの保持である。

（拘置所、刑務所、精神科などで）その個人的な自由を制限されている有権者も、その収容領域に独自の選挙区が設定されている場合を除いて、移動する選挙管理委員会を申請できる。

現在、オーストリアにおいて移動する選挙管理委員会の要請に関する統計は存在しない。グラーツ（住民約 230,000 人）の市町村参事会選挙では、2008年には、約1万5,000の選挙カードが発行された。国民議会選挙においては、57万よりも多い数の選挙カードが発行される。オーストリアには、有権者は、6,400万人いる。

第10節　障害者の選挙禁止と障害者権利条約

障害者権利条約 29 条は、締約国に、障害者が政治的生活および公的生活に参加することを保障するよう義務付けている。

このため、締約国は、障害者に全ての政治的権利およびこれを他者と平等に享受することを保障する。締約国は、障害者が他者と有効かつ広範に政治的生活および公的生活に参加できることを、直接であれ、任意代理人によるのであれ、保障するよう義務付けられており、これには、選挙することおよび選挙さ

れること（選挙権および被選挙権）の権利および可能性も含まれている。

　障害者権利条約の締約国は、選挙手続、選挙設備および選挙用具が適切であり、親しみやすく、理解しやすく、扱いやすいことも保障しなければならない。さらに、締約国は、選挙と国民投票が秘密投票において、その投票を脅かされることなしに行うこと、選挙に立候補すること、官職に有効に就くこと、そして国家活動の全てのレベルに関する全ての公的な任務を行うことという障害者の権利を保護することを義務付けられている。さらに、締約国は、有権者として障害者が自由に意思を発言することを保障しなければならず、必要な場合には、障害者が投票の際にその投票を援助されることを可能にしなければならない。

　オーストリアにおいて、政治的生活および公的生活への参加に関する権利（条約29条）は、少なくとも保障されていると言える。少数国の1つとして、代弁人の任命は、全ての場合において、したがって、全ての事務に代弁人が任命されていたとしても、選挙権排除の理由とはならない。

　EUの16カ国において、精神的障害者は、選挙することができない。これは、行為能力がないか、または単に行為能力を制限されている者は、16カ国で選挙権および被選挙権を排除されていることを意味する（ここには、ブルガリア、イギリス、ギリシャ、ルーマニア、スウェーデン、ハンガリーなどが入る）。

　ドイツでは、全ての事務に世話が設定されている者は、選挙することが許されない（連邦選挙法13条）。

　これは、全ての世話は、選挙権の喪失という結果をもたらすが、部分的世話（個々の事務に制限されている世話）は、選挙権の喪失をもたらさないということである。

　選挙権の排除は、全ての事務を包括する世話だけである。世話が全ての生活領域を包括するのは稀であるために、このことは、いわゆる精神障害者は、通常、選挙権を有するということを意味する。例外は、電話、郵便および不妊に関する決定である。これらの事務が世話人の任務範囲に含まれていなくても、選挙権は、なくなる。

　しかし、障害者権利条約の監督官署は、変更を要請している。その見解によれば、被世話人の選挙権の排除は、障害者権利条約に抵触している。

　スイスでは、行為能力が剥奪されているか、このために老齢配慮代理権受任者を有している者は、選挙権を有さない。しかし、これら全ての者が選挙権を失うわけではない。精神障害または精神薄弱のために後見に付されている者ま

たは老齢配慮代理権受任者を有している者だけが、もはや選挙することを許されない。選挙権を剥奪されないのは、例えば、家計を乱すために行為能力を剥奪されている者である。わずかな後見的援助が問題となっている保佐および常置保佐は、障害者の選挙権を制限しない。本人の法的行為能力も、保佐によって—常置保佐および後見と異なり—侵害されない。

2013年1月1日から、スイスでは、新たな成年者保護の規定が施行される。「後見人」という名称は、親子法においてのみ存在し、成年者に関してはもはや存在しない。後見人の代わりに、本人は保佐人を任命される。保佐には、その強度に応じて異なる、複数の種類がある。今日の行為能力の剥奪は、新スイス民法典398条の意味における包括的保佐に合致する。なお、スイスは、これまで、障害者権利条約に署名も批准もしていない。

おわりに

被代弁人の無制限の選挙権は、オーストリアにおいて、認識しうる否定的な効果をもたらしていない。選挙の際の投票行為のために有意義とみなされる精神的能力を明確に確定することは、非常に難しく、せいぜい個別のケースにおいてのみ可能である。医学的事務における決定に依拠することは、想定し得るだろう。これによれば、その都度、個々のケースにおいて、決定の時点において、被代弁人に、認識能力および判断能力が存在するかどうかが明らかにされなければならない。これが肯定される場合にのみ、被代弁人は自ら決定できる。このため、選挙の場合でも、少なくとも、個々のケースにおいて、障害者の認識能力および判断能力を調査することが考えられる。しかし、これは、相当な労力の消費を引き起こすだろう。

代弁人が任命されるか、または全てのケースに代弁人が任命されたケースにおいて、選挙権を一般的に排除することは、少なくとも障害者権利条約に違反する。このため、オーストリアの視点からは、全ての障害者に、その精神能力にまったく関係なしに、選挙権および被選挙権を認めることを推薦し得る。
ありがとうございました。

〔訳者注〕『成年後見制度と障害者権利条約』（三省堂、２０１２年）には、時期の関係で採録できなかったので、本書に収録した。

補論　質疑の一部

上記の講演の際に行われた質疑応答の要旨を以下に紹介する（通訳：青木仁美、反訳と整理：片山英一郎）。

質問1：オーストリアでは現行法上、どの条文によって裁判所は選挙権を排除することができるのですか。

ガナー：代弁人法は1984年7月1日に施行されまして、さらに一般民法典第273条によって代弁人が任命されている者は選挙権を剥奪されることになっていました。憲法の26条に定められています。

質問2：憲法の26条の5項に基づいて裁判所が判断するのですか。

ガナー：具体的には、国民議会選挙令22条によってです。

質問3：後見関係と政治犯罪とか刑事犯罪とは別ですよね。

ガナー：はい。

質問4：ということは後見関係では裁判官は選挙権の剥奪ができないということですね。

ガナー：はい。その通りです。

質問5：援助者は選挙管理者の面前で援助するそうですが、重度の知的障害者で適切な権利行使が疑わしい場合には選挙官署はどのように決定するのでしょうか。

ガナー：選挙は必ずできるのです。したがって、選挙官署が何を見るかというと、その人を助ける人について（もちろん援助者は選挙ボックスに一緒に入ることはできないのですが）、監視します。

質問6：選挙に関する意思を把握することができ、これに従って意思を表現できることですが、この場合の自己の意思、選挙に関する意思ということはどの程度のものですか。選挙したいという意思、それだけでいいのでしょうか。

ガナー：ただたんに選挙会場に行くという意思ではダメです。

質問7：現在（公選法改正前）の日本の制度は不公平な制度ですか。

ガナー：不公平です。なぜかというと、先ほどの講演の中の憲法裁判所の違憲判決でも出てきましたけど、日本では同じ程度の精神的障害でも後見人が付いていたら選挙権がなくなりますね。しかしながら、後見人が付いていないと選挙権はそのままですね。このような不平等はどうしても説明のしようがない、ということです。今（当時）の日本の制度は不公平です。

質問8：オーストリアでは、普通の人

の投票率と知的障害者の投票率にはすごく差がありますか。

ガナー：そのような統計はありません。誰が障害者かということを把握してないので、そのような統計はないのです。

質問9：知的障害者は、候補者が普通にテレビとか演説とかブログとかで自分の意見を表明してもなかなかそれを理解できないということがあります。それで、知的障害者が本当に選挙権を行使できるためには知的障害がある人にも分かるような方法、例えば直接話しかけるとか、直接に候補者が知的障害者のところに行って語りかけるというのが一番いいと思うのですが、そういう努力というのはオーストリアではどうなっているのでしょうか。

ガナー：市長選挙などの小さい選挙では市長候補者が障害者のところへ直接出向くこともありますが、国政選挙のように大きな選挙になると候補者はテレビに出演するなどメディアを活用することが多くなります。

（注　以上は、全てを再現したわけではない。）

第5編〈資料〉

ドイツ・オーストリアおよびスペインの後見関係法令

ドイツとオーストリアにおける医療同意権に関する条文

ドイツ民法典

第133条【意思表示の解釈】
　意思表示の解釈に際しては、表現の文字通りの意味に拘泥することなく、表意者の真意を探求しなければならない。

第164条【代理人の意思表示の効果】
1　代理権の範囲内で本人の名においてなされた意思表示は、本人のためにそして本人に対して直接効果を生ずる。意思表示が明確に本人の名においてなされたか、または状況からみて意思表示が本人の名においてなされたものと判断されるか、という点については差はない。
2　他人の名において行為をするという意思が明確になっていない場合は、自己の名において行為をするという意思の欠缺は問題にならない。
3　第1項の規定は、他人に対してなされるべき意思表示がその者の代理人に対してなされた場合に、準用される。

第280条【義務違反に基づく損害賠償】
1　債務者が債務関係から生じた義務に違反した場合は、債権者はこれによって生じた損害の賠償を請求することができる。義務違反につき債務者に帰責事由が存しないときはこの限りでない。
2　債権者は履行遅滞による損害賠償を、第286条の追加的要件が満たされている場合にのみ、請求することができる。
3　債権者は給付に代わる損害賠償を、第281条、第282条または第283条の追加的要件が満たされている場合にのみ、請求することができる。

第241条【債務関係から生ずる義務】
1 債務関係が存在することにより、債権者は債務者から給付を請求する権限を有する。給付は不作為であることもあり得る。
2 債務関係はその内容に応じて、各当事者に他方当事者の権利、法益および利益に対して配慮する義務を生じさせ得る。

第249条【損害賠償の種類および範囲】
1 損害賠償の義務を負う者は、賠償を義務付ける状況が発生しなければ生じたであろう状態を創出しなければならない。
2 人に対する傷害または物の破損を理由として損害賠償がなされなければならない場合は、債権者は状態の創出の代わりにその創出のために必要な金額を請求することができる。物の破損の場合に第1文によって必要となる金額は売上税を、それが実際に発生している場合に限って、包含する。

第611条【雇用契約における典型的な義務】
1 雇用契約によって、労働供給を承諾した者は当該労働をなす義務を、他方当事者は取り決められた報酬を支払う義務を、それぞれ負担する。
2 雇用契約の対象はあらゆる種類の労働に及び得る。

第662条【委任契約における典型的な義務】
委任契約の受け入れによって、受任者は委任者から委ねられた法律行為を委任者のために無償で処理する義務を負担する。

第665条【指示からの逸脱】
受任者は、委任者が当該事情を知ったならば逸脱を承諾するであろうと判断することが状況からみて許される場合には、委任者の指示から逸脱する権限を有する。受任者は逸脱に先立って委任者に対して通知をなし、判断の遅れが危険を伴わないときは委任者の判断を待たなければならない。

第675条【有償の事務の管理】
1 事務の管理を目的とした雇用契約または請負契約については、本節に別段の定めがない限り、第663条、第665条乃至第670条、第672条乃至第674条の規定が、そして義務者に解約告知期間を遵守することなしに解約を告知する権利が認められている場合には第671条第2項の規定も、準用される。
2 他人に対して助言または推薦を行う者は、契約関係、不法行為またはその他の法律上の規定から生ずる責任(Verantwortlichkeit)は別として、当該助言または推薦に従ったことから生じた損害を賠償する義務は負担しない。

第1004条【除去請求権および停止請求権】

1　所有権が占有の剥奪または不法占有以外の方法で侵害された場合は、所有権者は侵害者に侵害の除去を請求することができる。さらなる侵害のおそれがある場合には、所有権者は侵害の停止を請求することができる。
2　所有権者に受忍の義務がある場合には、請求権は除外される。

第1846条【家庭裁判所による暫定処分】

後見人がまだ選任されていない場合または後見人がその義務の履行を妨げられている場合には、家庭裁判所は当事者のために必要な処分を行わなければならない。〈訳注〉　本条は、民法典第1908条i第1項第1文により準用されている。

第1896条【〔訳者：世話人選任の〕要件】

1　成年者が精神病または身体的、精神的もしくは心的障害ゆえに自己の事務を全くまたは部分的にしか処理できない場合は、世話裁判所は当該成年者の申請に基づいてまたは職権により当該成年者のために世話人を選任する。この申請は行為無能力者も行うことができる。成年者が身体的障害ゆえに自己の事務を処理できない場合は、世話人の選任は当該成年者の申請によってのみ可能である。但し、当該成年者が自己の意思を表明できないときはこの限りでない。
1a　成年者の自由な意思に反しては世話人を選任することはできない。
2　世話人は世話が必要な事務の範囲についてのみ選任することができる。世話は、成年者の事務が第1897条第3項に挙げられている者以外の任意代理人、またはそれを行う際に法定代理人が選任されないその他の援助によって、世話人による場合と同様に十分に処理され得るときには、必要ではない。
3　自己の任意代理人に対する被世話人の権利の実現も事務の範囲として指定し得る。
4　被世話人の通信および被世話人の郵便の受領、開封、留め置きに関する決定は、裁判所が明確に指示した場合にのみ、世話人の事務の範囲に包含される。

第1901条【世話の範囲、世話人の義務】

1　世話は、被世話人の事務を以下の規定によって法的に処理するために必要なすべての活動を包含する。
2　世話人は被世話人の事務を被世話人の福祉に合致するように処理しなければならない。被世話人の福祉には、被世話人の能力の枠内において自己の生活を自分自身の希望やイメージに従って設計するという可能性も含まれる。
3　世話人は、被世話人の福祉に反しないでかつ自分にとって過度な要求とな

らない限り、被世話人の希望に副わなければならない。このことは被世話人が世話人の選任前に表明していた希望についても適用される。但し、被世話人がこの希望に明らかに固執するつもりでないときはこの限りでない。世話人が重要な事務を処理する前には、世話人は、被世話人の福祉に反しないときは、それについて被世話人と話し合う。

4　事務の範囲内において世話人は、被世話人の疾病または障害を除去し、改善し、その悪化を防止しまたはその結果を軽減する可能性が利用されることに貢献しなければならない。世話が職業として行われるときは、世話人はそれが適切な場合には裁判所の指示によって世話の開始の際に世話計画を作成しなければならない。世話計画には世話の目標およびその目標達成のために行われる措置が記されていなければならない。

5　世話人が世話を終了できる状況を知ったときは、世話人はこのことを世話裁判所に報告しなければならない。事務の範囲を縮小できる状況、または事務の範囲の拡大、さらなる世話人の選任もしくは同意権留保（第1903条）の指示を必要とする状況についても、同様である。

第1901条 a 【患者処分証書】

1　同意能力を有する成年者が自分に同意能力がなくなってしまった場合に備えて、自分の健康状態についてのまだ具体化していない一定の検査、治療または手術に同意するかまたはそれを拒否するかということを書面によって確定している（この書面を患者処分証書という）ときは、世話人はその書面の内容が最新の生活状況および治療状況に即しているかどうかを検討する。当該書面の内容が最新の生活状況および治療状況に即している場合には、世話人は被世話人の意思に最大限副わなければならない。患者処分証書は何時でも方法を問わず撤回することができる。

2　患者処分証書が作成されていない場合、または患者処分証書の内容が最新の生活状況および治療状況に即していない場合には、世話人は、被世話人の治療に関する希望または推定意思を確定し、それに基づいて第1項に基づく医的措置に同意するかまたはそれを拒否するかを決定しなければならない。被世話人の推定意思は具体的な事情に基づいてつきとめられなければならない。特に考慮されるべきは、被世話人の従前の口頭または書面による意思表明、倫理的または宗教的信念およびその他の個人的価値観である。

3　第1項および第2項は被世話人の疾病の種類および段階にかかわらず適用される。

4 何人も患者処分証書の作成を義務付けられ得ない。患者処分証書の作成または提示は契約締結の条件とされてはならない。
5 第1項乃至第3項は任意代理人に準用される。

第1901条b 【患者の意思の確定のための対話】
1 担当医は、当該患者の状態全般および予後を考慮していかなる医療措置が必要かを吟味する。担当医と世話人は、第1901条aに基づいて下される決定の基礎としての当該患者の意思を考慮して上記の措置を論議する。
2 第1901条a第1項に基づく患者の意思の確定、または第1901条a第2項に基づく治療に関する希望や推定意思の確定の際には、当該被世話人の近親者およびその他のキーパーソンは、大きな遅れを生じさせることなく可能な場合には、意見表明の機会が与えられるべきである。
3 第1項および第2項は任意代理人に準用される。

第1901条c 【世話に関する書面による希望、配慮代理権】
ある者が、自分が世話を受けるようになった場合に備えて、世話人の選択についての提案または世話を受けるか否かについての希望を表明している文書を保持している者は、世話人を選任する手続が開始されたことを知った後、遅滞なく当該文書を世話裁判所に届けなければならない。同様に文書の保持者は世話裁判所に対し、本人がその事務の遂行について第三者を代理人に選任している文書に関して報告しなければならない。世話裁判所は当該文書の謄本の提出を求めることができる。

第1902条 【被世話人の代理】
世話人はその事務の範囲において被世話人を裁判上および裁判外において代理する。

第1903条 【同意権留保】
1 被世話人の身体または財産に対する重大な危険を回避するために必要な限りにおいて、世話裁判所は、被世話人は世話人の事務の範囲に関係する意思表示を行う際に世話人の同意を得るよう指示する（同意権留保）。第108条乃至第113条、第131条第2項および第210条は準用される。
2 同意権留保は、婚姻関係またはパートナー関係に入ることに向けられた意思表示、死因処分および制限的行為能力者が第4編および第5編の規定によりその法定代理人の同意を必要としない意思表示には、及ばない。
3 同意権留保が指示されている場合であっても、被世話人は、当該意思表示が自分に法的利益のみをもたらすときには、世話人の同意を必要としない。

裁判所が別段の指示をしない限り、当該意思表示が日常生活における瑣末な事務に関するときも同様である。
4　第1901条第5項は準用される。

1904条【医療措置の実施に対する世話裁判所の許可】
1　健康状態の検査、治療または医的侵襲に対する世話人の同意には、当該被世話人がその措置によって死亡するかまたは長期に亘る重篤な健康被害を受けるということについての根拠のある危険が存在している場合は、世話裁判所の許可が必要である。世話裁判所の許可なしに措置が施され得るのは、その実施の延期に伴い危険が増加する場合のみである。
2　健康状態の検査、治療または医的侵襲に対する世話人の不同意または同意の撤回には、その措置が医学的に適切でかつ当該被世話人がその措置の不実施または中止によって死亡するかまたは長期に亘る重篤な健康被害を受けるということについての根拠のある危険が存在している場合は、世話裁判所の許可が必要である。
3　第1項および第2項に基づく許可は、同意、不同意または同意の撤回が被世話人の意思に副っている場合に、なされ得る。
4　第1項および第2項に基づく許可は、同意を与えること、同意を与えないことまたは同意を撤回することが第1901条aに基づいて確定された被世話人の意思に副っているということについて世話人と担当医との間に合意が存在している場合には、必要ではない。
5　第1項乃至第4項は任意代理人にも適用される。任意代理人は、その代理権が第1項第1文または第2項に挙げられている措置を明白に包含しておりかつ書面によって授与されている場合にのみ、その措置に同意を与え、同意を与えずまたは同意を撤回することができる。

家事事件手続法

第290条【選任証書】
　世話人はその選任に関する証書を受け取る。証書には以下の事項が記載されなければならない。
1．本人および世話人の名称
2．協会世話人または官署世話人の選任の場合は、世話人の名称および協会または官署の名称

3．世話人の事務の範囲
4．同意権留保の指示がある場合には、同意が必要な意思表示の範囲の表示
5．暫定命令による暫定世話人の選任の場合には、暫定措置の終期

(訳　片山英一郎)

オーストリア一般民法典

第283条

1　医的治療において、認識能力および判断能力を有する限り、障害者は、自らによってのみ同意できる。それ以外では、その権限範囲がこの事務の処理を包括する代弁人の同意が必要である。
2　通常、身体の完全性または人格の重大な、もしくは持続的な障害を伴う医的治療に対して、代弁人は、診察した医師から独立している医師が、診断書において、障害者が必要な認識能力および判断能力を用いることができず、治療を行うことがその福祉の保持に必要であると証明した場合にのみ、同意することができる。そのような診断書が存在しない場合、または障害者がその治療を拒否することを明らかにした場合には、同意は裁判所の許可を必要とする。代弁人が医的治療に同意を与えず、そのことによって障害者の福祉が危険にさらされる場合には、裁判所は、代弁人の代わりに同意することができ、また代弁人職を他の人物に委託することができる。
3　治療が緊急を要するため、〔本人の〕同意、〔代弁人の〕同意または裁判所の決定に伴う延期が障害者の生命を危険にさらすであろう場合、または健康への重大な損害の危険を伴うであろう場合には、認識能力および判断能力を有する障害者の同意、代弁人の同意および裁判所の決定は必要とならない。

第284条

代弁人は、〔本人の〕持続的な身体上の疾患のために、この措置を行う以外には障害者の深刻な生命に関する損害または健康に関する重大な損害の危険が存在する場合を除いて、障害者の継続的な生殖無能力を目的とする医療措置に同意できない。同様に代弁人は、その研究がその健康のために直接的に有益であり得る場合を除いて、障害者の身体の完全性または人格の侵害を伴う研究に同意することができない。同意は、すべての場合において、裁判所の許可を必要とする。

(訳　青木仁美)

スペイン民法における後見規定

第1編　人
第9章　無能力
第199条
　何人も、法律が定める事由に基づく裁判所の判決によらなければ、行為無能力者と宣告され得ない。
第200条
　人に自己の管理をできなくする身体的もしくは精神的性格を伴う継続的な疾患または欠陥は無能力の事由である。
第201条
　未成年者は、無能力の事由を有し、成年に達した後にその事由が継続することが合理的に予見される場合には、無能力者とされ得る。
第202条から214条まで（2001年に削除）

　　〈訳注〉　ここで削除された条文は、他の後見に関する条文と同様、1983年の民法改正の際に定められたものであったが、2000年の新民事訴訟法の制定により廃止された。新民事訴訟法の制定は、訴訟の迅速化を主目的とするものである。
　　　これら削除された条文は、後見設定の申立人、裁判官による取り扱いなどを規定していた。それに代わって、民事訴訟法「第4編　特別手続　第1部（行為）能力、父子関係、婚姻、未成年　第1章　人の無能力に関する手続」に置かれる第756～762条がこれらの手続きをより詳細に定めるようになった。（この章では、それに続く第763条だけが無能力とは直接無関係の「精神障害者の強制的（予防）拘禁」に関する規定である。）

第 10 章　未成年者および無能力者の後見、保佐および監護
第 1 節　総則
第 215 条
　未成年者または無能力者の人身および財産、または人身もしくは財産のみの監護と保護は、それぞれ該当する場合に、以下によって行われる。
①後見
②保佐
③特別代理人

第 216 条
　後見の任務は法的義務とみなされ、被後見人のために遂行され、裁判所の監督に服するものとする。

　本法第 158 条〔後掲〕に定める措置および処分は、未成年者および無能力者の事実上のまたは法律上の後見または監護の全ての場合において、本人の利益のために必要があるときにも、裁判官が、職権または利害関係人の申立により決定することができる。

第 217 条
　後見人への就任は、法律が定める場合にのみ、免除が認められる。

第 218 条
　後見人と保佐人の就任に関する裁判所の判決は、身分登録簿に登録されなければならない。適正な登録が行われない間は、これらの判決をもって第三者に対抗することはできない。

第 219 条
　前条に定める判決の登録は、裁判所が身分登録所職員に遅滞なく発する通知により行われる。

第 220 条
　後見人としての任務の遂行において、自己の過失なく損害を蒙った者は、他の手段によって補償を受けることができない場合には、被後見人の財産からその損害の補償を受ける権利を有する。

第 221 条
　何らかの後見任務を担う者には、以下の行為は禁じられる。
①後見人の管理が確定的に承認される前に、被後見人またはその承継人から贈与を受けること。
②自己または第三者の名で関与し、利益の相反がある同一の法律行為において、

被後見人を代理すること。
③被後見人の財産を有償で取得し、または、自己の財産を有償で被後見人に移転すること。

第2節　後見
第1款　後見一般
第222条
以下の者は後見に服する。
①親権に服さず、親権解放されていない未成年者。
②判決により無能力とされた無能力者。
③延長された親権に服する者の親権が終了したとき。ただし、保佐が適用される場合を除く。
④遺棄の状況にある未成年者。

第223条
　父母は、遺言または公正証書により、後見人を指名し、後見監督機関を設立するとともに監督機関を構成する者を指定し、または、未成年または無能力の子の人身もしくは財産に関する処分を決定することができる。

　同様に、十分な行為能力がある者は何人も、将来において判決により無能力者となることに備え、後見人の指定を含め、公正証書により自己の人身または財産に関するいかなる処分をも決定することができる。

　本条が定める公正証書は、利害関係人の出生登録に記載するため、認証する公証人により職権で身分登録所に通知される。

　無能力の裁判手続において裁判官は、本条が定める処分の存在を証明するために、身分登録所の証明、また適切な場合には遺言登録所の証明を求めるものとする。

第224条
　前条に定める処分は、後見の判決に際して裁判官を拘束する。但し、未成年者または無能力者の利益に反する場合はその限りでなく、裁判官は理由付き判決により後見の決定を行う。

第225条
　父および母それぞれの遺言または公正証書中に処分があるときは、それらは、両立する限りにおいて同時に適用される。両立しない場合には、裁判官が、被後見人に最も都合が良いと考える処分を、理由付き判決により適用する。

第 226 条

遺言または公正証書中でなされた後見に関する処分は、適用の時点で処分者が親権を剥奪されている場合には無効である。

〈訳注〉「適用時点での親権」との関係なので、原則として、未成年後見に関する条文と考えてよい。しかし、例外的に、子が成年に達しても親権が延長される場合がある。

スペイン民法第171条は、「無能力者とされた子の親権は、法律上当然に、子が成年に達した時点で延長される。父母またはその一方と同居している独身の成年の子が無能力者とされる場合には親権が回復し、子が未成年である場合に行使すべき者がその親権を行使する」という「親権延長」を規定する。後見との関係では、第222条3項の「延長された親権に服する者の親権が終了したときに後見開始となる」旨の規定が関連する。

第 227 条

未成年者または無能力者に無償で財産を処分（贈与）する者は、それらの財産の管理の規則を設定し、その管理を実施する者を指定できる。管理者に付与されない任務は後見人に属する。

第 228 条

検察官または裁判官は、その所轄地域内に後見に服するべき者がいることを認めたときは、職権により、前者は後見の判決を申立て、後者はその判決を行うものとする。

第 229 条

後見を求められた親族、および未成年者または無能力者をその監護の下に置く者は、後見設定の理由となる事実を知った時点から、後見の設定を推進する義務を負う。その義務を果たさないときには、発生した損害を連帯して賠償する責任を負う。

〈訳注〉「未成年者または無能力者をその監護の下に置く者」は、親権者および保佐人、その他事実上の監護者を含むと考えられる。

第 230 条

何人も、後見の理由となる事実を検察庁または裁判所に通知することができる。

第 231 条

裁判官は、最も親等が近い親族および（裁判官が）適切と考える者から、また、被後見人が十分な判断能力を有し、12歳以上であるすべての場合には当該被後見人から、事前に意見を聴取した上で、後見を設定する。

第232条

後見は、検察庁の監督の下で行使され、検察庁は、職権でまたは利害関係人の申立により監督を行う。

検察庁はいつでも未成年者または無能力者の状況および後見管理の状態について後見人に報告を求めることができる。

第233条

裁判官は、後見設定の判決またはその後の別個の判決により、被後見人の利益に適合すると考えられる監督および管理の措置を定めることができる。同様に、いかなる時点においても、未成年者または無能力者の状況および管理の状態について後見人に報告を求めることができる。

第2款　後見の決定と後見人の選任

第234条

後見人の選任には以下の順序の者が優先される。

①第223条第2段に従って被後見人自身が指定した者。
②被後見人と同居する配偶者。
③父母。
④遺言により父母が指定した者。
⑤裁判官が指定する卑属、尊属または兄弟姉妹。

例外的に、裁判官は、理由付き判決により、前段の順序を変更することができ、または、未成年者または無能力者の利益により必要な場合には、前段に定める全員を排除することができる。

後見人の家庭生活に統合されることは未成年者の利益とみなされる。

第235条

前条に定める者が欠ける場合には、裁判官は、被後見人との関係により、および、被後見人の利益のために、最も適切と考えられる者を後見人に選任する。

第236条

後見は、以下の場合を除き、単一の後見人が行使する。

①被後見人の人身またはその財産に特別な状況があるために、人身上の後見人と財産上の後見人の任務を別個に分けることが適切となる場合には、これらの各後見人は、各人の権限の範囲内で独立して行動する。ただし両者に関連する事項については、共同で決定しなければならない。
②後見が父および母に属するときは、親権と同様に両者により共同で行使され

るものとする。
③ある者が兄弟姉妹の子の後見人に選任され、後見人の配偶者もまた後見を行使することが適切と考えられるとき。
④裁判官が、被後見人の父母が遺言または公正証書において後見を共同で行使するものとして指定した複数の者を後見人に選任するとき。

第237条

前条第④号の場合で遺言者が明示的に指定したとき、および、第②号の場合で父母が求めるときには、裁判官は、複数の後見人を選任する際に、これらの者が連帯して後見職務を遂行できる旨の判決を行うことができる。

このような選任がなされなければ、その他のすべての場合において、前条第①②号の規定に影響することなく、複数の後見人に委任された後見の機能はこれらが共同で行使しなければならない。但し、過半数の合意によりなされた行為は有効である。この合意がない場合には、裁判官は、後見人および被後見人に十分な判断能力があるときには当該被後見人の意見を聴いた上で、適切と考えられる上訴なしの判決を行う。意見の不一致が繰り返され、後見の行使の重大な妨げとなる場合には、裁判官は、新後見人の選任を含む後見任務の再構成を行うことができる。

第237条の2

複数の後見人が共同で付与された権能を有し、ある法律行為または契約についていずれかの後見人に利益の対立または相反がある場合には、その行為は他方の後見人が、または、複数のときにはその他のすべての後見人が共同して、なすことができる。

第238条

何らかの事由で複数の後見人の1人が辞任する場合、後見は、選任の際に明示的に別途に定めていないときには、他の後見人において存続する。

第239条

遺棄された未成年者の後見は、法律により、第172条に定める組織に属する。但し、未成年者との関係その他の状況により未成年者の利益のために後見をなすことができる者がいるときは、通常の規定に従って後見人の選任がなされる。

各地域で無能力者の後見が委託されている公的機関は、第234条に掲げる者がいずれも後見人に選任されないとき、または、無能力者が遺棄された状況にあるときは、法律上当然に無能力者の後見の任務を担う。法律に従って課せられる義務の不履行、または、その義務の行使の不能あるいは不十分な行使に

よって事実上生じる状況は、無能力者が精神的または物的に必要な援助を剥奪されている場合、遺棄された状況とみなされる。

〈訳注〉 本条第1段にある「第172条に定める組織」とは、「各所轄地域において未成年者の保護を委ねられた公的機関」を指す。第172条によれば、この機関が遺棄（ネグレクト）の状態にある未成年者の存在を認識した場合には、その法定後見人となる。担当機関の名称や組織は各自治州によって異なる。

第240条

兄弟姉妹の関係にある複数の者に後見人を指定しなければならない場合には、裁判官は同一の者を選任するよう努める。

〈訳注〉 一般的には、未成年後見においては「後見人の選任は未成年者の利益を第1に考えるべきで、そのためには1人あるいは1組織の後見人のもとで、未成年被後見人が家族としての生活を送ることが望ましい」と考えられているようである。

　直前の239条が未成年後見に関する条文であることから、未成年後見を意識した条文であろう。ちなみに、234条最後段には、「後見人の家庭生活に統合されることは未成年者の利益とみなされる」と定められていることから、これに沿った規定ではないかと考えられる。

　しかし、相互に独立の生活を長年送り、高齢で被後見人となった複数の兄弟姉妹に同一の後見人を付することが実際的であるとも被後見人に有益であるとも限らない。いずれにしてもこれは努力規定であり、より適切な後見人選任が可能な場合もあり得る。

第241条

私権を完全に行使できる状態にあり、次条以下に規定する欠格事由のいずれにも該当しないすべての者は後見人になることができる、

第242条

営利目的でない法人で、その目的に未成年者と無能力者の保護を含む法人もまた後見人になることができる。

第243条

以下の者は後見人になることはできない。
①裁判所の判決により、親権の行使が剥奪または停止され、または監護および教育の権利の全部もしくは一部の行使を剥奪または停止されている者。
②過去に後見から法的に解任された者。
③判決により何らかの自由剥奪刑の判決を課せられ、服役中の者。
④後見業務を適正に果たさないことが十分な根拠をもって予想される何らかの

非行により有罪判決を受けた者。
第 244 条
同様に、以下の者は後見人になることはできない。
①事実上全くの不能にある者。
②当該未成年者または無能力者に明らかな敵意を示す者。
③不行跡であるか、または知られたる生活手段を有さない者。
④当該未成年者または無能力者に対して、重大な利益の衝突がある者、身分関係または財産の所有名義をめぐって争訟中の者、または多額の借財のある者。
⑤復権を得ていない破産者。但し、後見が人身のみに関する場合を除く。
第 245 条
同様に、父または母がその遺言もしくは公正証書における処分で明示的に排除した者も後見人になれない。但し、裁判官が、理由付き判決により、未成年者または無能力者の利益のために別段の判断をした場合はその限りではない。
第 246 条
第 234 条第④号および 第 244 条第④号に定める欠格事由は、父母の遺言で指定された後見人には、父母が指定の時にそれらの事由を知っていた場合には適用されない。但し、裁判官が、理由付き判決により、未成年者または無能力者の利益のために別段の決定をした場合はその限りではない。
第 247 条
後見判決の後に後見人に法的欠格事由が生じ、後見任務に伴う本来的義務の不履行もしくはその行使における明らかな不適任により、後見任務の遂行において後見人が不適切に行動し、または、共同生活に重大でかつ継続的な問題が生じた場合には、後見を解任される。
第 248 条
裁判官は、職権により、または検察庁、被後見人もしくは他の利害関係人の申立てにより、後見人が召喚に応じて出廷した場合にはその意見を予め聴取した上で、後見人の解任を宣言する。同様に、被後見人にも十分な判断能力がある場合にはその意見を聴く。
第 249 条
解任手続の進行中、裁判官は後見人の任務を中断でき、被後見人に特別代理人を選任できる。
第 250 条
解任が裁判上決定すると、本法が定めるところに従い、新たな後見人の選任

手続が進められる。
第251条
　年齢、疾患、個人的または職業的な業務、後見人と被後見人との間の何らかの種類の紐帯の欠如または何らかの事由により、後見任務の遂行が過度に負担となるときは、後見遂行から免除されることがある。法人は、後見の十分な遂行に資力が不足する場合に、免除を受けることができる。
　　〈訳注〉　ここで資力と訳したのは、medios という用語で、司法省英訳では resources とされているためにより広範な「資源」と訳すことも可能と思われるが、他の条文（たとえば、扶養料に関する第141条）に同じ用語が存在し、そこでは「資力」の意味に用いられているので、ここでも「資力」とした。

第252条
　免除の事由を主張する利害関係人は、選任を知ったときから15日以内に免除事由を主張しなければならない。
第253条
　後見人は、第251条に定めるいずれかの免除事由が後見遂行中に生じるときは、自己に代わる同様な条件を有する者がいる場合に限り、後見行使の継続から免除され得る。
第254条
　前条の規定は法人に委任された後見には適用されない。
第255条
　免除事由が生じた場合には、その事由はいつでも主張できる。
第256条
　免除手続の進行中は、免除を申立てた者はその任務を遂行する義務を負う。
　それをしない場合には、裁判官はその者に代わる特別代理人を選任し、免除を否認された場合であっても免除手続きにより発生するすべての費用は免除を申し立てた後見人の負担とする。
第257条
　遺言で指定された後見人が後見任務から免除される場合には、放棄の時点で、後見人選任の対価として遺言者がその者に遺そうとした財産を失う。
第258条
　免除が認められた場合には、新しい後見人の選任手続が進められる。

第3款　後見の行使

第259条
　裁判所は、選任された後見人に後見の任務を与える。

第260条
　裁判官は、後見人にその義務の履行を担保する保証の提供を求めることができ、保証の態様と金額を決定する。

　しかしながら、法律上当然に、または、裁判所の判決により未成年者の後見を引き受ける公的機関は保証の提供を義務付けられない。

第261条
　裁判官は、正当事由がある場合にはいつでも、提供された保証の全部もしくは一部を無効にし、または変更できる。

第262条
　後見人は、その任務を引き受けた時より60日以内に被後見人の財産の目録を作成する義務を負う。

第263条
　裁判所は、期間延長の事由がある場合には、理由付き判決により前条の期間を延長することができる。

第264条
　財産目録は、検察庁の関与により、また、裁判官が適切と考える者を召喚して、裁判上作成される。

第265条
　裁判所の判断により後見人の管理下に置くべきでない金銭、宝石、貴重品および証券または書類は、この目的のために指定される機関に預けられる。

　この措置の費用は被後見人の財産により負担される。

第266条
　後見人が被後見人に対して有する債権を目録に入れないときは、後見人はそれを放棄するものとみなす。

第267条
　後見人は、未成年者または無能力者の代理人である。但し、法律または無能力判決が明示的に定めるところにより本人が行うことのできる行為に関してはその限りではない。

第268条
　後見人は、被後見人の個性に応じ、被後見人の身体的および心理的完全性を

尊重してその任務を遂行しなければならない。
第269条
後見人は被後見人を保護する義務がある。特に以下は重要な義務である。
①扶養を与える。
②未成年者を教育し、健全な成長を確保する。
③被後見人の能力の取得または回復および最大限の社会参加を促進する。
④裁判官に毎年、未成年者または無能力者の状況を報告し、その管理の年度会計報告を提出する。
第270条
単一の後見人、および、場合によって財産の後見人は、被後見人の財産の法的管理人であり、善良な家長の注意をもってその管理を行う義務を負う。
第271条
後見人は、以下の場合、裁判所の許可を要する。
①被後見人を精神保健施設または特殊教育もしくは特殊訓練施設に入所させる場合。
②未成年者または無能力者の不動産、商業もしくは事業用施設、貴重品および無記名証券を譲渡しまたは担保に供する場合、または、処分の性格を有し登録可能な契約を締結もしくは法律行為を行う場合。但し、株式優先申込権の売却はその限りではない。
③被後見人が利害関係を有する権利を放棄する場合、同様に、被後見人が利害関係を有する事項について和解し、または、仲裁に付する場合。
④限定承認なしに相続を承認する場合、または、相続もしくは贈与を放棄する場合。
⑤財産に対して特別な出費を行う場合。
⑥被後見人の名で訴訟を提起する場合。但し、緊急事態または少額の場合にはその限りでない。
⑦6年を超える期間、財産を賃貸する場合。
⑧金銭を貸借する場合。
⑨被後見人の財産または権利を無償で処分する場合。
⑩被後見人が後見人に対して有する債権を第三者に譲渡する場合、または、被後見人に対する第三者の債権を有償で取得する場合。
第272条
後見人がなす相続財産の分配または共有物分割は裁判所の許可を必要としな

い。しかし、実行された後に裁判所の承認を要する。
第 273 条
　前 2 条に定める行為のいずれかを許可または承認する前に、裁判官は検察庁および、被後見人が 12 歳以上であるか、または適切と考えられる場合には、被後見人の意見を聴き、請求された、または、適切と判断する報告を求めるものとする。
第 274 条
　後見人は、被後見人の財産が許す限り、報酬を受ける権利を有する。報酬の金額と受領方法は裁判官が決定し、裁判官は、そのために、後見人が果たす任務、および財産の価値と収益力を考慮し、報酬の金額が、可能な限り当該財産の流動収益の 4/100 以上 20/100 以内 となるように決定する。
第 275 条
　父母のみが、その遺言による処分において、後見人が、扶養の提供の対価として、被後見人の財物の果実を自己のものとして取得することを定めることができる。但し、裁判官が理由付き判決により別に決定する場合はその限りでない。

第 4 款　後見の終了と清算
第 276 条
　後見は以下の事由により終了する。
①未成年者が 18 歳となるとき。これに先立って裁判により無能力者とされた場合はその限りではない。
②未成年者である被後見人の養子縁組。
③後見に服する者の死亡。
④未成年者への成年の利益の付与。
第 277 条
　以下の場合にも後見は終了する。
①後見が親権の剥奪または停止により開始した場合で、親権者が親権を回復するとき。
②無能力を終了させる、または、後見に替えて保佐に服する旨の、無能力判決を修正する裁判所の判決が行われた場合。
第 278 条
　後見に服する未成年者が、成人前に無能力判決の定めるところに従って無能

力者となった場合には、後見人はその任務の遂行を継続する。
第 279 条
　後見人は、その任務の終了に当たって、その管理の正当性を示す一般会計報告を 3 か月以内に裁判所に提出しなければならない。その期間は正当な事由がある場合には、必要に応じて延長できる。
　この会計報告の提出請求権は、会計報告を実施すべき期間の終了から 5 年間で時効消滅する。
第 280 条
　裁判官は、計算の承認について決定する前に、新たな後見人、適切な場合には保佐人または特別代理人、および後見に付された者またはその相続人の意見を聴く。
第 281 条
　会計報告の提出に必要な費用は、後見に付された者の負担とする。
第 282 条
　一般会計の残高は法定利息を生じ、それは後見人の利益となる場合と負担となる場合とがある。
第 283 条
　残高が後見人の利益となる場合には、後見人は、財産の引渡し後、被後見人が支払の請求を受けるべき時から法定利息を受取る。
第 284 条
　残高が後見人の負担となる場合には、会計の承認の時から法定利息が生じる。
第 285 条
　裁判所の承認は、後見を事由として後見人と被後見人またはその承継人が有する請求権の相互間の行使を妨げない。

第 3 節　保佐
第 1 款　総則
第 286 条
　以下の者は保佐に服する。
①親権解放されている（未成年）者で、その父母が死亡し、または、父母が法律が定める援助の実施をできない状態にある場合。
②成人の利益を取得した者。
③浪費者と宣告されている者。

第287条
　同様に、保佐は、無能力の判決、または、場合によってはその判決を修正する裁判所の判決が、判断能力の程度を考慮してこの保護類型の下に置く者について適用される。
第288条
　第286条に定める場合、保佐は、未成年者または浪費者が単独で行うことができない法律行為に保佐人が関与することのみを目的とする。
第289条
　無能力者の保佐は、保佐を決定する判決が明示的に義務づける法律行為のための保佐人の援助を目的とする。
第290条
　無能力の判決が、保佐人の関与を必要とする法律行為を特定していないときは、保佐人の関与は、後見人が本法に従って裁判所の承認を必要とするものと同じ法律行為に拡張されるものとみなす。
第291条
　後見人の選任、欠格事由、免除および解任に関する規定は、保佐人に適用される。
　復権を得ていない破産者は保佐人になることができない。
第292条
　被保佐人が以前に後見に服していたときは、後見人であった者が保佐人に就任する。但し、裁判官が別の決定をした場合にはその限りでない。
第293条
　保佐人が関与することなく行われた法律行為は、関与が義務づけられている場合には、本法第1301条以下の規定〔補注：後掲〕に従って、保佐人自身または被保佐人の申立により取消すことができる。

第2款　浪費の場合の保佐
第294条から296条まで（2000年に削除）
第297条
　浪費者と宣告された者の浪費判決請求前の行為は、この事由により対抗され得ない。
第298条（2000年に削除）

第4節　特別代理人

第299条

以下のいずれかの場合に該当する者の利益を代理し、保護する特別代理人が選任される。

①特定の事項において、未成年者または無能力者とその法定代理人または保佐人との間で利益が相反するとき。父母による共同後見の場合で、利益の相反がいずれか一方との間のみにあるときは、未成年者または無能力者の代理と保護は法律上他方に属し、特別な選任は必要ない。

②いかなる事由によっても、後見人または保佐人がその任務を果たさない場合で、その決定的事由が止む、または、その任務を担う他の者が選任されるまで。

③本法が定めるその他の場合。

第299条の2

ある者が後見に服するべきと認められ、手続を終了させる裁判所の判決が出されるまで、検察庁がその者の代理と保護を引き受ける。この場合、その人身の監護以外に財産の管理の手続が必要なときは、裁判官はその財産の管理者を指定できる。管理者は管理終了の際にその管理の会計報告を裁判官に提出しなければならない。

第300条

裁判官は、非訟事件手続により、職権で、または、検察庁、未成年者自身もしくは裁判に出頭できる者の申立により、その業務に最も適切と思われる者を特別代理人に選任する。

第301条

後見人と保佐人の欠格、免除および解任の事由は、特別代理人に適用する。

第302条

特別代理人は裁判官が与える権限を取得する。特別代理人は、管理終了の際にその管理の会計報告を裁判官に提出しなければならない。

第5節　事実上の監護

第303条

第203条および第228条の定めるところにかかわらず、裁判所は、事実上の監護者の存在を知ったときは、未成年者または推定無能力者の人身および財産の状況並びにそれらに関する監護者の活動についての報告を監護者に義務づけることができる。同様に、適切と考える管理と監督の措置を決定することが

できる。
第304条
　未成年者または推定無能力者の利益のために事実上の監護者がなした法律行為は、結果的に未成年者等の利益になる場合には、その効力を争うことはできない。
第305条（1983年に削除）
第306条
　第220条の後見人に関する規定は事実上の監護者に適用する。
第307条から313条まで（1983年に削除）

第11章　成年および親権解放
第314条
　親権解放は以下の事由により生じる。
①成年
②未成年者の婚姻
③親権を行使する者の許可
④裁判所の許可
第315条
　成年は18歳に達したときから開始する。
　成年年齢の計算には出生の日を含む。
第316条
　婚姻は法律上親権解放を生じさせる。
第317条
　親権を行使する者の許可により親権解放が生じるには、未成年者が16歳に達し、それに同意することが必要である。この親権解放は公正証書により、または、登録所を所轄する裁判官の前に出頭することにより認められる。
第318条
　親権解放の許可は身分登録簿に登録されなければならず、登録までは第三者に対する効果は生じない。
　いったん認められた親権解放は、撤回できない。
第319条
　父母の同意で父母から独立して暮らしている16歳以上の子は、全ての法的効果において親権解放されているものとみなされる。父母はこの同意を撤回で

きる。
第 320 条
　裁判官は子の申立てにより、父母の意見を聴いて、16 歳以上の子の親権解放を以下の場合に許可することができる。
①親権を行使する者が、他方の親と異なる者と婚姻し、または婚姻の状態で同居しているとき。
②父母が別居しているとき。
③親権の行使に重大な障害となる事由が生じたとき。
第 321 条
　さらに、裁判官は、検察庁からの報告を受けた上で、16 歳以上の被後見人の申立によりその者に成年の利益を許与できる。
第 322 条
　成年者は、民事の全ての法律行為について能力を有する。但し、特別の場合に本法に定める例外においてはその限りでない。
第 323 条
　親権解放は、未成年者にその人身および財産を成年者と同様に支配する権能を与える。しかし、成年に達するまでは、親権を解放された者は、その父母の同意なしには、父母がいないときはその保佐人の同意なしには、借金、不動産および商業もしくは事業施設または特に高価な物を譲渡もしくは担保に供することはできない。
　親権解放された未成年者は裁判で自ら訴訟遂行することができる。
　本条の規定はまた、成年者の利益を裁判上取得した未成年者にも適用される。
第 324 条
　婚姻している未成年者が（夫婦）共有物である不動産および商業もしくは事業施設または特に高価な物を譲渡し、もしくは担保に供するためには、配偶者が成年者のときには、夫婦の同意で足りる。夫婦ともに未成年者のときは、両者の父母または保佐人の同意が必要である。

補注
第 158 条
　裁判官は、職権により、または子本人、いずれかの親族もしくは検察庁の申立てにより、以下を命じるものとする。
①扶養義務が履行されない場合に、父母による扶養の提供を確保し、子の将来

の必要性に備えるために適切な措置。
②監護権者が変更となる場合に子が有害な混乱を避けるために適切な処分。
③親のいずれかまたは第三者による未成年の子の連れ去りを防ぐために必要な措置、特に以下のもの。
   a. 出国の禁止。裁判所が事前に認める場合はその限りではない。
   b. 当該未成年者への旅券の発給の禁止、またはすでに発給されている場合にはその回収。
   c. 当該未成年者の住所変更に裁判所の許可を必要とする。
④一般的に、当該未成年者を危険から保護し、または未成年者に対する損害を避けるために適切と考えられるその他の処分。
　これらの措置はすべて、民事・刑事訴訟または非訟事件手続において採用することができる。

第 293 条の補注
第 1301 条
　無効確認請求権は、4 年間のみ存続する。この期間は以下の時点から進行する。
　強迫または脅迫の場合にはこれらが止んだ日。
　錯誤、詐欺または原因の不実表示の場合には契約（履行）完了の日。
　未成年者または無能力者により締結された契約に関する請求権では、後見終了の時。
　両配偶者の同意が必要である場合に配偶者の一方が他方の同意なしに行った法律行為または契約を失効させる目的の請求権は、夫婦財産制または婚姻の解消の日。但し、同意しなかった配偶者が事前に当該行為または契約について十分に認識していた場合はその限りでない。

第 1302 条
　契約の主たる債務者または補充的債務者は、契約の無効確認の訴えを提起できる。しかしながら、能力者は、契約した相手方の無能力を主張できない。また、強迫もしくは脅迫を引き起こした者、詐欺を弄した者、または、錯誤を生じさせた者は、契約のこれらの瑕疵を事由として無効を主張することができない。

第 1303 条
　債務の無効が宣言されたときは、当事者は、契約の目的であった物とその果実、また、代金とその利息を相互に返還しなければならない。但し、以下の条

文が定める場合はその限りでない。
第1304条
　無効が当事者の一方の無能力を原因とする場合には、無能力者は、受取った物または代金により利益を得た限りで返還する義務を負う。
第1305条
　無効が契約の原因または目的の不法性によるものであり、その行為が両当事者に共通の犯罪または軽犯罪を構成する場合には、両者の間では相手方に対する一切の請求権が生じず、両当事者は刑事訴追される。さらに、犯罪または軽犯罪の利得と道具に関する刑法の規定が契約の要素であった物または代価に適用される。

　この規定は、当事者の一方に犯罪または軽犯罪があった場合にも適用される。但し、帰責事由のない当事者は、給付されるべき物を請求することができ、約束を履行する義務を負わない。
第1306条
　不法原因による行為が犯罪も軽犯罪も構成しない場合には、以下の規則が適用される。
①当事者双方に過失がある場合には、いずれの当事者も契約により給付した物を回復できず、他方が約した行為の履行を請求することはできない。
②当事者のいずれか一方に過失がある場合には、その者は契約により給付した物を回復できず、他方が約した行為の履行を請求することはできない。不法原因に無関係の当事者は、給付した物を回復でき、約した行為を履行する義務を負わない。
第1307条
　無効判決によって物の返還義務を負う者がその物を滅失したために返還できないときは、収受した果実と滅失時の元物の価額を、滅失の日からの利息を付して、返還しなければならない。
第1308条
　当事者の一方が無効判決の結果として返還義務を負う物の返還を実行しない間は、相手方は自己の債務の履行をするよう強制されない。
第1309条
　無効確認請求権は、契約が有効に追認された時点から消滅する。
第1310条
　第1261条〔補注：後掲〕が明示する要件を満たす契約のみ追認することが

第1311条
　追認は明示的または黙示的に行うことができる。無効原因を援用する権利を有する者が、無効原因を知り、かつその原因が止んで、当該権利を放棄する意思を必然的に示す行為を行ったときは、黙示的追認があったものとみなす。

第1312条
　追認には、無効確認請求権を行使する権利のない当事者の同意を要しない。

第1313条
　追認は、締結時から契約に存する瑕疵を治癒する。

第1314条
1　契約の無効確認請求権は、また、契約の目的物が請求権者の故意または過失により滅失したときにも消滅する。
2　請求権の原因が契約当事者の一方の無能力であった場合には、物の滅失は、請求者の能力回復後にその者の故意または過失により生じたときでない限りは、請求権行使の障害とはならない。

補注

第1261条
以下の要件が満たされない限り、契約は存在しない。
1. 当事者間の合意
2. 契約の要素である確実な目的
3. 成立した債務の原因

　〈訳注〉　スペイン民法典については、古閑次郎司法書士がウェブ上で公開しているものがあり、本試訳の作業においても、これを参考にさせていただいた。
　　http://www.kokansihoo.com/codigocivil.html
　　また、スペイン語による原典以外に、スペイン司法省が民法典の英訳を公表しており、これも併せて参考にした。http://www.mjusticia.gob.es/cs/Satellite/es/1288774502225/TextoPublicaciones.html
　　なお、法文上の表現について、田山輝明教授からご示唆をいただいた。

（訳　長谷川成海）

あとがき

　本書は前著『成年後見制度と障害者権利条約』(三省堂、2012年刊) に続く、私たちの研究グループによる研究成果の第2集である。編著者は、この間に、早稲田大学を定年退職し、同大学名誉教授になり、一般社団法人比較後見法制研究所の理事長となった。私事を言わせていただければ、研究者としての余生を後見法制の研究に捧げたいということである。また、研究所名をあえて「成年後見」としなかったのは、民法上も両者の制度上の相違が少なくなった現在においては、未成年後見を含めた研究を行いたいと考えているためである。

　比較法的研究は、文献によってもある程度までは可能であり、特に昨今ではインターネットにより基礎的な資料を入手できるので、従来に比べて研究環境は大きく改善された。

　しかし、法制度は社会的な存在であり、それが生まれて育ってきた社会との関連を軽視すると、利用可能な研究結果を得ることはできない。社会環境を軽視すると、およそ使い物にならない制度を紹介することにもなりかねないのである。私たちが各国の研究者を招請し、また、日本の若手研究者に国外への研究出張をお願いするのはそのためでもある。

　きわめて厳しい出版事情の中で、本書を早期に発行したかったのには、いくつかの事情があるが、最大の理由は、上記の「研究所」のお披露目である。法人登記としては、2013年の11月に成立したが、実際に活動し得るようになるためには、6か月の準備期間を要した。

　成年後見についての実務家による研究は、昨今ますます充実しつつある。それを前提として、そこから日本社会における課題を学びつつ、私たちは、研究者として最も適したスタンスで「社会貢献」できる研究をしたいと考えている。

　　　　　　　　　　　　　　　　　　　　　　　編著者　田山　輝明

◇◇ 索　引 ◇◇

事項索引

＜あ＞

ＩＭＣＡ ……………………………… 164
新しい家事事件手続法 ……………… 123
新しいサポート体制の必要性 ………… 22
アルツハイマー型認知症（病）……129, 130
医学的適応性と患者意思 ……………… 71
意思決定 …………………………… 210
　　　──過程 ……………………… 209
　　　──の代行 …………………… 126
　　　──を行う個人の自律 ……… 199
意思能力減退のありかた …………… 129
意思能力を欠く人の医療同意 ……… 127
意思能力に障害がある人の同意能力 … 96
医師 ………………………………… 130
　　　──と患者の治療に関する研究協働
　　　　体 ………………………………71
　　　──と世話人間の協力 ………… 92
　　　──による治療の法的基礎 …… 69
　　　──による死への付き添い …… 82
　　　──への治療委託 ……………… 84
医的侵襲 …………………………… 176
医的治療 ……………………………… 89
　　　──に関する代弁人の同意権 … 89
　　　──に関する有効な同意 ……… 90
　　　──による自由の制限 ………… 94
　　　──の同意 …………………… 108
　　　──を拒否する場合 …………… 99
「移動する」選挙管理委員 ………… 235
一般人が非理性的であると感じる決断 … 114
一般的な希望と価値観念の通知 …… 59
医療契約 ……………………………… 56

医療行為 …………………………… 136
　　　──に関する意思決定代行 … 128
　　　──の種類（7つ）と代理決定 … 128
　　　──の治癒的部分と緩和的部分 … 84
医療上の意思決定 ………………… 138
医療措置の正当化 …………………… 69
医療措置の同意 ……………………… 89
医療代諾（権）（医療上の代諾）……45, 217
　　　──権制度のまとめ …………… 51
　　　──に関する一種の行政機関 … 203
医療同意能力 ……………… 144, 146, 170
医療同意の法的性質と代理 ………… 41
医療における医師決定過程 ………… 224
医療に関するリビングウイルの充実 … 206
医療保護入院（旧同意入院）…214, 221, 222
　　　強制入院としての── ……… 222
インフォームド・コンセント ……125, 130, 210
　　　──の代行 …………………… 126
ＬＰＡ受任者（任意代理人の権限）… 153
ＮＰＯ法人（後見センター）………… 23
援助者は障害者とともに選挙ボックスに
　入る ……………………………… 232
援助の仲間（モデルプロジェクト）…111, 112
欧州（ヨーロッパ）生命倫理条約 …41, 93
オーストリア（法令索引も参照）…… 168
　　　──代弁人法の一般的内容 … 104
　　　──とドイツの規制の本質的差異
　　　　（ホーム法）………………… 94
　　　──における規定の仕方とその内容
　　　　（医療同意）………………… 204
　　　──の民法典 ………………… 169

272

事項索引

〈か〉

介護や後見の現実を直視することの必要性 ……34
家族等近親者……215
患者(の)意思……71, 81
　　――に関する世話人と医師との間の衝突……61
　　――能力……129
　　――の確認……59, 60
　　――の貫徹……61
患者処分証書……59
患者代理人の意義……71
患者によって任命された同意代行者……65
患者の自治……71
患者の同意……51, 74
患者の必要な同意が存在しない場合……82
患者配慮処分……72, 96, 98
　　拘束力ある――……96
　　顧慮すべき――……97
　　適格要件を満たした顧慮すべき――……97
患者本人の事前決定……150
鑑定……10, 120
　　後見等審判における近年の――……122
簡易な医的治療……98
簡易な精神状態テスト……34, 87, 204
監護的措置入院……188, 189
患者配慮処分……189
「間接的臨死介助」および緩和的鎮静……76
既存のサポート体制の再検討……21
希望探究(調査)義務……92, 107
居所変更……116
居所の継続的変更……108
緊急医療行為……62
近親者の医療代諾権……177
近親者の法定代理権……96, 130
ケアまたは治療を提供する者の免責……157

経口摂食……133
健康関連事務における配慮代理権……62, 63
現行制度における成年後見人の権限(特に、医療代諾権)……197
健康な人の医療上の意思決定……138
健康配慮受任者……65
権利条約……165
　　――と法定代理制度……43
　　――の批准と成年後見制度……24
　　――の国内法的転換……102
　　――が求めているもの……42
行為無能力……104, 133
行為能力の制限……109
後見開始の審判の申立の著しい増加……218
後見類型相当の認知機能の障害……121
後見業務開始に際しての地域行政のサポート……22
後見制度……181
　　――の利用と費用……17
　　――の利用が進まない理由……18
　　――利用のための地域支援システムの整備……20
　　――利用に向けての地域行政のサポート……22
後見人の財産処分が横領罪に当たるとされた事件……16
国際人権法……43
国際的潮流……169
個人的な選挙権の原則……229
個人の十分な情報に基づく事前の自由な同意……199
国家による監護義務……105
国家の包括的な監護権……114

〈さ〉

最高水準の健康を享受する権利……44
財産管理のサポート……18

273

事項索引

財産管理と健康に関する決断 ················ 115
財産の消費をめぐって ························· 17
最善の利益 ······································· 160
　　——となる意思決定 ····················· 211
裁判所の権限（許可） ················ 155, 176
裁判所の利用を前提とする方法 ············ 203
（家庭）裁判所の審判 ······················· 121
裁量能力 ·· 87
自己決定（権） ···················· 104, 105, 210
　　——による死 ······························ 105
事実と因果関係の経緯を知る能力 ··········· 87
事実と因果関係の経緯を評価するための
　　能力 ·· 87
事実上の後見 ······································ 19
市町村の第三セクター ························· 23
死に際する援助 ··································· 79
死への援助 ··· 79
社会的入院 ······································· 217
終局区分（審判） ·································· 9
重大な医療措置（侵襲） ··············· 98, 176
自立および個人の責任 ······················· 199
自立・社会参加へ ································ 36
事理弁識能力 ······································ 66
自由選挙権の原則 ····························· 230
自由の制限をもたらす薬による治療 ········ 94
終末期の医師による治療 ······················ 74
終末期における治療制限の基礎 ············· 78
受任者の義務 ······································ 64
受動的（な）臨死介助 ············· 74, 77, 78
諸外国の選挙法 ··································· 26
身上監護 ·································· 170, 186
　　——義務 ···································· 121
　　——を主目的とした公的なソーシャ
　　　ルワーカー制度 ······················· 138
身体拘束についての法的根拠 ·············· 117
身体的完全性に関する権利 ··················· 81
審判の簡素化 ···································· 120

障害者 ··· 100
　　——の選挙禁止と権利条約 ··········· 236
　　——と医療代諾権 ························ 45
　　——による選挙権行使の保障 ········ 229
　　——のための選挙方法の改善 ········· 27
　　——の福祉 ································ 106
承諾能力 ·································· 210, 211
　　——のない成人 ·················· 211, 223
　　——を有しない精神障害者に対する
　　　医療行為 ································ 212
市民後見人の養成と支援 ······················ 16
人権擁護・社会復帰へ ························· 36
親族後見人
　　——による財産管理 ······················ 16
　　——への研修等の働きかけ ············ 16
　　——への支援 ······························· 15
親族と事実上の後見 ····················· 28, 29
親族による成年後見人の受任 ················ 24
身体機能や精神機能の障害が終末期に至
　　る前 ·· 134
審理期間 ·· 10
審判手続き中の本人の保護 ··················· 17
推定的な患者意思 ································ 67
杉並区成年後見センター方式 ················ 23
全ての領域の事務について（の）代理権
　　·· 115
制限行為能力者の身上保護 ················· 221
制御能力 ·· 66
精神保健福祉法 ·························· 33, 36, 37
精神障害者の後見人・保佐人 ······ 213, 163
精神病者の私宅監置から病院収容へ ······· 36
成年後見支援信託 ································ 17
成年後見制度 ····························· 49, 208
　　——全体の利用状況 ··················· 9, 92
　　——の信頼性 ······························ 120
　　——と欠格条項、特に選挙権 ········· 26

274

成年後見人
 ――等と本人との関係（続き柄）11, 119
 ――等に排他的な代諾権を与えること
  137
 ――等の医療行為に関する代理意思
  決定権に反対する理由 136
 ――等の法定代理権 24
 ――による被後見人からの財産横領
  事件 123
 ――の医療代諾権（同意）............... 27
 ――の確保と信頼関係の構築 13
 ――親または子等が後見人になる場
  合 13
 ――第三者後見人の場合 14
 ――の権利・義務・責任 12
 ――の法定代理権 42
 ――への支援 15
成年者保護と健康関連事務における（法
 定）代理 54, 56
成年者保護法（スイス）.................... 181
成年者保護官庁（スイス）................. 187
成年の意思と医学的判断 45
成年被後見人の医療同意 119
生命維持措置（処置）....... 68, 79, 80, 123
 ――の「無益性」に関する議論 85
責任無能力者と不法行為 30
積極的臨死介助 75, 79
世話（後見）と医療行為 58
世話人と医師 60
世話人と受任者 64
選挙カード 233
 ――による選挙 233
 ――による投票 234
 ――による郵便投票 234
選挙権 110
 ――および被選挙権 230
 ――の排除 231

（スイスの）............................... 237
専門職後見人と研修・自主規制 172
善良なる管理者の注意義務と責任 12
相談機関の設置 19
措置入院法（条文索引も参照）.......... 178

<た>
代弁人 169
 ――が裁判所に提出する報告書 117
 ――職を引き受けるのは法的な義務
  か 115
 ――の同意 91, 176
 ――の（医療）代諾権 171, 172, 176
 ――のコントロール 108
 ――の責任 108, 117
 ――法（の改正）............ 170, 171, 180
代理権（法定）が「抑圧的」に行使され
 る場合 25
代諾権行使 211
代諾権者 211, 212
代理と代諾 48
多摩南部成年後見センター方式 23
だれが代弁人を得るか 106
だれが代弁人となるのか 106
地域福祉権利擁護事業（日常生活自立支
 援事業）...................................... 21
治験という人体実験 128
治癒の見込みはない場合の延命措置や機
 能の保持 126
治療が緊急に必要である場合 93
治療過程の対話的構造 45
治療契約 69
治療制限と「臨死介助」..................... 75
治療制限の刑法上の限界 80
治療に関する希望 59
治療の可能性および成功の見込み 83
治療の際の法的責任 71

事項索引

通知・了解権および共同発言権 ……………… 107
妻の監督義務 ……………………………………… 32
定期的審査（後見等審判）………………………… 25
同意代行者 ………………………………………… 65
同意能力 ……………………………………… 65, 86
　　──を有する患者 ……………………………… 58
　　──を有しない患者（個人）………… 59, 200
同意の拒絶と同意の撤回 ……………………… 204
ドイツ
　　──における規定の仕方と内容（医
　　　療同意）………………………………… 204
　　──における健康関連事務における
　　　配慮代理権 …………………………… 205
　　──の成年者保護の改革 ………………… 55

＜な＞
名古屋地裁判決をめぐって ……………………… 29
名古屋高裁判決とその特徴 ……………………… 32
日常生活に関する法律行為 …………………… 110
日常的な財産管理 ………………………………… 28
日本の成年後見制度と医療代理権 …………… 195
日本（日弁連委員会）の法律草案について
　……………………………………………………… 65
日本社会の家族状況（世帯構成人数）……… 124
任意後見制度、特に移行型における問題 …… 19
任意代理 …………………………………………… 64
任意入院 ………………………………………… 223
認知症 …………………………………………… 129
　　──終末期には自然死を希望 ………… 134
　　──週末期の医療 ……………………… 132
　　──が進行してから起こる（の終末
　　　期における）嚥下障害 ……… 127, 135
　　──患者の死亡原因 …………………… 135
　　──高齢者の成年後見人による身上
　　　監護義務──見守り義務 …………… 34
　　──の高齢者が徘徊中に転倒 ………… 127
　　──の重症度 …………………………… 123

認識に基づいた自己決定能力（操作能力）
　……………………………………………………… 88
認識能力 …………………………………………… 86
　　──および判断能力を有しない者 …… 93
人間の尊重と人権の尊重 ……………………… 198
人間の脆弱性および個人のインテグリティ
　の尊重 ………………………………………… 201

＜は＞
賠償義務者がいない場合 ………………………… 31
配慮委託 …………………………………………… 72
配慮代理権 ………………………………………… 65
　　──に関する書面等 …………………… 206
配慮代理世話人 …………………………………… 65
パーキンソン症状 ……………………………… 133
判断能力 …………………………………………… 87
被後見人の死亡と後見人の権限 ……………… 35
比較法的観点から見た成年者保護と医療
　行為 ……………………………………………… 54
必要性の原則 ……………………………………… 48
平等、正義および衡平や差別の禁止 ……… 201
プライバシーと守秘義務 ……………………… 201
分別能力 …………………………………………… 87
法定監督義務者（民法714条）と現実の
　監督者 …………………………………………… 30
法定後見人の権限（イギリス）……………… 156
法定代理人（オーストリア、スイス）
　……………………………………………… 180, 183
法的能力 legal capacity ………………………… 42
法律行為と代理・同意（特に医療同意）… 46
法律に基づく家族による健康関連事務の
　代行 ……………………………………………… 67
保護者制度 …………………………………… 217, 221
保護力の小さい核家族 ………………………… 124
保佐制度 …………………………………………… 49
補助制度 …………………………………………… 48
本人以外の者による医療同意（代諾）

事項索引

　………………………………………… 46, 198
本人の意思と医学的判断 ……………… 205
本人の意思をいかにして手続きに組み込
　むか ……………………………………… 205
本人の希望調査義務 …………………… 116
本人の事前指示（リビングウイル）……… 130
本人の男女別・年齢別割合 ……………… 10
本人の福祉 ……………………………… 186

＜ま＞

未成年者と成年者の財産管理 ………… 115
未成年者の医療代諾権（者）…………… 179
見守り義務の私法上の制度としての限界 ‥ 35
無益である場合の生命維持措置の断念 …… 83
申立件数（後見、保佐、補助）……………… 9
申立人と本人との関係 ……………………… 10
申立ての動機 ……………………………… 10
申立費用と後見報酬に対する公的扶助 … 18
最も適切な判断・意思決定 ……………… 213

＜や＞

有効な同意のない患者の治療 …………… 90
4つの眼の法則 …………………………… 92

＜ら＞

利益相反 ………………………………… 42
理性的でない決断（賢明でない決定）…… 105,
　148
リビングウイル（→本人の事前指示）の
　活用 ……………………………………… 46
倫理条約の意義 ………………………… 202
レビー小体型認知症 …………………… 133
老齢配慮委託 …………………………… 188
老齢配慮代理権（者）…95, 97, 99, 169, 179

277

法令索引（国別）

<日本>
公職選挙法
　——11条 26
障害者自立支援法 8
障害者総合支援法 8
精神保健及び精神障害者福祉に関する法律（精神保健福祉法） 209, 30
　——上の旧規定の「保護者」 30
　改正（前）—— 211, 214, 215
　旧—— 213, 214
　——旧20条
　　　　......... 212, 214, 216, 223, 225
　——旧22条 219
　——旧33条 218
旧精神衛生法 213
臓器の移植に関する法律（臓器移植法）
　　　　................................. 208
任意後見契約に関する法律（任意後見契約法） 219
　——2条1号、6条 224
　——10条 219
民法
　——714条 31, 32
　——752条 32
　——770条1項4号 32
　——859条の2 220
　——旧840条 224
　——旧858条2項 220, 223

<日本民法の後見関連条文の改正に関する田山試案>
7条、7条の2（新設） 51-53
11条、11条2項 51-53
876条の4第4項（新設） 53
876条の9 53

19条の2（新設） 53

<権利条約>
国連障害者権利条約 → 権利条約 100
障害者権利条約 → 権利条約 8
権利条約
　——1条 55
　——3条 104
　——4条 55
　——12条 42, 55, 56, 103
　——25条 41
人権と生物医学に関する条約
　——6条 186
　——7条 191

<ドイツ>
ドイツ民法については、資料編に医療関連条文を掲載した（第5編243頁以下参照）ので、索引では割愛した。
第3次世話法改革法 55
家事事件法
　——298条3項 61
連邦選挙法
　——13条 237

<オーストリア>
一般民法典
　——21条 105
　——旧146条c 172
　——268条 106
　——277条 109
　——279条 81, 107
　——280条 109
　——281条 82, 107
　——283条 173, 174, 176, 177

――284条b ································· 177
　　　――568条 ····································· 110
　　　――1299条 ··································· 117
行為能力剥奪宣告令 ································· 178
国民議会選挙令
　　　――66条 ····································· 232
婚姻法
　　　――3条 ······································ 110
消費者保護法
　　　――27条d ·································· 108
措置入院法
　　　――2条 ······································ 179
　　　――3条 ······································ 178
　　　――36条 ····································· 179
　　　――37条 ····································· 179
2011年の選挙改正法 ································ 234
連邦憲法
　　　――26条 ····································· 229

＜スイス＞
民法典
　　　――16条 ····································· 191
　　　――377条－381条 ············· 183 - 187
　　　――394条・395条 ···················· 187
　　　――426条 ···························· 188, 189
　　　――427条 ····································· 189
　　　――433条・434条 ············· 189 - 191
　　　――437条－438条 ···················· 189

＜スペイン＞
　スペイン民法典の後見関係規定について
は、第5編（250頁以下）に掲載したので索
引では割愛した。

279

編著者

田山　輝明　（たやま　てるあき）
　　　　　　早稲田大学名誉教授・一般社団法人比較後見法制研究所理事長

執筆者・訳者

青木　仁美　早稲田大学高等研究所・助教　第1編第2章（翻訳）、第1編第3章（翻訳）、第1編第4章、第1編第5章（翻訳）、第2編第2章、第4編（翻訳）、第5編（オーストリア一般民法典翻訳）

片山　英一郎　常葉大学非常勤講師　第5編（ドイツ民法・家事事件手続法翻訳）

齋藤　正彦　東京都立松沢病院院長　第1編第6章

橋本　有生　早稲田大学助手　第2編第1章

長谷川　成海　帝京大学教授　第5編（スペイン民法翻訳）

廣瀬　美佳　國學院大學教授　第3編第2章

講演者

フォルカー・リップ　ゲッチンゲン大学教授　第1編第2章、第1編第3章

ミヒャエル・ガナー　インスブルック大学教授　第1編第5章、第4編

成年後見人の医療代諾権と法定代理権
――障害者権利条約下の成年後見制度――

2015年6月10日　第1刷発行

編著者　　田　山　輝　明
発行者　　株式会社　三　省　堂
　　　　　代表者　北口克彦
印刷者　　三省堂印刷株式会社
発行所　　株式会社　三　省　堂
〒101-8371　東京都千代田区三崎町二丁目22番14号
　　　　　電話　編集　(03) 3230-9411
　　　　　　　　営業　(03) 3230-9412
　　　　　振替口座　00160-5-54300
　　　　　http://www.sanseido.co.jp/
　　　　　© T. Tayama　2015　Printed in Japan

落丁本・乱丁本はお取替えいたします。　〈成年後見人医療代諾権・280pp.〉
　　　　ISBN 978-4-385-32247-6

Ⓡ本書を無断で複写複製することは、著作権法上の例外を除き、禁じられています。本書をコピーされる場合は、事前に日本複製権センター (03-3401-2382) の許諾を受けてください。また、本書を請負業者等の第三者に依頼してスキャン等によってデジタル化することは、たとえ個人や家庭内での利用であっても一切認められておりません。